INTANGIBLES

UNLOCKING THE SCIENCE AND SOUL OF TEAM CHEMISTRY

瓊・萊恩——著
Joan Ryan
駱香潔——譯

INTANGIBLES

Joan Ryan

目次

前言……13
Introduction
暢銷書《魔球》爆紅後，美國職棒大聯盟的每個球團都聘了一群常春藤名校畢業生，他們創造出各種獨家演算法與全新統計項目，用以評估球員能力。這群人質疑，用無法測量、難以定義的「團隊默契」來解釋比賽的輸贏，跟太陽神的故事有什麼兩樣？
但是如果有些人類能對彼此在生理上產生深遠影響，照理說，人類全體都有能力影響旁人的表現與生產力。一九八九年的舊金山巨人隊，是不是展現團隊默契力量的基本範例？為了解答這個疑問，我廣泛研讀與團隊互動、心理學、情緒、語言學、情感、軍事、神經科學、性別、領導學、演化生物學、鏡像神經元，以及各種運動相關的論文和書籍。
我雖然沿著兩條線尋找答案，但這兩條線也像雙螺旋一樣彼此交織。這兩條線的起點相同，而這也是唯一可能的起點：大腦。

1
你使我變得完整……31
You Complete Me
麥可·路易士的著作《魔球》問世後，大家都知道對棒球界來說，只有能夠計算、計時跟測量的東西，才會影響球隊表現。二〇一六年末，路易士出版新書《橡皮擦計畫》，描述以色列心理學家丹尼爾．康納曼與阿莫斯．特沃斯基的特殊情誼。這兩人互相激盪，發展出行為經濟學的重要研究，康納曼因此榮獲諾貝爾獎（當時特沃斯基已辭世）。書裡描寫他們如何為彼此增添新的人格特質；這段關係的特別之處，在於兩人相處時各自產生怎樣的變化。

我想知道，寫完《橡皮擦計畫》這本書，有沒有改變十四年前路易士寫《魔球》時，對團隊默契所持的否定看法。為了套交情，我告訴路易士，《橡皮擦計畫》致敬對象、社會心理學家克特納可能會幫我這本書進行一項合作研究。「是什麼主題？」他問。「團隊默契。」「沒有這種東西，」他說。

2 箭葉植物……41
The Arrowleaf

實驗發現，把一群陌生人放在一起，睪固酮濃度高的人會得到最好的評價。你或許以為他們是靠征服他人來提升地位，畢竟這是大家對這種陽剛荷爾蒙的刻板印象。但事實剛好相反。他們靠的是合群、聆聽、互相幫助。睪固酮會促使人類渴望獲得聲譽，因此我們會根據團體最重視什麼事情，調整自己的心態與行為，以便獲得支持。就這一點來說，睪固酮就像箭葉植物。當你在社會位階上愈爬愈高，環境會隨之影響睪固酮的表現方式。不過研究也發現，有的運動員雖然睪固酮濃度高，卻不具備領導特質。原來，有一種叫做皮質醇的壓力荷爾蒙會改變睪固酮的影響。皮質醇真正的作用是應付壓力，當你感受到的壓力愈大，身體就會分泌愈多皮質醇來幫你恢復平衡。

3 超級感染者：強尼・岡姆斯的故事……71
Super-Carriers, or the Curious Case of Jonny Gomes

岡姆斯簽過最長的合約是兩年，每次加入新球隊都幾乎沒有熟人。但無所謂。他走進任何一間球員休息室，都像走進自家大門一樣自在。他從未考慮過自己能否融入球隊；他認為無論加入哪支球隊，他跟隊友就是一家人。之所以如此單純，是因為他秉持著一個大原則：滿足球隊的需要，球場上與球場下都是。岡姆斯有一項厲害的本領，就是不管到哪兒都能找到親人般的夥伴。他並不是在加入球隊後，為自己創造了家與家人，而是在球隊裡找到家與家人。沒想到，這項能力是他真正的棒球天分。當然，他是很強的左外野手，也有全壘打與盜壘的實力。不過他最重要的天賦，是他會真誠、深刻、主動地關懷他人。岡姆斯的職棒遊牧人生慢慢浮現一個模式：他的球隊會贏球。

4 不合群的貝瑞・邦茲為何不是豬隊友……105
Super-Disruptors, or the Curiouser Case of Barry Bonds

邦茲與肯特的不合群好像撕裂了球隊，進而打擊團隊默契。但其實他倆對團隊精神不具影響力，團隊默契得以在其他球員身上找到新定義。他倆沒有創造一大群好兄弟，而是促成一張由小團體交織而成的網。逆時針在球員休息室裡繞一圈，會發現拉丁裔野手的置物櫃位在入口右側。邦茲的置物櫃和躺椅靠著邊牆，旁邊是另外幾名拉丁裔野手的置物櫃。後牆置物櫃大多是非裔野手；沿著牆面、繞過轉角的置物櫃屬於白人野手。左側邊牆、轉角和前牆的置物櫃供白人投手使用……。會形成這些獨立區間，部分是因為便於管理，部分是球員自己分區。心理學教授貝茲魯科瓦說，這些獨立區間能夠提升默契和績效。貝茲魯科瓦研究職場的「斷層線」，也就是可能因種族、性別、收入、年齡、宗教等因素形成的分裂。當員工跟與自己最相似的人形成團體，斷層線就可能崩解成裂谷。員工會漸漸把小團體的利益放在公司利益之上。

5 七種人格類型…………157
The Seven Archetypes

我想知道，團隊默契是否需要把特定的人格特質放在一起才會出現，就像混合特定化學元素才能產生化學反應一樣。有沒有特定的典型，是每一個默契絕佳的團隊都會有的？我開始記錄我在默契絕佳的球隊中觀察到的人格特質，並經常請球員跟教練檢查這張清單。有些人確認清單上的人格特質，有些人否決了這些人格類型，有些人提供了新的想法。我把這張清單去蕪存菁，留下七種人格特質（火花典型、聖賢典型、小孩典型、警察典型、夥伴典型、戰士典型、諧星典型）。容我先澄清，這些典型不是科學上的發現。它們是我觀察到的模式，這些模式不僅引發體育界人士的共鳴，在商業界也一樣。類似的清單，或許每一個高效團隊都有屬於自己的版本。

6 只有彼此…………181
Just Us

家庭的劇變徹底扭轉史丹利對情感連繫的看法。「我漸漸發現，團隊意識比我們想像的更加脆弱，」他說。母親是輪軸，少了輪軸，輪子無法轉動。史丹利意識到團隊必須是一張網，一個網格結構，團隊的責任分工會傳播到這張網的每個角落。就算領導者或夥伴倒下，情感連繫也必須保持完整。

在職場建立「只有彼此」文化，要比體育界或軍隊更具挑戰性。這一點史丹利感受深刻，因為他創業將近十年。「很難，因為你沒辦法理解這種使命感，」他說。軍人可以接受保家衛國或世界和平這樣的崇高目的。但是，舉例來說，冰棒工廠的員工不吃這一套。他們知道做冰棒不會改變世界。他們的使命一直是也永遠會是賺錢。因此企業需要不同的文化，來達成相同的目的：一群有情感連繫和使命感的員工。」

7 巨人甦醒與畢馬龍效應…………225
Humm-Baby, Kruke, and the Pygmalion Effect

一九六〇年代，羅伯特・羅森塔爾在哈佛擔任心理學教授，研究期望如何影響表現。他告訴一群研究生，實驗室大鼠是經過特別培育的高智商品種，他請研究生測試這些大鼠走迷宮的能力是否優於其他大鼠。他們在大鼠的籠子上分別貼了「聰明」與「遲鈍」的標籤。聰明組大獲全勝。其實所有大鼠都是相同品種，隨機放進兩個籠子裡。但是研究生說聰明組比遲鈍組「放鬆、隨意、聲音好聽」。跟負責遲鈍組的研究生相比，負責聰明組大鼠的研究生更常觸摸大鼠，態度也比較溫柔。被賦予較高期待的大鼠確實表現得比「普通」大鼠更好。羅森塔爾推論，期望差異也有可能影響人類的表現。這個推論催生了一項經典實驗，從而發現了畢馬龍效應。

8 雙管齊下……269
Synthesis

「諷刺的是，成功是失敗的開始。成功摧毀了成功所仰賴的團隊默契，」柏克萊的教授、曾在面部表情分類先驅保羅・艾克曼的實驗室做博士後研究的達契爾・克特納說。克特納花了二十年，研究為什麼團隊裡的某些人會成為領導者，結果發現，他們都很擅長判讀別人的情緒。他們仔細聆聽、充滿熱情；他們每天都透過行動讓大家知道，團隊成員的身心健康是他們最關心的事。

但克特納還注意到另一個模式：極為成功的領導者——無論是商界、電影界、政治界或體育界——經常會失去最初使他們成為領導者的那些特質。他的研究發現，當我們因為權勢而膨脹時，模仿的能力會減弱，因此判讀他人感受和意圖的能力會變差，同理心與同情心也會變少。「這就是權力悖論：我功成名就之後，變得更加自私。」

結語　團隊默契是什麼？……295
Conclusion　What I Know Now

團隊默契的作用是提升表現。無論球員相處得多好，發明了多少祕密握手的方式跟自己人才知道的笑話，如果表現沒有提升，這支團隊就是沒有團隊默契。在體育界，默契跟團結這兩個詞經常混用。團結描述的是團隊成員的友誼，凝聚描述的是一種存在狀態。團結跟凝聚都是靜態的，默契是動態的。說得更清楚一些：工作成果沒有進步，就表示團隊默契並不存在。經過幾十次的修改，我確立的默契定義是：團隊默契是藉由生理、社會與情緒三種力量的相互作用，提升表現。
請特別注意，團隊默契不會製造高效表現，而是提升表現。高效表現需要一定程度的實力。默契不會製造實力，但它可以激發團隊原本就有的實力，讓每一個成員發揮最佳實力，進而提升表現。

▼謝詞……309
▼參考書目……315

前言
Introduction

「靠團隊默契致勝，是體育界最大的詐騙話術。」

——理查・萊利（Richard Lally），

節錄自《茅塞頓開的體育分析師》（*The Enlightened Bracketologist*）

「時不時就有專家跳出來說：『團隊默契』的作用言過其實。這種人的話聽聽就好。」

——東尼・拉・魯薩（Tony La Russa），美國職棒名人堂總教練

我母親七十六歲時走得很突然，當時我父親七十九歲，兩人已結褵五十五年。原本父親除了輕微的背痛跟偶爾記性不好之外，身體相當硬朗。但母親過世不久後，他的食慾愈來愈差，智力也日漸衰退。醫生還沒找出原因，他厚實的體格就已變成一把瘦骨。他連電話跟遙控器都忘了怎麼用。母親下葬九個月之後，父親也跟著辭世。死

因是令人費解的「生長遲緩」(failure to thrive)〔1〕。

我記得二十世紀初，歐洲有些「零接觸」孤兒院出現嬰兒生長遲緩的情況。為了防止細菌和疾病擴散，孤兒院的護士在嬰兒床之間懸掛消毒過的布幔，而且除了餵食、換衣服跟洗澡之外，盡量避免觸碰寶寶。這些寶寶的健康快速惡化。他們吃得比以前少，精神也比以前差。很多寶寶染上「零接觸」想要預防的疾病。有些孤兒院的死亡率飆升到百分之七十五。有一家孤兒院的嬰兒甚至全數死絕。同樣地，長期沒有與父母接觸的住院病童，很容易病情加重而死〔2〕。這一點令醫生百思不得其解。

一九四〇年代，奧地利裔美國精神科醫生雷尼・斯畢茨(Rene Spitz)展開相關研究，他提出一個理論：嬰兒需要肢體互動與社會互動，才能好好成長。為了驗證這個假設，他找了兩組嬰兒做實驗〔3〕。

其中一組養在孤兒院，另一組養在女子監獄。孤兒院組的嬰兒獨自睡在嬰兒床上，一名護士照顧七個嬰兒。監獄組嬰兒住在育嬰室裡，每天由親生母親照顧，也會跟其他寶寶和育嬰室裡的保育員互動。一年後，斯畢茨比較兩組嬰兒的狀況，他發現孤兒院組的肢體動作與認知表現，都嚴重落後監獄組。兩年後，有百分之三十七的孤兒院組嬰兒死去，監獄組的嬰兒全數健在。到了第三年，監獄組無論是行走還是說話能力，都與正常家庭的孩童無異；反觀孤兒院組的二十六個孩子裡，只有兩個會走路，而且只能講幾個詞彙。

美國心理學家哈利・哈洛（Harry Harlow）以斯畢茨的研究為基礎進行實驗。修過心理學入門的人大概都記得，哈洛在一九五〇年代做了殘忍的恆河猴實驗〔4〕。恆河猴寶寶一出生就被放進籠子裡，跟兩隻沒有生命的「代理」母猴住在一起。其中一隻母猴的身體是鐵絲網，頭部是方形塑膠塊，二十四小時供應乳汁。另一隻的身體是柔軟毛巾布，圓圓的臉，加上一雙大眼睛跟大大的笑容，但是不供應食物。猴寶寶幾乎一整天都巴在毛巾布猴媽媽身上，只有喝奶時才在鐵絲網母猴身上短暫停留。接下來，研究人員把毛巾布母猴從籠子裡拿走長達九個月。猴寶寶漸漸失去食慾，而且行為異常，會把身體縮成一團，心跳、呼吸、睡眠等生理節奏也變得紊亂。跟孤兒院的寶寶和我那喪偶的父親一樣，牠們也死於「生長遲緩」。

1 譯註：「生長遲緩」用於老年醫學亦譯為「存活不良」。

2 Dacher Keltner, *Born to Be Good: The Science of a Meaningful Life* (New York: W.W. Norton, 2009)

3 Rene A. Spitz, "Hospitalism: An Inquiry into the Genesis of Psychiatric Conditions in Early Childhood," *The Psychoanalytic Study of the Child* 1, no. 1 (1945): 53–74; Rene A. Spitz and Katherine M. Wolf, "Anaclitic Depression: An Inquiry into the Genesis of Psychiatric Conditions in Early Childhood, II," *The Psychoanalytic Study of the Child* 2, no. 1 (1946): 313–42.

4 H. F. Harlow, R. O. Dodsworth, and M. K. Harlow, "Total Social Isolation in Monkeys," *PNAS* 54, no. 1 (1965): 90–97.

這些研究結果顯示，嬰兒正常發展需要的不只是照顧。他們需要有人凝視他們、擁抱他們，需要聽見人語笑聲和心跳。一如所有靈長目，人類也是群居動物。我們離不開群體，無論是家庭、教會、朋友、職場還是體育隊伍。今日的人類跟住在洞穴裡的祖先一樣，都需要人際之間的連結。有這種需求的當然不只是嬰兒。以我的父母為例，結婚很久的夫妻其中一人過世，留下來的另一半可能也活不長。我母親的存在，為父親提供了比食物、水跟睡眠都更重要的東西。

二〇〇九年我的父母依然健在，那年七月的一天下午，我來到舊金山 AT&T 球場[5]外的一頂白色大帳篷裡，參加一場前職棒選手的聚會。這群中年男子有些已轉戰商界，有些仍在棒球界討生活。有幾個已養出雙下巴，有幾個挺著啤酒肚；有兩、三個看起來如果碰到較慢的滾地球，應該還能成功上壘。歡聲笑語，熟悉的你來我往。但不只這些。他們的聲音跟表情，都透露出彼此之間的情誼從未消失，跟我記憶中一模一樣。

二十年前，這群人曾一起開香檳，慶祝一九八九年奪得國家聯盟冠軍。當時還算年輕的我是《舊金山觀察家報》（*San Francisco Examiner*）的體育專欄記者，在我持續寫作的這段歲月裡，那一年球季和那一群球員始終縈繞我心。如同我生命中的每一段愛情，先墜入愛河的是我。這是一群不被看好的球員，而且內鬨不斷，足以把球隊搞到分崩離析：酗酒滋事分子跟改邪歸正的基督徒；黑人跟美國南方白人；來自三個國家的拉丁裔球員；大學畢業生跟識字不多的粗人；有極力爭取進入正式名單的年輕球員，也有努力不被踢出球隊的資深球員。那時我每次走進舊金山巨人隊的主場休息室之前，都無法確定會看見怎樣的景象。可能是人高馬大的金牌投手騎在健身車上，一手拿著香菸，另一手拿著《舊金山紀事報》（*San Francisco Chronicle*）的字謎遊戲。可能是笑起來有點歪嘴的紐奧良小伙子，用歡快而尖細的聲音罵髒話。也可能是身高兩百公分、綽號巴菲的大個子[6]（他很討厭這個綽號）又以受到輕慢為藉口向隨隊記者咆哮。被戲稱為「上帝小隊」（God Squadder）的基督教球員之中，至少會有一個埋首讀聖經，很可能正在為某個惡作劇的隊友背誦祈禱文，因為對方把一張艷照塞進《利未記》。毛茸茸的、綽號穴居人的老將[7]肯定正蹣跚走向防護室，讓自己傷痕累累的龐大身軀接受治療。這一年球隊的風雲人物跌破眾人眼鏡，他是鑲了金牙的前幫派分子，七個月內就被交易了兩次，還差一點退出職棒，最後是在燭台球場[8]裡水泥建造、老舊潮

5 譯註：AT&T球場現已更名為甲骨文球場（Oracle Park）。
6 譯註：「巴菲」（Buffy）是投手麥克・拉寇斯（Mike LaCoss）的綽號。
7 譯註：「穴居人」（Caveman）是投手唐・羅賓森（Don Robinson）的綽號。
8 譯註：燭台球場（Candlestick Park）曾是舊金山巨人隊的主場球場。

濕的巨人隊主場休息室找到救贖。

球隊的老大兼保姆兼說故事高手叫麥可・克魯科（Mike Krukow），一個警察的兒子。克魯科是投手，一九八九年他的手臂已積勞成疾到無法舉起來梳頭。但是他對棒球的熱愛絲毫未減。他似乎總是知道隊友需要什麼、以及何時需要。一九八九年的這群球員互相爭吵批判，他們是競爭對手卻也相互敦促，隊友之情毫無隱藏與保留。他們在那個球季放下所有嫌隙。就像彼得・詹特（Peter Gent）的小說一樣：熱鬧、風趣、溫柔、令人心碎，雖然沒有皆大歡喜的迪士尼結局，但是在世界大賽進行到一半時，出現規模六・九的強震，造成真正的天崩地裂。

二十年後的聚會幾乎每個人都到了，他們從荷斯黑茲（Horseheads）、紐約、賓州匹茲堡和亞利桑那州的雷克哈瓦蘇（Lake Havasu）特地飛過來。我在帳篷裡一邊走動、一邊跟大家寒暄時，腦海中不停浮現一個詞：團隊默契。這個詞在體育界很常出現。粗獷不羈、善良慷慨的一群球員最終獲得勝利，這樣的故事套路至少可追溯到《舊約》裡以寡擊眾的基甸（Gideon）。從《梅爾吉勃遜之英雄本色》（*Braveheart*）到《少棒闖天下》（*The Bad News Bears*），從《豪勇七蛟龍》（*The Magnificent Seven*）到《火爆教頭草地兵》（*Hoosiers*），這個套路在好萊塢電影裡有千百種版本。我每個版本都喜歡。我很吃這一套。看見金・哈克曼在印第安納州希克里（Hickory）指導的魯蛇高中生在更衣室慢慢拍手〔9〕，我就是會感動落淚。

現實生活中的任何團隊只要表現優異、相處融洽，都能用「團隊默契」一筆帶過（快看，我們都留落腮鬍！），但這群一九八九年的巨人隊球員，確實具備某種傳統原因無法解釋的東西。我寫了二十五年的體育新聞（體育專欄十五年，舊金山巨人隊的媒體顧問超過十年），當然也在其他球隊身上看過類似的光芒。這些球員似乎都能讓彼此表現得更好。我自己也親身經歷過，那是我大學畢業後的第一份工作，在《奧蘭多前哨報》（Orlando Sentinel）當體育記者。體育部的同事感情很好，除了幾個像我一樣的菜鳥之外，還有一群資深記者。前輩們修改我們的文章，還帶著我們一起喝威士忌。深夜交稿後，我們一起去吃漢堡、喝啤酒。每年七月，我們會在凌晨時分，一群人跑到比爾．貝克（Bill Baker）的公寓看溫布敦決賽，看完之後就一起去打網球。回想起來，我們這麼快就能凝聚起來，實在不容易，每個人都知道自己扮演的角色，聽得懂小圈圈內的笑話，也大概知道跟這群人共事的自己不同於跟別人在一起的自己。我們喜歡彼此，幫助彼此，也對自己每天寫的新聞感到自豪。因為如此，體育新聞變得更好。

如果有些人類能對彼此在生理上產生如此深遠的影響，就像配偶跟照顧嬰兒的人

9 譯註：這是電影《火爆教頭草地兵》的關鍵場景。

一樣，照理來說，人類全體都有能力（至少在某種程度上）去影響旁人的表現與生產力。一九八九年的舊金山巨人隊，是不是展現團隊默契力量的基本範例？

為了解答這個疑問，我開始閱讀與團隊互動、心理學、情緒、語言學、情感、軍事、神經科學、性別、領導學、演化生物學、鏡像神經元（mirror neurons）以及各種運動相關的論文和書籍。只要是有助於了解人類如何互相影響表現的文章，我幾乎都找來看過。

我在《紐約時報》看到一篇報導，標題是〈增進運動表現的「愛情荷爾蒙」〉（The 'Love Hormone' As Sports Enhancer），內容與一種叫做催產素的神經肽有關。墜入愛河以及女性分娩跟哺乳的時候，大腦都會分泌催產素送進血液裡，加強信任與情感連繫。有意義的肢體接觸也會刺激催產素分泌。

啊哈！忽然之間，我在體育界看過的許多行為都有了合理的解釋。男性運動員藉由肢體接觸來表達情感的頻率，比普通男性（至少美國男性）高出許多。他們似乎不停觸碰彼此：擁抱、擊掌、搭肩。比分接近的籃球賽最後讀秒時，場邊的球員握著彼此的手。我曾在巨人隊的主場休息室裡，看到球員一邊看電視、一邊像幼犬一樣緊緊相依。我看過某個棒球選手在整局比賽中，都在場邊休息區揉隊友的頭髮祈求好運。隊友擁抱時一定是全身緊貼，不是一般男性只輕碰肩膀那樣的敷衍一抱。

我後來才知道，這種肢體接觸可用科學解釋。催產素能幫助他們培養感情，凝聚成緊密的群體。舉例來說，安慰隊友時手臂搭著他的肩膀，這種表達信任的動作，可以刺激對方的大腦分泌催產素，使對方也對你產生信任與歸屬感。演化心理學家認為，這是人類與低等靈長目動物能夠分泌催產素的原因。我們需要跟值得信賴的夥伴一起打獵、採集、抵禦外敵。人類大腦必須找到方法建立情感連繫，讓群體成員願意犧牲小我、完成大我。

說到肢體接觸與催產素的分泌，有件事特別有趣：以這種方式激發的信任與情感連繫，會因為「鏡像神經元」形成的網路而具有感染力。鏡像神經元最早是在一九九〇年代初期的獼猴實驗中發現的。義大利的研究人員讓獼猴除了自己挑選物品之外，也觀看其他獼猴挑選物品。無論親自動手還是從旁觀看，牠們的腦內活化的都是同一組腦細胞。這些腦細胞後來就被稱為鏡像神經元〔10〕。

腦部影像告訴我們，人類也有鏡像神經元。目前服務於阿姆斯特丹大學的神經科學家兼心理學家克里斯提昂・克瑟爾（Christian Keysers），曾在與獼猴研究類似的實驗中

10 Giuseppe di Pellegrino et al., "Understanding Motor Events: A Neurophysiological Study," *Experimental Brain Research* 91, no. 1 (1992): 176–80; Vittorio Gallese et al., "Action Recognition in the Premotor Cortex," *Brain* 119, no. 2 (1996): 593–609.

驗證了這個現象〔11〕。他把十四位受試者分成兩組，一組受試者的腿用羽毛撢子輕觸，另一組觀看別人的腿被羽毛撢子輕觸的影片。無論是實際被羽毛撢子觸碰，還是只看影片，大腦的體覺皮質區活化的都是相同部位。

有些實驗讓受試者觀看快樂表情與憤怒表情的影片，結果發現看到快樂表情的受試者，用來笑的臉頰肌肉會被啟動；看到憤怒表情的受試者，生氣時使用的眉頭肌肉會被啟動。《天生愛學樣》（*Mirroring People: The Science of Empathy and How We Connect with Others*）〔12〕的作者馬可・亞科波尼（Marco Iacoboni）相信，這種現象可以幫助我們產生同理心。我們模仿別人，是為了判讀對方的情緒。為了驗證這個理論，有項研究請受試者咬住一枝鉛筆，限制他們模仿別人的能力。結果，這些受試者在判讀不同表情代表的各種情緒時，表現得很糟糕。（這個結果引發幾個有趣的問題：自閉症患者的情感淡漠，與他們欠缺判讀情緒的能力之間，有怎樣的關聯？）

亞科波尼的研究發現，群體成員愈喜歡彼此，就愈常模仿彼此。「結婚二十五年的夫妻臉部會比較相似，」他寫道，「婚姻品質愈好，臉部相似度也愈高。配偶成了另一個自己。」

解釋團隊默契的作用時，鏡像神經元是重要的生物學因素。更衣室是沒有視覺阻擋的封閉環境。場邊休息區、巴士跟飛機也是。當巴斯特・波西（Buster Posey）搭著一個菜鳥球員的肩膀，稱讚他從右外野傳回來封殺跑者的那一球堪稱完美，這時菜鳥的血液裡會湧入催產素，使他覺得既快樂又有自信，他與這位巨星老將之間的情感連繫也比過去更強烈。假設休息室另一頭的新人看見他們之間的互動，他大腦裡的鏡像神經元也會「感受到」巴斯特的動作，彷彿被搭肩的是他自己。於是他的體覺皮質區釋放催產素，同樣使他覺得更快樂、對巴斯特產生更強烈的情感連繫。太神奇了。

我能用來說明團隊默契的各種體育競賽中，棒球似乎是最不可能的選項。籃球、美式足球、足球、曲棍球，幾乎任何一種團隊運動都比棒球適合。比賽時，這些球員的每個動作都要互相配合：傳球、阻擋、掩護。棒球員當然也會傳球，但這幾乎是他們在場上唯一的團隊合作。打者、投手跟外野手都是獨自作業。除了極少數的情況之外（例如雙殺跟投捕手在場上討論），棒球員只能獨力完成自己被指派的任務。也就是說，棒球似乎最用不上團隊默契。

但正是**因為如此**，我才選擇以棒球為例。跟其他運動比起來，做為美國「國家娛樂」的棒球與一般職場相似程度更大。在大部分的辦公室裡，員工都是在隔間裡獨自

11 Christian Keysers et al., "A Touching Sight: SII/PV Activation During the Observation and Experience of Touch," *Neuron* 42, no. 2 (2004): 335–46.

12 譯註：《天生愛學樣》繁體中文版在二〇〇九年由遠流出版社出版。

執行任務。無論是製造手機、設計軟體還是出版報紙，他們的任務都是共同目標的一小部分。因此，了解團隊默契如何在棒球隊裡發揮作用，有助於了解它在任何一個有共同目標的團體裡，扮演怎樣的角色。

• • •

在我參加那場巨人隊老球員聚會前幾年，麥可．路易士（Michael Lewis）出版了著作《魔球》（*Moneyball*）〔13〕。這本書的問世，使傳統球探的直覺與智慧，跟新一代的數據分析做了一場大車拚。一九八〇年，棒球分析師比爾．詹姆斯（Bill James）發明了「賽伯計量學」（sabermetrics）一詞，來描述這種新興的棒球分析方法。之所以取名為「賽伯」，是為了向美國棒球研究協會（Society for American Baseball Research，簡稱SABR）致敬。當然，早在暢銷書《魔球》出版之前，大部分的大聯盟球隊就已經開始用數據分析來評估球員。但是《魔球》爆紅之後，忽然間每個球團的辦公室裡，都有一群年輕的常春藤名校畢業生，創造出各種獨家演算法與全新的統計項目，而且縮寫一個比一個還長（PECOTA、BABIP、LIPS、VORP）。〔14〕

仰賴客觀數據來評估球員的價值，或是了解一支球隊的成敗原因，顯然是相當合理的作法。主觀意識帶有嚴重偏見，因此人類的觀察並不可靠。比起數學，我們天生更愛聽故事。人類祖先用太陽神駕駛雙輪馬車拖著太陽越過天際的故事，來解釋太陽運動。擁護賽伯計量學的人質疑，用無法測量、難以定義的團隊默契來解釋比賽的輸贏，跟太陽神的故事有什麼兩樣？

於是，參加完二〇〇九年巨人隊聚會之後，我很自然地注意到，每一支世界冠軍隊伍都據稱團隊默契絕佳。從二〇〇九的紐約洋基隊到二〇一九的華盛頓國民隊，無一例外。曾被拿來證明團隊默契的「證據」包括：留相同的髮型跟鬍子，固定的慶祝儀式（例如砸派），複雜的握手方式或舞步，隊友之間的惡作劇，幽默的暱稱，獨特的手勢（例如二〇一〇年德州遊騎兵隊的爪子跟鹿角手勢），口號，由巨星球員招待的盛大晚宴，以及「讓球員做自己」的總教練。

如果團隊默契真的存在，而且影響力如此深刻，怎麼會是這些膚淺的東西？只要想幾個花招，就能拿到冠軍戒指？

我想到一九七〇年代的奧克蘭運動家隊與紐約洋基隊，隊友間水火不容，甚至有

13 譯註：《魔球》繁體中文新版在二〇一四年由早安財經出版。
14 這幾個縮寫分別代表「球員實戰比較與優化測試演算法」(player empirical comparison and optimization test algorithm)、「場內被安打率」(batting average on balls in play)、「後段臨壓打擊率／被打擊率」(late-inning pressure situation) 以及「替換球員差值」(value over replacement player)。

「二十五個球員，得叫二十五輛計程車」一說（twenty-five players, twenty-five cabs）。只要同車出遠門，他們幾乎一定會打架，但他們卻能夠一再贏得聯盟冠軍。為什麼缺少團隊默契對他們毫無影響？

另一方面，該怎麼解釋那些感情很好卻沒有獲勝的球隊呢？例如二〇〇七年的華盛頓國民隊。很多新聞都報導了他們那年的春訓一起開心吃晚餐，還恢復了老派的「袋鼠法庭」（kangaroo court）〔15〕活動來促進球員間的感情。那個球季，他們與第一名的勝差多達十六場。他們沒有實力。擅長諷刺的《洋蔥報》（*Onion*）下的標題非常貼切：「團隊默契難敵身手矯捷。」

名人堂總教練吉姆・李蘭（Jim Leyland）屬於重視實力的那一派。二〇一〇年春天的某個下午，我們在奧克蘭競技場（Oakland Coliseum）的客場休息室聊天，當時他是底特律老虎隊的總教練。這是他出任總教練的第四支球隊，也是最後一支球隊。在他傳奇的職棒生涯中，他曾三次獲得年度最佳總教練獎，並且在美國國家棒球名人堂占有一席之地。他一邊招手請我進入狹小的總教練辦公室，一邊把手裡的萬寶路香菸捻熄在桌上的紙杯裡。這位棒球老將黝黑的臉上布滿皺紋，一副脾氣暴躁的樣子，似乎只要喝上一杯威士忌就能隨時大發雷霆。

「對我來說，化學反應是上化學課才用得著的東西，」他又從菸盒裡倒出一支菸。

「我待過那種每個星期天大家一起上教堂的球隊，但他們就是贏不了比賽。默契對我來說是個屁。別管什麼默契。這種事不用擔心，也不用想。這個詞在體育界都用爛了。搞不清楚狀況的記者才會提到默契。球隊輸球，就說他們沒有默契。說『隊員之間有問題』，這裡不對，那裡不好。無論真假，這種想法只會搞到總教練被開除，球員被交易。」

「相信我，實力決定一切。一隊爛球員再怎麼天天一起吃晚飯，也贏不了幾場比賽。所以我只相信實力。這是棒球的真諦。實力以外的東西有加分作用，比如球員之間的感情。球員感情好，球季會過得比較愉快，可是對成績不一定有幫助。」

原本預定十分鐘的談話時間，不知不覺延長為四十分鐘，而李蘭的論調也稍稍改變了方向。他同意「個性與社交能力能激發熱情」，也同意球員必須相信「每個人都不是各行其事」。說到球隊裡的資深球員時，他激動起來。

「告訴你，」他說，「配合度高的資深球員是凝聚球隊最好用的工具。年輕球員看到老球員對球隊的安排有信心，他們會仿效老球員。但要是老球員因為不能上場打球

15 譯註：袋鼠法庭是美國職棒的一種趣味傳統，每年球季開始後，球隊裡的所有成員會互相監督，把違規事項寫在紙條上，放進檢舉用的意見箱裡。累積一段時間後，由主審法官「開庭」審理，以趣味的方式請違規的人繳交小額罰款。

而火冒三丈，那你就完了。」

他的意思是，實力之外的因素也會影響球隊的表現嗎？

另一位名人堂總教練東尼・拉・魯薩會斬釘截鐵地說：是的。二〇一〇年四月，我跟拉・魯薩約在AT&T球場的客場場邊休息區碰面，當時他仍是聖路易斯紅雀隊的總教練，已贏過兩次世界大賽冠軍，而且二〇一一年可能再次奪冠。這是他總教練生涯的最後一個球季。他對大部分的事情都嚴肅認真、直言不諱，尤其是團隊默契。拉・魯薩從一九七九年開始擔任總教練以來，就一直在打磨自己對團隊默契的了解。

「如果你覺得，朝夕相處八個月的球員感情好不好都無所謂，那你就是個笨蛋，」他這麼告訴我。

他一說起團隊默契就像宗教神棍站上TED講台，可以分成主題與次題，鉅細靡遺地說明團隊默契有多厲害，並且舉出實例和有力的證據。他說，一言以蔽之，團隊默契可以歸納成三種價值：尊重、信任與關懷。他將這三種價值灌輸給手下的球員。他諄諄教誨他招聘進來的球隊領袖，要他們以身作則。

「有領袖特質的球員愈多，對球隊整體和球員本身的益處就愈大。（前任總教練）查克・坦納（Chuck Tanner）說，良好的團隊默契不亞於交易到一位棒球巨星，我深有同感。」

我訪談拉・魯薩的那個球季，巨人隊正慢慢蛻變為所謂的團隊默契典範。總教練布魯斯・波奇（Bruce Bochy）用「一群怪咖」和「決死突擊隊」[16]來形容自己率領的這支球隊。誰也想不到，這群沒人要的老將跟菜鳥，會在二〇一〇年十一月一個涼爽的星期三，乘著電車在市場街上（Market Street）接受彩色紙花的洗禮。雖然我親眼見證了這個跌破眾人眼鏡的球季，但當時我對團隊默契的了解，還跟一年前參加巨人隊老球員聚會時差不多。

那年十二月，我去奧蘭多參加大聯盟的冬季會議。冬季會議每年舉辦一次，與會者包括球隊的總教練、總經理、行政主管及媒體（失業的棒球界人士也會來這裡尋找工作機會）。我因此更加了解球隊的行為與人際關係，以及棒球界人士如何看待團隊默契。儘管如此，我心中依然充滿疑惑。

我們怎麼知道團隊默契確實存在？若真的有團隊默契，它是什麼東西？是不是類似愛情的化學反應，那種特定的人與人之間才有的奇妙情感？團隊默契如何影響整體表現？別忘了，如果不會影響整體表現，就沒必要討論團隊默契，對吧？

我雖然沿著兩條線尋找答案，但這兩條線也像雙螺旋一樣彼此交織。一條線圍繞

16 譯註：《決死突擊隊》（*The Dirty Dozen*）是一部一九六七年的美國電影，內容講述二戰期間，一群美國軍人前往法國進行自殺式的危險任務的故事。

著球員間的友誼、怨恨、幽默、爭吵、自我意識與謙遜；另一條線從科學的角度切入，探討這些因素如何、以及為何影響整體表現。

這兩條線的起點相同，這也是唯一可能的起點：大腦。

1 你使我變得完整 You Complete Me

湯瑪斯・路易斯（Thomas Lewis）是加州大學舊金山分校的精神科醫師兼心理治療師，他的辦公室位在加州索薩利托（Sausalito），跟無名酒吧（No Name Bar）之間只隔兩戶，大門被兩家紀念品商店緊緊夾在中間，我差一點找不到。他是《愛在大腦深處》（*A General Theory of Love*）[1][2]的主要作者，這本書美麗動人，裡面有這麼一句話：

「（沒有人）是獨立運作的完整個體；每個人都有必須仰賴另一個人填補的開放迴路。」

孤兒院研究以及像我父親一樣的個案告訴我們，人類大腦雖然既強大又複雜，但說到維持生存需要的能力，大腦並不齊備。不過，這並非路易斯指的「開放迴路」。

1 《愛在大腦深處》這本書的另外兩位作者是精神科醫師法里・阿明尼（Fari Amini）與理察・藍儂（Richard Lannon），路易斯在接受精神科住院醫師訓練時，他們都是加州大學舊金山分校的教授。

2 譯註：《愛在大腦深處》繁體中文版在二〇〇一年由究竟出版社出版。

哺乳動物需要依靠彼此才能「生生不息」，人類尤其如此。我還記得念高中時在科學課學過，早期的人類之所以能演化成最具社會性、最擅長合作的物種，是因為人類需要彼此才能存活。他們跑得不夠快，力氣也不夠大，無法靠一己之力對抗長毛象。分工合作需要溝通。人類祖先的小小部落尚未出現語言，但他們已然能夠告訴彼此哪裡可以找到食物，哪些莓果吃了會生病，以及如何打倒體型比自己大十倍的野牛。

直立行走使人類的聲道變長，能夠發出種類更豐富、變化更細微的聲音。人類的臉部不再有毛髮覆蓋，臉部的肌肉動作顯而易見。我們學會「判讀」各種動作組合代表的訊息，尤其是眼睛周圍：擔憂、喜悅、恐懼、困惑、驚訝。我們能夠區別尷尬的臉紅與愛慕的臉紅。此外人體毛髮覆蓋的面積很小，裸露在外的皮膚約有一．七平方公尺，因此撫觸猶如虛擬鍵盤，也能用來溝通：「我信任你」，「沒有關係」，「住手」。我們的眼球從幾乎整顆都是棕色（像其他靈長目動物一樣），演化成白色的鞏膜包圍著角膜。如此一來，別人不但能夠立刻看見我們的視線（注意那邊有一條蛇！），也能察覺我們的意圖：欺騙、和善、惡意。靈長目那種突出的大眉骨消失後，眼球動作變得更容易觀察。經過三百萬年的演化，人腦的體積成長了四倍。這樣的發展非比尋常。

腦的體積通常跟身體的大小有關。大象的腦很巨大，松鼠的腦則很小。以人類的體型來說，人腦大得不成比例。事實上，人腦與身體的比值居動物界之冠。人類學家羅賓・鄧巴（Robin Dunbar）認為，人腦變得這麼大不是為了盛裝智慧，而是為了應付巨量的社會關係〔3〕。

現代人的大腦裡約有一千億個神經元，它們就像大腦的主機板，不間斷下載我們周遭的一切訊息，轉發給適當的部位處裡。大腦從我們身旁的每一個人收集訊號，包括聲調、肢體語言、氣味、行為等等，生物學家愛德華・威爾森（E. O. Wilson）形容人腦「簡直就是情緒與意圖的字典」。我們的臉一直在發送連我們自己都沒察覺到的訊號。下巴、鼻樑跟額頭，都有多數人無法有意識控制的肌肉。舉例來說，如果請對方嘴角下垂但不可牽動下巴肌肉，只有大約百分之十的人做得到。但是極度悲傷的時候，幾乎每個人都會自然做出這個表情。這些內建的表情轉瞬即逝，很快就被我們想要展現的表情取代。

我們接收訊號並做出反應，這些反應除了情緒和肢體語言的變化之外，也包括心跳、荷爾蒙與新陳代謝的變化。我們時時刻刻都在進行微小的校準。人類群體就這樣巧妙地你來我往，永遠快速而微妙地影響著彼此，卻幾乎一無所覺。

雖然路易斯的書裡沒有提到團隊默契，但他所描述的情況完全符合團隊默契。

3 Robin Dunbar, "The Social Role of Touch in Humans and Primates: Behavioural Function and Neurobiological Mechanisms," *Neuroscience & Biobehavioral Reviews* 34, no. 2 (2010): 260–68.

「我對體育幾乎一竅不通，」路易斯坐在一張黑色扶手椅上，雙腳則是交叉放在腳凳上。「有些病人來找我看診時會提到運動的事，我聽過不少，但我本身沒什麼運動細胞。」

文件堆疊成的小山，以扶手椅為圓心形成不規則的半圓。從地板延伸到天花板占據牆面的除了書架，還有一扇能看見索薩利托渡輪與理察遜灣（Richardson Bay）的觀景窗。

路易斯的聲音輕柔療癒，符合大眾心中精神醫學教授的形象。但是他身材壯碩，穿著星期六下午去逛好市多的那種寬鬆毛衣，更像是顧家好爸爸。他右手邊的小茶几上，有三個汽水罐、一個捏皺的咖啡杯與一瓶喝了一半的礦泉水。

路易斯告訴我，有一次他去演講時，有位女性聽眾問他關於天堂的問題。細節他記不得了，但他記得那是他第一次發現，幾乎每個人都相信上天堂就能跟自己愛的人團聚，而下地獄形同放逐。我想到湯姆．漢克的電影《浩劫重生》（*Cast Away*），男主角把一顆叫做威爾森（Wilson）的排球視為同伴，這是他得以存活下來的部分原因。這部電影能否賣座，取決於觀眾相不相信漢克與排球之間的情感連繫。不知道為什麼，我們都相信了。

「對人類來說，人際關係是**核心中的核心**，」路易斯說。而且影響之深刻，經常使我們與親近的人在生理上同步，例如母親和寶寶的心跳節奏（不是速率）會同步到一秒以內。「而且僅限於母親與自己的寶寶，」路易斯說。女性的心跳節奏不會跟別人的寶寶同步。同樣地，關係親近的人交談時，他們的呼吸速率也會同步。

我能理解極端的開放迴路，例如被遺棄的孩童跟寂寞孤單的成年人。那麼，正常度日的一般人呢？有什麼東西是我們無法自己產出，只能靠別人提供的？

「我覺得生活裡有很多事情是不容易觀察到的，除非你是精神科醫師。有時我很懷疑大家怎能好好活著？」路易斯笑著說。

他說臨床看診時，他極度關注病人的一舉一動，甚至能察覺到自己隨著病患漸漸產生變化。「對方的一切都會影響你，」他說，「你感受得到在那一刻**你自己**有一部分來自**對方**。你不再是原來的你。不是劇烈的改變，但你察覺得到。」

我很好奇他察覺到怎樣的變化。

「你會覺得：喔，我跟這個人在一起變得很風趣，」路易斯說，「或是變得好聰明，或是心中有更多想法，或是不知道該說些什麼。你變得不一樣，因為有一部分的你是由他人來決定的。」

我感同身受。我也覺得自己跟某些人在一起時，會變得特別風趣。我問路易斯這是因為我模仿對方，還是因為對方激發出我內心深處的幽默感？

「你以為的『你』其實並不存在，」他說，「你確實擁有固定不變的本質，但有一部分的你永遠來自他人。」

我必須消化一下才能明白這段話。而且愈是推敲，就愈確定此言不虛。在佛羅里達州與自家手足相處的那個我，跟在舊金山與朋友相處的那個我，不是同一個人。跟丈夫在一起的我，不同於婚前跟歷任前男友在一起的我。跟兒子在一起的我，不同於跟任何人在一起的我（無論是好是壞）。

街上傳來遊客的嘈雜。我告訴路易斯，體育界有些人認為，只有天分、訓練跟準備才會影響運動員的表現。路易斯挑起眉毛，以他的情緒度量衡來說，這表情指的是大吃一驚。

「這種想法令我非常驚訝，」他語氣平靜地說。

二〇一七年初，我受邀去一個灣區的系列講座訪談麥可·路易士。他的著作《魔球》問世後，大家都知道對棒球界來說，只有能夠計算、計時跟測量的東西，才會影響球隊表現。也就是說，默契的作用跟幸運內褲差不多。他剛剛出版了新書《橡皮擦計畫》（*The Undoing Project: A Friendship That Changed Our Minds*）[4]，描述以色列心理學家丹尼爾·康納曼（Daniel Kahneman）與阿莫斯·特沃斯基（Amos Tversky）的特殊情誼。這兩個人互相激盪，發展出行為經濟學的重要研究，康納曼更因此榮獲諾貝爾獎（諾貝爾獎只頒發給在世的人，特沃斯基當時已辭世）。兩位學者本身都很優秀，但兩人攜手合作，改變了人類對「思考」的想法。路易士在書裡描寫，他們如何為彼此增添新的人格特質。這兩個人的性格南轅北轍：特沃斯基風趣、自負、尖銳；康納曼是個安靜的人，路易士形容他「心中塞滿各種懷疑」。但是跟特沃斯基在一起時，康納曼覺得自己變得既風趣又有自信，這是他以前從未有過的感受。跟康納曼在一起時，特沃斯基則變得既親切又溫和。這段關係的特別之處，在於兩個人相處時各自產生怎樣的變化。

訪談開始前，我想趁這個機會在後台休息室問路易士，這兩位心理學家如何、以及為何能夠彼此影響到這種程度。我想知道知道寫完《橡皮擦計畫》這本書，有沒有改變十四年前他寫《魔球》時對團隊默契的看法。在直搗黃龍之前，我先跟路易士套交情。我告訴他，我曾與他的好友達契爾・克特納（Dacher Keltner）碰過面。克特納是柏克萊的社會心理學家，而路易士將《橡皮擦計畫》這本書獻給克特納。我告訴路易士，克特納可能會幫我的書進行一項合作研究。

「是什麼主題？」他問。

「團隊默契。」

4 譯註：《橡皮擦計畫》繁體中文版在二〇一八年由早安財經出版。

「沒有這種東西，」他說。

一錘定音。但我實在想不明白，如果特沃斯基和康納曼能因為跟對方在一起，就產生如此顯著的變化，並且激盪出更好的工作品質，難道其他人的大腦就不可能發生這種情況嗎？例如兩個運動員的大腦？或許路易士只是不認為這種現象也適用於團體，但類似的例子從古至今屢見不鮮。

第一次世界大戰後，住在巴黎的「迷惘世代」（Lost Generation）作家與藝術家在創作上互相啟發，變得更勇於冒險、更大膽狂放。於是，他們造就了前所未見的文學與藝術作品。同樣的情況也發生在更早期的法國繪畫界，畫家的想法與能量交會融合，催生出印象派畫風。佛洛伊德與他在維也納的精神分析同儕。達爾文與倫敦跟劍橋的多位生物學家、地質學家和鳥類學家激發出彼此的最佳實力，鍾鍊出天擇理論。

藝術家與科學家分享知識、能量與動力，一起享受探索的過程，開創出單打獨鬥無法成就的境界。

二〇一〇年，我看見巨人隊做到了。那是我擔任巨人隊媒體顧問的第三年。我並非親眼看見，因為我沒有判讀這些訊號的知識。這些訊號藉由聲調、觸碰、表情、話語、幽默、綽號、眼神等成千上萬種形式，像大腦的神經元一樣在球員休息室裡來回穿梭。我看不透這張由情感與校準交織而成的網，這複雜的人際交互作用，如何慢慢結合成一種獨一無二的存在：一種文化。我也看不懂這種文化如何變成一種引力，把每一個球員凝聚在一起，朝共同的目標前進。

脾氣暴躁的全壘打王貝瑞・邦茲（Barry Bonds）在巨人隊待了十五年，他就像耀眼、炙熱的太陽，整個球隊都圍繞著他轉。他離開三年之後，球隊才終於出現新氣象，兩位看似不可能的人選變成球隊領袖，一群怪咖、棄子和年輕菜鳥成為世界大賽冠軍。

2

箭葉植物
The Arrowleaf

「信任指的不是相信對方不會犯錯，而是就算對方犯了錯，你也依然相信他。」

——愛德．卡特姆（Ed Catmull），皮克斯與迪士尼動畫工作室前總裁

不是每個人都能看見籠罩著一支球隊的懷疑陰霾，但奧伯瑞．哈夫（Aubrey Huff）不但看見了，而且是一眼就看見。這是他的經歷與性格使然。對他來說，在隊友的話語跟聲調中尋找嘲諷的蛛絲馬跡、判斷對方是否話中有話，已是一種條件反射。在許多方面，他仍是那個住在德州礦泉井鎮（Mineral Wells）、侷促又笨拙的小男孩。他父親在一個公寓社區當水電工，奧伯瑞六歲時，父親在他工作的社區遭到槍擊身亡。高中時，他住的活動房屋後面有棒球的擊球籠。每逢週末夜，他不參加需要小心應付的青少年社交活動，而是在泛光燈下練習打擊，練到母親、祖母跟妹妹都睡了還不休息。他就讀學生約三千人的北德州弗農學院（Vernon College）時，是校隊的最有價值球員，

後來被挖角到邁阿密大學競爭激烈的棒球隊。他覺得跟這群高傲、富裕的球員在一起時，自己像鄉下來的井底之蛙。他創造了另一個桀傲、愛玩、尖酸刻薄的自我，名為「哈夫老爹」（Huffdaddy）。

二〇一〇年一月他來到巨人隊春訓基地時，我碰到就是哈夫老爹。一九九八年他在第五輪選秀時，被坦帕灣魔鬼魚隊選中〔1〕，短短兩年後就進入大聯盟。哈夫在魔鬼魚隊打球五年半，魔鬼魚隊敬陪末座了五次。其中有三年的敗場數超過一百。二〇〇六年他被交易到休士頓太空人隊，先嘗到半個球季的領先滋味，可惜後繼無力。太空人隊那一年的成績是八十二勝、八十負。這一年，哈夫已二十九歲。接著他轉戰巴爾的摩金鶯隊，再次墊底二個半球季。

哈夫加入職棒的這幾年，求勝心與團隊意識都很薄弱。他不喜歡上健身房重訓。他習慣在暖身快要開始之前才抵達球場。觀眾還沒走光，他就已經開車走掉了。**去球場，輸球，回家**。每年球季剛開始時，他會在租屋處掛上新月曆，一天一天倒數，直到冬天打包回家。這並不代表他沒有努力打球。他很努力。二〇〇二年他一場比賽都沒有缺席，出賽一百六十二場，他是魔鬼魚隊的全壘打主力。所有球員都知道，漂亮的統計數據是優渥合約的保障。但是到了二〇一〇年，哈夫的統計數據不再具有優勢。三十三歲的他從未打過季後賽。你甚至可以說，他從未打過有意義的比賽，為球隊扭轉失敗的命運。簡言之，無論在場上或場外，他都不是贏家。他跟金鶯隊簽了三年兩千萬美元的合約後，搬到巴爾的摩。有一次他接受當地電台訪問，上節目前喝了九罐百威淡啤酒，最後竟然在節目上說巴爾的摩「是一個破城」。隔年球季他就被交易到底特律老虎隊，這一年（二〇〇九年）老虎隊的排名是球季第二。表現欠佳的哈夫成為替補球員，只能在場邊休息區坐著生悶氣、焦躁不安。

「老實說，球季結束後，我心想要是再也沒人找我打球，那就太棒了。我可以退休。開車迎向夕陽，很快就不會有人記得我是誰。我對職棒毫無戀棧。」這些話，是幾年後哈夫在一通講了很久的電話上告訴我的。二〇一〇年球季開始前，他幾乎一整個冬天沒有練習揮棒，連重訓也沒做。他流連脫衣舞酒吧跟賭場，回到家面對妻子時，情緒更是因酒精和過動症處方藥物阿德拉（Adderall）〔2〕的影響而劇烈起伏。他的婚姻岌岌可危。

春訓即將開始，巨人隊原本想簽個擅長打擊的左撇一壘手，但試了兩次都沒簽

1 編註：當時球隊名稱為坦帕灣魔鬼魚隊（Tampa Bay Devil Rays），於二〇〇八年起才更名為坦帕灣光芒隊（Tampa Bay Rays）。

2 譯註：Adderall是治療注意力不足過動症（ＡＤＨＤ）的一種處方藥物，主成分是安非他命，美國有許多學生跟運動員會服用這種藥提升表現。

到，於是哈夫成了最佳人選。他們僅提供一年三百萬美元的合約，對一般人來說這是一大筆錢，但對打球十年的大聯盟老將來說是跳樓大拍賣。哈夫接受了簽約條件。

• • •

ESPN體育台的三十六位棒球評論員中，只有六人認為巨人隊能打進二〇一〇年的季後賽。棒球分析網站Baseball Prospectus的球評則是無人看好巨人隊。他們欠缺以前的強棒球員，例如威利・梅斯（Willie Mays）、威利・麥考維（Willie McCovey）、威爾・克拉克（Will Clark）和貝瑞・邦茲。輪值先發投手麥迪森・邦迦納（Madison Bumgarner）是二十歲的鄉村男孩，兩年前剛被高中退學。他們的王牌投手提姆・林斯肯（Tim Lincecum）蓄長髮，抽大麻，瘦削內向，看起來不像職棒選手，比較像是照顧球具的球僮，沒想到投起球來有山迪・柯法斯（Sandy Koufax）[3]的架式。他在大聯盟打球三年，就已兩度獲得表揚年度最佳投手的賽揚獎（Cy Young Awards）。捕手巴斯特・波西雖是新手但表現不俗，留著小平頭的他來自喬治亞州，但名字卻有西部牛仔的味道。

邦茲離開後，巨人隊的階級結構消失了。沒有帝王，意味著沒有奴才。誰也無須戰戰兢兢地怕挨大明星的罵。批判消失了。林斯肯在舊金山猶如搖滾巨星，天天被粉絲包圍、被記者追隨，連贊助商都對他趨之若鶩。他大可以恃寵而驕，但是他沒有。

他個性隨和，且樂在工作。其他年輕球員和為數不多的年長老將也一樣，他們都知道球員的職業生命很短。大家都想贏球，更想好好享受打球的過程。

那個球季使我想起生物學家愛德華・威爾森描述過的一種箭葉植物。這種植物若生長在陸地上，葉子長得像箭頭。若生長在淺水區，葉子長得像荷葉。若生長在水裡，葉子長得像帶狀的海草。環境喚醒它內部的某種力量，使它自由轉變成最適合周遭環境的形狀。

• • •

巨人隊的春訓基地位於亞歷桑那州的斯科次戴爾（Scottsdale），哈夫抵達的第一天，我剛好在入口碰到他。他帶著《週末夜狂熱》（*Saturday Night Fever*）裡約翰・屈伏塔（John Travolta）的神氣姿態，昂首闊步走進球員休息室：抬頭挺胸、大大的笑容，彷彿人群會為了迎接他而自動分開讓路。這是他過去五年轉入的第四個新球隊，他已做好準備。他把頭探進旁邊的會議室，教練們正圍坐在會議桌旁喝咖啡。「我是奧伯瑞・哈夫，」他沿著會議桌走一圈，與每一位教練握手致意、介紹自己，像個老練的推銷員。

3 譯註：山迪・柯法斯是大聯盟知名投手，美國棒球名人堂最年輕的入選者。

休息室裡有幾個提早到的球員正在換下便服。哈夫知道，他們應該早有耳聞他是個爛隊友。他一邊把裝備袋放進置物櫃，一邊做好心理準備。雖然覺得麻煩，但他還是得跟或許不太歡迎他的隊友打招呼。他忙著把止汗劑跟刮鬍膏塞進置物櫃時，投手麥特．凱恩（Matt Cain）走到他旁邊伸出手，歡迎他加入巨人隊。接著是林斯肯。隊友們一個接著一個跑來歡迎他。「那裡有一種氣氛，是他們彼此閒聊的那種感覺，」哈夫後來這麼說，「彼此眼神互望的那種感覺。跟我以前待過的球隊都不一樣。」

他看到出身各不相同的球員緊挨著彼此，在休息室中央的桌旁下大注打牌，通常是布雷（booray）[4]和傷心小棧。他記得他很喜歡作風另類的終結者布萊恩．威爾森（Brian Wilson），他當年選秀第二十四輪才被巨人隊挑中。威爾森愛擦黑色指甲油，留莫霍克髮型，一把黑色大鬍子特色獨具，後來還有人用他的鬍子開了五、六個推特帳號。哈夫也非常喜歡開朗的多明尼加老將胡安．尤里柏（Juan Uribe），他是球團前一年簽進來的自由球員，他用同一個綽號稱呼所有隊友：帕皮（Papi）。

「尤里柏，我叫什麼名字？」球季接近尾聲時，哈夫問他。

「帕皮，我當然知道你叫什麼名字，」尤里柏說。

「我問的不是這個，我問的是我叫什麼名字？」

「別問了，我**知道**你想幹嘛。」

哈夫說起這件事笑得很開心。「他根本不知道我叫什麼名字。但我完全不介意。」哈夫自己也有愛搞怪的時候。例如他曾經用屁股夾著牙刷，然後故意在休息室的浴室裡光著屁股閒晃，到處問有沒有人看見他的牙刷。隊友們一看到他的背面就大笑不止。(「別誤會，牙刷頭不是真的插在我的屁眼裡，」哈夫慎重地告訴我。)他也曾先穿紅色丁字褲再套上球褲，幫連連輸球的巨人隊集氣。

春訓快結束時，哈夫不但已是牌局常客，也經常用「哈夫老爹」的口吻大聲嘲弄隊友。但他始終保持安全距離。他知道自己來到這兒只是替補性質，所以他保持一貫的作風，像個只忠於自己的獨立承包商。

不過球季剛開始沒多久，他的態度就改變了。巨人隊在舊金山對戰匹茲堡海盜隊。哈夫把球打向右外野牆。球彈跳起來越過外野手，哈夫踩了一壘壘包後，奔向二壘。儘管氣喘吁吁，他仍不停歇，衝向三壘。他瞪大眼睛，因為他看見教練跳起來激動揮手，要他衝回本壘。他沿著壘線繼續跑，最後以沙包的姿態滑上本壘板，完成史上極精彩且罕見的場內全壘打。

哈夫一走進場邊休息區就被隊友團團圍住，他們一起開懷大笑，擊掌慶賀。哈夫

4 譯註：布雷是一種用撲克牌玩的吃墩遊戲，通常賭注很大。

疲累地坐在長凳上，紅著臉、喘著氣，卻依然止不住笑。有人遞給他一杯開特力運動飲料。年輕的三壘手巴勃羅·桑多瓦爾（Pablo Sandoval）拿著毛巾幫他搧風。比賽後他們回到球員休息室，電視只要重播哈夫在壘包間狂奔的畫面，休息室就會歡聲雷動，隊友們也一定會再虧他一次。但最好笑的橋段是哈夫的自虧。

「那一刻我才終於覺得自己是球隊的一分子，」哈夫後來說，「我終於對他們有了歸屬感。」

從生理學的角度來說，隊友溫暖而熱烈的歡迎，肯定會刺激哈夫的大腦分泌催產素。這種被隊友接納的感覺，是**身體的**實際感受。他的心跳變慢，血清素與多巴胺激增，搭配催產素一起發揮作用，使他心情大好、精神奕奕。

慢慢地，他愈來愈安然自在，這是他以前從未有過的感受。他變得更願意接收日常的信任訊號，更容易信任和接納他人，也不像以前那麼自我中心。他私底下的人生依然一團糟：酗酒，吃阿德拉，婚姻瀕臨崩潰，但是跟隊友在一起時，他可以扮演他們心目中的那個自己。他開始早早到球場，晚晚才離開。他重新發現自己的上壘實力，從二壘安打、三壘安打到全壘打的成績，都在隊上名列前茅。更令人驚訝的是，他發現很多隊友會跑來徵詢他的建議或是說笑，儼然將他視為領導者。

「他們會來問我問題，」他說，「這種事我以前從沒碰過。」

• • •

二〇一六年八月，我來到加州的安大略市（Ontario）。跟保羅・札克（Paul Zak）碰面的那個早上，他開著黑色賓士來飯店接我，車牌很招搖：「OXYTOSN」（催產素）。他身材精瘦，皮膚黝黑，鬢角一抹白髮顯得相當有型。他的穿著像個時髦的政客：俐落的藍色襯衫，手腕的袖口反摺，編織的皮革手環，打褶的休閒長褲。我看過他的TED演講，所以知道他一定會抱我一下。擁抱是他跟每個人打招呼的方式。擁抱會刺激催產素分泌。

札克是經濟學教授，也是克萊蒙研究大學（Claremont Graduate University）神經經濟學中心的創辦人兼主任。他之所以對探究信任的本質感興趣，跟他的經濟學研究有關。經濟最繁榮的國家，擁有信任感最強烈的文化。惟有當人民相信銀行、政府和企業都秉持公平誠信，經濟才能欣欣向榮。於是，札克想知道，人類為什麼會相信另一個人類？信任能否以生物學的機制來解釋？

二〇〇〇年的某一天，他搭乘內華達州的機場接駁車時，碰巧坐在人類學家海倫・費雪（Helen Fisher）的旁邊。費雪以愛情生物學研究聞名。兩人討論各自的研究時，她問札克有沒有研究過信任與催產素之間的關聯。這是他第一次聽到催產素這種東西，俗稱愛情荷爾蒙。

他發現分泌催產素的，是位於大腦深處調節荷爾蒙的下視丘。下視丘把催產素送到小小的、形狀如杏仁的杏仁核，杏仁核裡有大量催產素受體。基本上，杏仁核就像大腦的情緒掃描儀，解讀每一個畫面、聲音、氣味、味道和觸感的情緒意涵。舉例來說，當朋友說話時語氣生硬，杏仁核會告訴我們對方不太高興。而催產素對動物發揮的作用包括：鼓勵齧齒動物養育下一代，鼓勵草原田鼠忠於單一伴侶；幾乎在每一種做過相關實驗的動物身上，催產素都能促進社會情感連繫。當A動物用鼻子摩擦B動物，跟B動物一起玩，或是用其他訊息讓B動物知道靠近牠很安全，B動物的大腦就會釋放催產素，並且親切回應A動物。

札克認為，這看起來很像信任。催產素是不是他苦苦尋找的生物學解釋？札克跟兩位克萊蒙的同事合作，招募學生參與知名的「信任遊戲」。〔5〕

他們讓受試者坐在隔間裡，並且為每位受試者指派一個夥伴。夥伴彼此不會見面，也不會直接溝通。隔間裡有一個電腦螢幕，告知每位受試者他們的帳戶裡有十美元，今天只要有來就能獲得這十美元。不過，他們也有機會增加帳戶內的數字。

電腦問第一位受試者，是否願意分一些錢給匿名夥伴，金額不限，不過他分出去的金額會乘以三倍。如果他分給夥伴五美元，夥伴的帳戶會增加十五美元，總金額變成二十五美元。接著，換匿名夥伴決定要不要投桃報李。如果拿出十美元，兩人將各自擁有十五美元，跟一開始相比賺了五美元。當然，對方也可以獨吞二十五美元。夥伴的身分保密，因此就算獨吞，也不會怎麼樣。

札克發現，確實把錢回送給夥伴的受試者多達百分之九十八。問題是，為什麼？他在受試者決定分錢的之前與之後，幫他們抽血採樣，測量十種化學物質的濃度。只有催產素呈現出前後差異，而且只發生在接受餽贈的受試者身上，在一開始送錢的受試者身上沒有差異。也就是說，收到錢導致受試者的催產素濃度上升。收到的金額愈大，催產素的濃度就愈高。札克與研究團隊相信，是夥伴一號的信任舉動，刺激了夥伴二號分泌催產素。但他們無法百分之百確定。說不定催產素濃度上升，只是收到錢帶來的小小興奮，與信任毫無關聯。

他們找來更多學生，進行更多的信任遊戲。這次學生不用自己決定要分多少錢給匿名夥伴，而是從桶子裡選一顆乒乓球，球上寫著一到十，抽到多少就分多少錢出去。收錢的一方也知道金額是隨機決定的。實驗結果相當驚人。收錢的受試者的催產素濃度，遠低於前幾輪實驗中的受試者，他們回送的金額也明顯少了許多。

5 這兩位同事分別是前賓州大學教授羅伯・克茲班（Robert Kurzban）與研究生威廉・馬茨納（William Matzner）。

札克也研究了「懷疑」，他發現懷疑的影響跟信任一樣強大，但只在男性身上發揮作用。大致而言，收到三美元以下的男性受試者會因此感到生氣，回送的金額幾近於零。他們血液裡的二氫睪固酮（dihydrotestosterone，簡稱DHT）濃度激增，這是一種高辛烷質的睪固酮。男性受試者的懷疑感愈強烈，就愈不容易相信他人，DHT的濃度也愈高。另一方面，札克發現，當女性受試者收到三美元以下的餽贈時，睪固酮濃度不會上升。她們會覺得受傷、失望，有些會覺得生氣，但無論最初收到的金額有多小，她們幾乎都會回送對等的金額。

但光是這樣，不足以確定是催產素左右了受試者的慷慨程度，而不是其他因素。札克讓半數受試者使用了合成催產素的鼻噴劑，另外一半使用安慰劑。催產素組回送的金額，是安慰劑組的兩倍以上。

結論是：當別人信任我們，我們的大腦會釋放大量催產素，使我們願意用信任與慷慨做為回報。信任催生信任。

• • •

催產素影響情感連繫與信任的證據雖然不夠明確，卻吸引了美國國防部的關注。

長久以來，軍方一直把情感連繫與信任，視為表現的必要基礎。這是新兵集中訓練的重要原因：一起吃苦有助於培養感情。這也是現代軍訓依然保留行軍的原因。以現代的戰爭來說，徒步走進戰場是很荒謬的戰略，跟鳥銃搭配刺刀一樣過時。但放眼全球，行軍依然是軍事基地的主要訓練，因為齊步行走能促進情感連繫與合作〔6〕，就像宗教儀式裡的齊聲吟誦與合唱。同樣地，體育隊伍在練習和比賽之前會一起拉筋暖身，除了放鬆肌肉之外，這樣的同步動作也能強化情誼。

團隊默契的核心，在於彼此之間的深刻影響，包括心理與生理的影響。以軍隊為對象的研究持續發現相關證據。有研究發現，情感連繫不但會促進戰場上的無私行為與犧牲，也有助於和緩創傷後壓力疾患（post-traumatic stress disorder，簡稱PTSD）。加州大學洛杉磯分校曾用美國內戰軍人的退休俸名冊〔7〕，做過一項驚人的研究。北軍退休俸名冊上的三萬五千名軍人中，有百分之九十留下詳盡的醫療紀錄。這批珍貴史料賦予研究人員難得的機會，他們用前所未見的方式觀察內戰軍人的生命軌跡，從在哪個分隊服務追蹤到他們的晚年與死亡。

北軍有許多分隊裡的軍人來自同一個城鎮。退休俸名冊記錄了每一名軍人的家

6 Scott S. Wiltermuth and Chip Heath, "Synchrony and Cooperation," *Psychological Science* 20, no. 1 (2009): 1–5.

7 Dora L. Costa and Matthew E. Kahn, "Health, Wartime Stress, and Unit Cohesion: Evidence from Union Army Veterans," *Demography* 47, no. 1 (2010): 45–66.

鄉，因此研究人員知道有哪些人是跟朋友、鄰居並肩作戰。這些人晚年罹患生理疾病的機率較低，例如心血管疾病；有些心血管疾病的發生與精神疾病有關，只是病患的精神狀況從未經過診斷。換言之，感情較緊密的分隊成員，比較不會出現我們現在所說的創傷後壓力疾患。

合成催產素問世後，美國國防部想知道它能否幫助培養同袍情誼，進而更快打造高效能的分隊，並有效幫助軍人抵禦戰場上的壓力。二〇一六年，五角大廈向喬許・伍利（Josh Woolley）請益，他是加州大學舊金山分校的研究員。

伍利的實驗室叫「神經精神醫學疾病中的情感連繫與調適實驗室」（Bonding and Attunement in Neuropsychiatric Disorders Laboratory，簡稱BAND實驗室），位在舊金山榮民醫療中心龐大的校園裡，建物本身是一棟低矮的組合屋。它座落在立體停車場底下、一條狹窄車道的盡頭，地點隱密，就像豪華莊園裡存放工具的小屋。我在一個下雨的午後拜訪伍利，實驗室門口擺著一株沾滿灰塵的假無花果樹，它可說是這裡唯一稱得上溫馨的東西了。實驗室裡有成排的檔案櫃與灰色隔間，隔間上都掛著名牌，例如「C14 THRIVE實驗室」與「C15 BAND實驗室（醫師／博士後）」等等。我聽見裡面傳來年輕人的歡聲笑語，瞥見幾個穿著白色實驗袍、牛仔褲與球鞋的研究人員。

伍利說他的辦公室亂到不能見人，所以我們坐在一個通常用來做行為實驗的小房間裡。房裡的三個角落各有一台高解析攝影機，桌上放著十來個「Biopac」生理訊號記錄儀，能測量汗液、心跳、心臟阻抗等自發性生理反應。伍利擁有精神醫學學位與神經科學的博士學位。四十歲的他看起來像個研究生：眼鏡、短髮、格子襯衫、黑色牛仔褲、跑步鞋配上鮮豔的條紋襪。他一直對社會情感連繫製造的身心力量充滿興趣。他覺得這方面的研究不算是學術活動。他依然維持每週看診一天，大部分的病患是退伍軍人，他們願意為同袍犧牲的程度令伍利心生敬畏。

他有個病患在越戰時擔任通訊兵，在猛烈的炮火攻擊下，冒著生命危險獨自守著無線電，為四面楚歌的分隊尋求支援。伍利說起這件事的時候語帶哽咽。

「身旁有人不斷死去，但是他堅守崗位，靠一己之力持續求援，對自身的安危與旁人的死去視而不見，」伍利說，「非常感人。我告訴他這個故事很厲害，他卻說一點也不。其實他覺得很不好意思。你去看看那些被稱為英雄和獲得榮譽勳章的人，他們的作為確實很英勇，但他們都說自己不是英雄，因為事發當下他們根本沒想過什麼英不英雄的，只想著：『我的朋友出事了，還有別的選擇嗎？』」

伍利的合成催產素實驗和另外幾位同事的研究，使他們獲得國防部的三年補助計畫，研究催產素這種神經肽對儲備軍官訓練生的團隊凝聚力有何影響。[8]他們的目標，是進一步了解團隊凝聚力的心理生物學機制，發展出測量團隊凝聚力的方法，觀察合成催產素能否以及如何促進團隊凝聚力，並且判斷催產素和凝聚力與團隊表現之間有沒有關聯。

伍利說，這幾個目標他們或許都無法達成。他不喜歡科學家草率做出譁眾取寵的結論，登上《紐約時報》科學版的頭條，但最後才發現這些實驗結果根本無法複製。所以他用「尚未可知」、「這是我的思考方向」、「這只是第一步」來描述自己的假設。

我想解析團隊默契的運作機制，這與伍利的研究目標不謀而合：情感連繫影響團隊表現的科學原理。初步實驗的雙盲研究，是讓三個陌生人合作進行一項任務，實驗在加州大學柏克萊分校進行，志願受試者是柏克萊的學生，後來也有軍校學生加入。這是一項艱難的研究。我看了實驗的影片，研究人員必須記錄受試者的動作與表情：每一次點頭、微笑、皺眉、眼神交會與刻意避開眼神交會。他們必須記下誰取得掌控，誰注意到其他受試者感到困惑並主動協助，誰為其他受試者提供零食。每個會話片段都用語言分析程式跑一遍。受試者的身體連著監控裝置，收集生理數據。這些數據也進行了分析，觀察受試者的心跳、呼吸與其他自主反應有沒有變得同步，以及身體在社交互動與處理任務時有什麼反應。

伍利說只要樣本數夠大，數據就能告訴我們，催產素與凝聚力之間有顯著關聯。

也可能沒有關聯。

兩年後就能看見結果，他說。也可能沒有結果。

兩年後，我聯絡他詢問研究結果。還沒出來。有一位研究人員曾經多次告訴我：「瓊，科學研究的速度很慢。」我不期待自己因為突然看到一篇研究論文，或是走進一間球員休息室，就能了解團隊默契的來龍去脈。但是隨著我做過愈來愈多調查與訪談，我覺得自己好像在堆積如山、亂七八糟的線索裡大海撈針。

• • •

哈夫在邁阿密大學校隊的隊友派特・布瑞爾（Pat Burrell）是個傳奇，他高中時是美式足球隊的四分衛兼棒球隊的明星強棒。在邁阿密大學念大三的時候，他獲選為全美最傑出的大學棒球選手。那年六月，他是大聯盟選秀中第一位獲選的新人，加入費城人隊。費城人隊的球迷期待布瑞爾成為下一個麥克・舒密特（Mike Schmidt）。然而雖然他曾在幾個球季表現傑出，成績卻沒有宣傳的那麼出色。二〇〇八年費城人隊與坦帕

8 伍利的研究夥伴包括加州大學蘇菲亞・維諾葛拉朵芙醫師（Sophia Vinogradov）、湯瑪斯・尼蘭醫師（Thomas Neylan）與溫蒂・門德斯博士（Wendy Mendes），並同時與耶魯大學的麥可・克勞斯博士（Michael Kraus）及史丹佛大學的狄恩・卡森博士（Dean Carson）合作。

灣光芒隊在世界大戰對決，布瑞爾只擊出一支安打，但那是顆絕妙好球：第五場比賽的二壘安打，有機會幫費城人隊贏得冠軍。比賽結束後，布瑞爾變得炙手可熱，光芒隊開出一千六百萬美元的條件，希望他二〇〇九和二〇一〇年能為光芒隊效勞。

豈知布瑞爾投效光芒隊後，當了一輩子棒球金童的他竟表現得其糟無比，還跟教練喬・梅登（Joe Maddon）發生激烈衝突。二〇一〇年球季他只打了二十四場比賽，在合約還有八百萬美元未支付的情況下，光芒隊將他釋出。「到底要表現得多糟糕，才能讓一支比小氣財神更加錙銖必較的球隊決定釋出他？」一位坦帕灣的體育記者如此寫道。〔9〕

當時布瑞爾快滿三十四歲了。他回到亞利桑那州，靜靜等電話。幾個星期過去了，沒有球團來找他。

於此同時，哈夫忙著遊說巨人隊高階主管簽下他這位大學老友。哈夫告訴每一個願意聽他說話的人，布瑞爾是懂得贏球的球員。他是我們先發名單裡不可或缺的強棒，他對比賽瞭若指掌，還是二〇〇八年世界大賽的英雄！哈夫說，他非常適合巨人隊：腳踏實地、作風老派、打擊強勁。而且他來自灣區，有在地人脈。反正付他薪水的是光芒隊，巨人隊招募他幾乎毫無成本。五月底巨人隊以小聯盟的合約簽下布瑞爾，六月初他就進了巨人隊的先發名單。

布瑞爾走進球員休息室時，似乎沒有因為在光芒隊遭受挫折而垂頭喪氣。他虎背熊腰、臉型陽剛，走到哪兒都是目光焦點。英俊瀟灑、氣質高貴的他使人想起《美女與野獸》裡的王子，不過他在其他方面可一點也不像王子。他跟哈夫一樣粗魯低俗，連以充滿大老粗的棒球職場標準來說都很超過。但他打起球來出了名的努力和聰明，擅長贏球。

如同哈夫，他也在巨人隊發光發熱。他重拾熱情與活力。他散發自信。球隊猶如一種超級生物，吸收了他的熱情、活力與自信之後，蛻變出新樣貌。這不是那種劇烈變化，而是緩慢的轉變，就像晚宴因為某位魅力四射的客人到來而變得不一樣。布瑞爾會在賽前用老派的一句「來吧，兄弟們！」把隊友集合在一起拉筋。輸掉比賽時，他會安慰每一個人：「我們明天再痛宰他們。」碰到比分接近的比賽，他會在代打球員即將上場前用手臂搭在對方肩上，語氣就事論事地說：「你一定沒問題。」與其說是提醒，更像是激勵。他督促球員照看彼此。若是碰到特別漫長的一局比賽，投手因為投了太多球而筋疲力竭，他會在打者上場前大聲說：「你必須把球打出去！給投手時間好好喘口氣！」

9 Adam Bernacchio, "The Pat Burrell Era Ends In Tampa Bay," *Bleacher Report*, May 17, 2010, https://bleacherreport.com/articles/393131-the-pat-burrell-era-ends-in-tampa-bay.

布瑞爾在休息室裡展現的自在與使命感，呼應了他在球場上的表現，這一點也跟哈夫一樣。他的長打率（壘打數除以打數）是全隊第一。OPS（整體攻擊指數）全隊第二，僅次於哈夫。他的打擊率從光芒隊時期的〇．二一八，上升到〇．二六六。他打出十八支全壘打。

受布瑞爾影響最深刻的人，就是哈夫。「這種感覺就像找回失散多年的兄弟，」他說。哈夫變得更有能力，也更自信。他無法徹底放下哈夫老爹的偽裝，所以還是一樣嗓門那麼大、那麼臭屁。可是現在他很關心隊友。他在乎隊友怎麼看他。單靠自己，他無法成為領袖，但是跟布瑞爾在一起，他就辦得到。這似乎符合前面提過的開放迴路理論：布瑞爾填補了哈夫的缺失。「我不習慣當可靠的老大哥，」哈夫在電話上笑著說，「我是喜歡心情放鬆、腦袋放空的球員。忽然之間，我認為自己有責任變成賽後媒體想要訪問的那種球員。我心想：『搞什麼鬼，我不習慣自己這個樣子。』」

八月底的某一天，布瑞爾找了哈夫，兩人一起把林斯肯帶進小辦公室裡。那個月，這位明星投手在五場比賽擔任先發，五場都輸了。巨人隊與第一名的差距拉大為六場勝差。林斯肯似乎沒把教練和總教練布魯斯．波奇的話聽進去，也不太理會要他改善日常鍛鍊的建議。他這輩子一直成就輝煌，眼前的失敗彷彿把他嚇傻了。

「提姆，我知道你在苦苦掙扎，兄弟，」布瑞爾身體前傾，與這位年輕投手對視。

「我知道你很難過。但是我們需要你，兄弟，我們需要你。」

哈夫主要在旁聆聽。布瑞爾雖然尖銳，但態度溫柔。「提姆，你是我們的靠山。少了你，我們就完了。徹底沒戲唱。」

「我在旁邊觀察提姆，」哈夫告訴我，「他慢慢抬起頭，揚起下巴，胸口也稍微挺出來一些。你看他的表情、他的眼神就知道，有人對他充滿信心。他〇勝五敗。他承受負面報導。大家都指責他。現在他內心的某種東西忽然被觸動了。真的看得出來。我就坐在旁邊親眼看見、親耳聽見這個過程。你相信嗎，他下一場先發是九月一日對戰科羅拉多洛磯隊，他把他們殺得落花流水。」

從札克、伍利和其他人的研究看來，大腦似乎在這群球員的關係和互動中發揮了作用。哈夫與布瑞爾感受到自己被信任與重視，所以刺激了催產素與多巴胺分泌，進而使他們對其他隊友產生了使命感與情感連繫。他們也反過來信任林斯肯，刺激他的大腦分泌化學物質，改變他對自己的信念。這種信念與情緒的感染，正是團隊默契的核心，它扭轉了巨人隊在那年球季的表現。對戰科羅拉多洛磯隊的那天，林斯肯投了八局，他投出九個三振，巨人隊最終以二比一贏得勝利。接下來他在九月份又投了六場先發，贏了五場比賽。球季剩下最後七天，巨人隊的戰績攀升到第一名，並堅持到最後成為分區冠軍。

• • •

有個疑問一直困擾著我。在這一片給人良好感受的大腦化學物質汪洋中，睪固酮到哪兒去了？一支由二十五個爭強好勝的年輕人組成的球隊，睪固酮肯定旺盛。他們會跟裁判激烈爭吵，會因對手擊出全壘打後故意慢速跑壘（真沒禮貌！）或花式甩棒（挖苦我們家投手！）而大發雷霆。睪固酮是主場優勢的原因之一。有研究發現，運動員在主場比賽前的睪固酮濃度高於客場，這或許是人類遠祖留下來的生理機制，他們在抵禦入侵部落的外來者時，睪固酮會上升。照理說在球隊內部，好勇鬥狠的睪固酮，應該會抵銷溫柔大方的催產素才對。但是在二〇一〇年的巨人隊裡，這種情況並未發生。催產素大勝睪固酮。包括男子力十足的哈夫跟布瑞爾在內，隊上完全沒有人爭著掌權。沒有人霸占休息室裡的音響系統，強迫大家聽他自己喜歡的音樂。沒有人動輒召集大家開全隊會議，宣示自己的領導地位。為什麼巨人隊球員沒有展現出這些典型的雄性行為？

因為睪固酮也有可愛的、社會化的一面。

實驗發現，把一群陌生人放在一起時，睪固酮濃度高的人會在群體中得到最好的評價〔10〕。你或許以為他們是靠征服他人來提升地位，畢竟這是大家對這種陽剛荷爾蒙的刻板印象。然而事實剛好相反。他們之所以受人喜愛，靠的是合群、聆聽、互相幫助。

研究人員發現，睪固酮會促進人類渴望獲得聲譽。在這種渴望的推動下，我們會根據團體最重視什麼事情，調整自己的心態與行為，以便獲得其他成員的支持。就這一點來說，睪固酮就像箭葉植物。當你在社會位階上愈爬愈高，環境會隨之影響睪固酮的表現方式。

不過，研究也發現了完全相反的情況。有的運動員雖然睪固酮濃度高，卻不具備領導特質。事實上，他們之中有些人在隊裡地位最低。這是怎麼回事？科學家發現，有一種叫做皮質醇的荷爾蒙會改變睪固酮的影響[11]。皮質醇俗稱壓力荷爾蒙，真正的作用是應付壓力。當你感受到的壓力愈大，身體就會分泌愈多皮質醇來幫你恢復平衡。因此，皮質醇濃度與壓力成正比。

生物心理學家凱絲琳・卡斯托（Kathleen Casto）做過很多研究，探索睪固酮與皮質

10 Jean-Claude Dreher et al., "Testosterone Causes Both Prosocial and Antisocial Status-Enhancing Behaviors in Human Males," *PNAS* 113, no. 41 (2016): 11633–38.

11 Pranjal Mehta and Robert A. Josephs, "Testosterone and Cortisol Jointly Regulate Dominance: Evidence for a Dual-Hormone Hypothesis," *Hormones and Behavior* 58, no. 5 (2010): 898–906.

醇跟領導能力的關聯，最近的一次研究對象是二〇一六年奧運女子草地曲棍球隊〔12〕。「根據研究結果、直覺和我參與團隊運動的親身經驗，」卡斯托說，「睪固酮濃度高的人，渴望在團隊裡提升地位。倘若你皮質醇濃度高，有可能是因為情緒焦慮，壓力大。你沒發現自己對隊友發揮（負面）影響，進而降低你在團隊裡的地位。也就是說，你渴望提升地位，卻不太擅長做這件事。」

這或許能為哈夫的轉變提供生理學上的解釋。他終於找到一支接納和重視他的球隊。這當然會減輕許多壓力，他沒必要再那麼用力證明自己、對抗那些唱衰他的人，包括他自己心裡的小惡魔。或許二〇一〇年在巨人隊的那個球季，他的皮質醇分泌量減少了，他的行為因此改變，吸引隊友把他視為領袖。

• • •

大約從二〇〇七年開始，巨人隊球員休息室裡的氣氛，一直很像中學的學校餐廳，球員拉幫結派，彼此惡意中傷。許多老將的職棒生涯已接近尾聲，平常獨善其身，只有在嫌棄菜鳥跟記者說了太多、音樂放得太大聲、慶祝全壘打太激動時，才會跳出來數落一番。我記得總教練吉姆・李蘭告訴過我：

「對總教練來說，資深球員相信球團的安排是最棒的事。不相信球團安排的資深球員根本無法上場，必須找年輕球員取代他們，絕對會他媽的一團混亂。不蓋你。」

到了二〇一〇年，老將的小圈圈消失了，真心坦然的新氣象降臨巨人隊。「年輕球員終於有機會做自己，」林斯肯當時這麼說，「他們不再只是站在置物櫃旁盯著牆壁，或是一起坐在桌邊卻彼此無話可說。」球員似乎漸漸感受到一種歸屬感和信任感，讓他們可以放心開玩笑，誠實說出想法。他們每天都期待走進球場。他們知道來這裡是開心的事。而且，他們一直贏球。

寫到這裡，我幾乎能聽見電台播報員用高八度的聲音說：「**他們不是因為打球開心才贏球！而是因為贏球才覺得打球開心！**」

當然，跟輸球比起來，贏球比較容易帶來好心情。但反過來也是一樣：打球開心，比打球不開心更容易贏球。二〇一〇年的巨人隊球員雖然會彼此吐槽，但言詞如刀刃，入肉之後淌出的卻是歡聲笑語，連被吐槽的人自己也笑得很開心。似乎沒有什麼是不能說的，也從沒有人會因此受傷。這樣的幽默感看似幼稚粗暴，卻顯示出他們有多麼信任彼此，這一點當時的我難以想像。不傷感情的戲弄，需要雙方信任做為基

12 Kathleen V. Casto, David K. Hamilton, and David A Edwards, "Testosterone and Cortisol Interact to Predict Within-Team Social Status Hierarchy among Olympic-Level Women Athletes," *Adaptive Human Behavior and Physiology* 5, no. 3 (2019): 237–50.

礎。你相信被戲弄的人知道你心存善意。被戲弄的人相信你之所以戲弄他，是因為把他當成群體的一分子。

「吐槽的文化就是信任的文化，」社會心理學家蓋瑞．艾倫．范恩（Gary Alan Fine）說。從一九七〇年代至今，幽默感一直是他的寫作和研究主題〔13〕。「你不可能跟你不在乎的人互相吐槽。」

跟大部分的工作團隊一樣，體育隊伍的成員並非人人平等。有些人掌握更多權力與財富，合約年數也比較長。但團隊若要成功運作，每個成員都必須以平等的地位發揮作用。幽默感（尤其是吐槽）能使體育明星和教練顯得平易近人。「在上位的人若想有效領導，除了願意開別人玩笑，也要願意成為別人吐槽的對象，」范恩說，「這就好像他在告訴大家：『雖然我是頭兒，但我跟你們沒有不同。我可以接受嘲弄。』」

范恩指出「對象」與「接受」這兩個詞意味著承受火力。我們欣然承受羞辱言詞的刀槍箭雨，是一種群體向心力的表現。有點像老鳥欺負新兵，這種行為等於在問：你相不相信我們？我們能夠相信你嗎？

這對團隊表現有什麼好處？

在充滿信任的文化裡，信任像重力一樣令人習以為常。我們忽視了它的凝聚力，忽視了它對心態與表現的影響。想像一下高壓的情境，例如九局下半、雙方平手，你在此刻上場代打；或是在公司做一場重要的報告。我們的大腦一意識到充滿壓力的情況，心跳就會開始加速。而決定接下來會發生什麼事的，是我們的心態。

如果相信同事與上司對我們有信心，相信就算我們失敗了，他們也會力挺到底，我們就會把壓力當成挑戰，而不是威脅。大腦會釋放讓血管擴張的荷爾蒙，把更多血液送進大腦和肌肉裡，使我們變強。我們的身體蓄勢待發。我們心中充滿勇氣，能為了提升表現而勇敢冒險。我們不需要保守行事，因為我們知道無論結果如何，群體都不會遺棄我們。

與信任文化相反的是集體偏執。「你會過度解讀每一件事，仔細檢視每個人說的每一句話，看看裡面是否藏著不公平與批判，」洛德．克朗姆（Rod Kramer）說。克朗姆是史丹佛商學研究所的教授，專攻組織行為。「集體偏執是生產力殺手。」

我們面對壓力時，除了神經性的興奮，也會有神經性的恐懼。我們會把眼前的情況視為威脅。血管收縮，血流變慢，導致流進大腦和肌肉的血液和氧氣變少。我們的身體會進入近似蜷伏的狀態，準備承受失敗的打擊。「正向情緒的生理機制，與壓力的生理機制正好相反，」柏克萊心理學教授達契爾．克特納說。「壓力使你疲憊不堪、

13 Gary Alan Fine and Michaela de Soucey, "Joking Cultures: Humor Themes as Social Regulation in Group Life," *International Journal of Humor Research* 18, no. 1 (2005): 122.

小心翼翼，整個人緊繃起來。你會有窒息感。」

• • •

二〇一〇年球季結束時，哈夫的全壘打數（二十六）與打點（八十六）都是全隊第一。巨人隊挺進分區賽、國聯冠軍賽，最後在睽違五十六年後進入世界大賽。以林斯肯為主將，年輕的投手們帶領巨人隊過關斬將，不過進攻的主力是哈夫。他已成為隊上的人氣王，是記者賽後採訪的對象，真正的隊長。**奧伯瑞·哈夫**。

不過在那之後，哈夫的表現與影響力不復存在。隔年他與巨人隊簽了一份新的兩年合約，但他的表現與影響力下滑到無足輕重的程度。他已是大明星，至少在舊金山名氣很大。盛名令他放縱，也讓他的生活被放大檢視。他對阿德拉和酒精成癮的情況愈來愈嚴重。他經常恐慌症發作，有一次甚至嚴重到擅自離隊整整一週。幾個月前他的妻子訴請離婚，不過這次他們沒有離婚，這段婚姻至少又維持了幾年（他們二〇一八年離婚）。

巨人隊二〇一二年重返世界大賽時，哈夫是板凳球員。十個打席數，只擊出一支安打。然後，他的職棒生涯就結束了。

可是在二〇一〇年的那個球季，對那支球隊和那群球員來說，他是領袖。他的轉變過程看似磕磕絆絆，但是從某方面來說，也像箭葉植物一樣優雅而神奇。

・・・

夕陽在克萊蒙研究大學的樹木後方緩緩落下。保羅・札克跟我走進校園裡的一家小咖啡館，繼續討論如何定義團隊默契。

「我認為團隊默契確實存在，」他說，「我們身上產生相同的化學反應，催產素是其中之一。棒球是很瘋狂的職業，因為他們要打很多場比賽，對吧？筋疲力竭的工作很難熬，辛苦之後，你還剩下什麼？你有一支團隊。他們需要你，你最好也意識到你需要他們。」

「這就是『我挺你』。我想知道比賽發生糟糕的情況時，你會兩肋插刀。知道這件事就夠了。換句話說，**我自己也必須**願意為隊友兩肋插刀，否則我就不是這個團隊的一分子。」

他啜飲了一口咖啡，集中思緒。

「也許你聽了會覺得好笑，但我認為你必須真的愛自己的隊友才行。一種本質上的愛。當然不只是從神經學的角度，行為上也要愛他們。當你的隊友凌晨三點被老婆踢出家門時，你必須接他的電話。你必須以一個人類的身分去愛對方，而不只是以隊友的身分。否則的話，做這件事就太難熬了。」

有時候，一個群體會有激發團隊默契的成員加入。這樣的人除了自身的化學反應之外，似乎也能帶著整個團隊更上一層樓。我稱這種人為「超級感染者」。

3

超級感染者：強尼・岡姆斯的故事

Super-Carriers, or the Curious Case of Jonny Gomes

「我要的是一個能夠提升五名球員表現的球員。」

——唐・若松（Don Wakamatsu），前職棒總教練

二〇一三年三月，美國棒球研究協會在亞利桑那州立大學，舉辦了第二屆年度數據分析研討會。其中一場專題討論的講台上，坐著一位身材瘦長、輪廓分明的投手布蘭登・麥卡錫（Brandon McCarthy）。前一年的第一屆研討會，麥卡錫也有來。他在當時的大聯盟球員之中算是異數；他完全接受數據分析。麥卡錫出於好玩看了比爾・詹姆斯的幾本賽伯計量學著作，主要是為了在社群媒體上跟人筆戰。不久後，他開始追蹤sabr.org與FanGraphs.com等統計分析網站的每日發文。他喜歡黑白分明的數據分析，還運用這些資訊提升了自己的表現。簡單地說，他不但是數據分析的狂熱粉兼實踐者，也可以在亞利桑那州大學的禮堂裡，坦然應付一群數學家和棒球阿宅。

討論過程中，主持人提起一種籠統、與數據分析背道而馳的觀念：據說有一種「萬人迷球員」能提升球隊的整體表現。麥卡錫對此有何看法？

這位投手遲疑了一下，摸了摸臉。他知道，這群熱愛縮寫詞與演算法的觀眾聽到他的答案之後，可能會感到驚訝或失望。

「我認為他們很重要，」他說，「我之所以這麼說，是因為我去年就在這樣的頂尖球隊打球，這使我比過去更加確信這是真的。」

他的意思是，他上一個球季跟強尼．岡姆斯（Jonny Gomes）一起打球。我從未見過強尼．岡姆斯。但我知道，若要了解什麼是團隊默契，就必須先了解這名球員。

•••

遊牧民族有兩種生活方式：無處為家，或無處不可為家。

岡姆斯在大聯盟各支球隊遊走了十一年。（二〇〇三年）他在第十八輪選秀會中被坦帕灣魔鬼魚隊選中，在那裡打了幾年球，後來又去了辛辛那提、華盛頓特區、奧克蘭、波士頓，然後又回到奧克蘭，最後落腳堪薩斯。岡姆斯簽過最長的合約是兩年。他每次加入新球隊都幾乎沒有熟人，從防護室到廁所都得問人才知道在哪裡。無所謂。他走進任何一間球員休息室，都像走進自家大門一樣自在。他從未考慮過自己能否融入球隊的問題。他認為無論加入哪一支球隊，他跟隊友就是一家人。就這一點而言，跟多數球員相比，職棒對岡姆斯來說單純許多。之所以如此單純，是因為他秉持著一個大原則：滿足球隊的需要，球場上與球場下都是。就他記憶所及，他一直都是用這種思維打球：從他在佩塔路馬（Petaluma）小小的社區棒球場上，領到此生第一套棒球制服的那一天開始。

佩塔路馬是一個自由發展的大鎮，位在舊金山以北約六十四公里的地方。維多利亞時期的老房子與莊嚴的橡樹林，逐漸讓位給藍領社區，起伏的山丘上點綴著零星的蛋雞場、乳牛牧場和草原。岡姆斯住在中上階級的社區，他和大一歲的哥哥喬伊（Joey）每天輪流穿相同的幾件T恤和長褲。他們各自擁有一雙雜牌運動鞋。岡姆斯很快就發現，他們的衣服跟這個社區格格不入，就跟他們自己一樣。強尼、喬伊和媽媽三個人經常搬家，在兄弟倆高中畢業之前差不多搬了二十五次。他們的父親已另有家庭，強尼跟喬伊長大後，與父親那邊的家人很少見面。母親做過美髮師、百合花賭場（Artichoke Joe's）的荷官、加油站收銀員、餐廳服務生、公司裡的總機。他們家的感恩節晚餐，幾乎每年都是食物銀行的餐盒。假期團聚時，五張椅子就坐滿祖孫三代：媽媽、喬伊、強尼、外婆和外公。外婆和外公早就離婚多年。沒有叔伯舅姨、堂親表親。

沒看過幾次耶誕樹。尋常的麻煩，例如煞車片壞掉，就可能導致繳不出房租而再次被房東趕走。兩兄弟都知道，收到解除租約通知意味著三十天內他們將失去床鋪，而且得把私人物品都丟進垃圾桶。有時候他們會在車上過夜。但幾乎到了下午放學時，行李和床墊都已搬到不同樓層的另一間臥室裡，可能在城鎮的另一頭，也可能在同一條街上。媽媽把新鑰匙交給他們。對岡姆斯來說，所有的房子跟公寓都差不多。沒有一個地方是家。

七歲的某一天，他跟十來個同校的男孩一起盤腿，坐在佩塔路馬的那個小棒球場上。他穿上這輩子第一套球衣，上衣的正面用白色字體寫著「水管工」（Plumbers），搭配一頂黑色鴨舌帽。他看了看身旁的男孩。每個人看起來都一樣。他們都是水管工隊的隊員。誰穿名牌牛仔褲、誰穿廉價仿冒品不再重要。他當時說不清這種感受，但是到了棒球場上，他不再格格不入。他完全融入團體。隊上的孩子會為每一個隊友歡呼。比賽後，他們在攤販旁邊和露天看台底下一起奔跑嬉鬧。岡姆斯喜歡這種歸屬感。漸漸地，他發現只要幫一個隊友打氣，就可以使對方的好心情持續到比賽結束，而且這樣的能量似乎還能感染其他隊友。「太好了，」他心想，「很好。」在岡姆斯心中，棒球「就像感恩節與耶誕節同時到來，還有一大群親友圍繞在身旁」。

這種感覺從未消失。隨著他在棒球的路上愈爬愈高，他仍是每天全力以赴，彷彿死神近在咫尺。事實上，他確實曾經跟死神擦身而過。第一次是他十六歲的時候，當時他跟朋友兼隊友亞當・威斯考特（Adam Westcott）一起坐在汽車後座，岡姆斯坐在駕駛正後方。他們的車子行駛在山路上，忽然間車身搖搖晃晃，然後一下子往右邊甩去，撞上電線桿。前座的兩個女孩幾乎毫髮無傷，岡姆斯也沒事。但亞當受到重創，兩天後過世。

第二次發生在他二十二歲的時候。當時小聯盟的球季已經結束，岡姆斯回到佩塔路馬。他感到胸口疼痛，忍了一天之後才去掛急診，醫生判斷這是心臟病發作。他被緊急送進手術室，醫生幫一片狹窄的瓣膜進行了成形手術。他後來才知道，如果再拖久一點，他可能會死於心臟病。（後來他的心臟沒再出過問題。）

二〇〇五年岡姆斯以新秀之姿加入魔鬼魚隊時，這支擴編球隊才剛成軍七年，其中有六年的成績敬陪末座，大家都知道這是一支懶散倦怠、沒有向心力的球隊。從少棒、高中棒球、大學棒球到小聯盟，岡姆斯從沒遇過這樣的球隊：每個人都非常關心自己的統計數據，絲毫不在乎球隊是否贏球。（哈夫是這支球隊的一壘手。）有一天岡姆斯坐在場邊休息區，旁邊的資深球員精準預測場上投手投出的每一顆球。岡姆斯問他是如何辦到的。「他洩漏了球路，」對方說。也就是說，投手的動作無意間釋出訊號，預告他即將投出怎樣的球，例如投快速球之前，手套會以某種方式傾斜。這會給打者極大的優勢。岡姆斯激動起來，「你必須告訴他，」他說。但這位隊友拒絕了。「說不定下個球季他會成為我的對手，」他說。

岡姆斯試著不讓這種自私的心態影響自己。儘管有時候家人的行為很差勁，但家人依然是家人。而且，岡姆斯有一項厲害的本領，那就是不管到哪兒都能找到親人般的夥伴。他在魔鬼魚隊找到的夥伴是托比．霍爾（Toby Hall），這位資深捕手對他多有關照。他們經常聊天，從球員休息室、場邊休息區、餐廳到酒吧，兩個人聊個不停。霍爾教岡姆斯如何利用板凳時間觀察投手與打者，如何在表現不佳的比賽後調整心態。即使在魔鬼魚隊再度經歷球季敗場破百的窘境時，霍爾依然竭力為岡姆斯加油，岡姆斯也一樣。他每天早上醒來，都想著如何讓霍爾以他為傲。二〇〇六年，霍爾被魔鬼魚隊交易到道奇隊。雖然岡姆斯認識霍爾短短不到兩年，但霍爾離去令他「感覺猶如死亡」。

無論以哪種標準看來，這樣的反應都很極端。職棒是一門生意。球員來來去去。霍爾是隊友，不是親兄弟。這一點岡姆斯心知肚明，但是他無法控制自己的感受。隊友是家人，球隊是家。他並不是在加入球隊後，為自己**創造了**家與家人。而是他在球隊裡找到家與家人。

沒想到，這項能力就是岡姆斯真正的棒球天分。當然，他是很強的左外野手，也有全壘打與盜壘的實力。不過他最重要的天賦，是他會真誠、深刻、主動地關懷他人。岡姆斯的職棒遊牧人生慢慢浮現一個模式：他的球隊會贏球。

坦帕灣魔鬼魚隊在經歷了十年吊車尾的成績後，二〇〇八年終於在成軍後初次挺進世界大賽。二〇一〇年，辛辛那提紅人隊睽違十五年打進季後賽。二〇一二年，原本被認為會敗場破百的奧克蘭運動家隊，居然贏了九十四場比賽，還成為美國聯盟西區冠軍。二〇一三年的波士頓紅襪隊與二〇一五年的堪薩斯皇家隊，都在世界大賽奪冠。當然，以上這些戰績都能以巧合解釋。或許他是棒球界的阿甘（Forrest Gump），運氣好得出奇，每次都能碰到處於最佳狀態的球隊。畢竟他進入職棒後，大多數時間都是當兼職外野手。他的生涯打擊率只有〇・二四二。他跟球隊的關鍵人物或核心人物八竿子打不著。

布蘭登・麥卡錫和強尼・岡姆斯相識於亞利桑那州的一家健身房，當時兩人都剛進大聯盟第二年。球季結束後，很多大聯盟球員會來這家健身房鍛鍊。岡姆斯一走進健身房就到處吐槽朋友，說說笑笑。麥卡錫從沒見過他這樣的人。每天早上岡姆斯推開健身房大門，健身房裡的氣氛立刻變得不一樣。「他有一種影響每個人的力量，」麥卡錫說。

但直到六年後的二〇一二年，岡姆斯來到奧克蘭後，這兩個人才開始密切互動。

當時麥卡錫已經在奧克蘭運動家隊待了一年。他發現以前一起健身的岡姆斯還是老樣子：大光頭、紅色落腮鬍、刺青、嘴裡嚼著菸絲。也還是一樣嗓門又大又愛說笑。至少他能讓球隊有朝氣一點，運動家隊二〇一一年輸了八十八場比賽，亟需提振士氣。大多數球評都認為，他們二〇一二年的成績應該差不多，說不定還會更差。但是春訓尚未結束，麥卡錫就知道這些專家都錯了。運動家隊正在改變。球員都相信球隊可以贏球。球季一開始他們就連輸了九場比賽，但他們覺得沒什麼大不了。哪支球隊不曾在挫敗中苦苦掙扎？接著，他們果然開始連連獲勝。麥卡錫沒有數據能佐證，也不確定自己的想法是否正確，但是他認為，運動家隊的變化應該跟強尼·岡姆斯有關。

• • •

二〇一六年十月，微風徐徐的一個下午，我來到岡姆斯家門口。他開門迎接我，身上穿著灰色T恤和籃球褲。招牌的紅色落腮鬍比以前短了一些，依然是光頭，粗壯手臂上的刺青變多了。他住在亞利桑那州斯科次戴爾的北邊，沙漠與麥克道爾山脈（McDowell Mountains）的交界處。這個社區幅員寬廣，而且房子都很大：四個車庫、有溜滑梯的大型游泳池、獨立客房、戶外廚房。很多人家氣派的大門外放了玉米桿和南瓜做裝飾，岡姆斯家的大門外也有。不過他家很好認，因為車道上停著一輛二·五噸重的迷彩綠M三五軍用卡車。

我腦海中對岡姆斯已有既定印象，因為我研究了不少與他有關的資料，足足塞滿一大本三孔活頁夾，是我為這本書調查的人物中資料最多的一位。這並非刻意之舉，而是跟他有關的故事和訪談內容就是這麼多。大聯盟球員只要聽說我想寫岡姆斯的事，都會主動打電話給我。華盛頓國民隊的明星外野手傑森・沃斯（Jayson Werth）打給我時，他正要去做物理治療。岡姆斯是在二〇一一年球季半途加入國民隊的。

「強尼一來，球隊的文化就變得不一樣。我乾脆直接去找（總教練）戴維・強森（Davey Johnson），跟他說『嘿，我們明年還是需要強尼・岡姆斯，球隊真的需要他』，」他說。但國民隊沒有留下岡姆斯。「球員感受得到這種化學反應，以及它對人產生的影響，無論是好的或壞的影響。很多時候，高階主管、教練、總教練並不算是球隊的一分子。所以他們不一定能體會團隊默契這種東西，實在可惜。」

二〇一三年世界大賽冠軍紅襪隊的投手、賽揚獎得主傑克・皮維（Jake Peavy）告訴我：「在我合作過的球員中，最擅長營造團隊默契的就是強尼・岡姆斯。他是球隊的重要動力。」

「就算那天強尼沒有上場，他依然會影響比賽。像他這樣的大聯盟球員很少見，」明星球員達斯汀・佩德羅亞（Dustin Pedroia）說，他也是岡姆斯的紅襪隊隊友，「他看待比賽的方式跟許多球員不一樣，甚至跟教練也不一樣。他為球隊帶來一種強悍的氣質，而這正是紅襪隊的本質。他們是藍領階級。你必須奮力一搏才有機會勝利，這才是波士頓跟球迷想要的球隊。我知道強尼非常適合紅襪隊。事有湊巧，他（二〇一三年）剛好成為自由球員。」

我腦海中的岡姆斯是粗獷版本的塞斯・羅根（Seth Rogen）：熱愛交際、健談風趣。但是打開那扇大門的男子既安靜又內斂，近乎冷淡。這幾個月來，我們互傳了十幾則訊息，我以為他對這次訪談早有心理準備，甚至充滿期待。此刻我不禁懷疑他是否對訪談心生退意。我跟著他穿過挑高天花板的客廳與餐廳，走進一間大大的廚房，這裡用萬聖節裝飾、食譜和鮮花點綴得暖意烘烘。角落有一張小桌子，桌面被蠟筆、顏料和圖畫紙占滿。我們在早餐桌旁坐下。岡姆斯捏了一小撮菸絲塞進下唇內側。

「看來你還在嚼菸絲？」我故意語帶調侃，想拉近彼此的距離。

「嚼菸絲使我想起在球場上的感覺，」他說。我這才記起，從岡姆斯七歲開始打棒球以來，這是他第一次離開球隊。

二〇一五年皇家隊在世界大賽奪冠之後，只有日本的東北樂天金鷲隊向他提出邀約，因此二〇一六年他與金鷲隊簽約。他不會說日語，也不了解日本文化。大部分的時候，他在球員休息室和場邊休息區都是獨來獨往。這裡沒有家的感覺，隊友也不像家人。他只打了十八場比賽（而且表現不佳）就離開金鷲隊。我很好奇失去棒球（球隊、隊友、共同目標）對他來說，像不像精神科醫師湯瑪斯・路易斯所說的失去長期伴侶的人那樣，有種失去一條手臂或一條腿的感覺。

我們尷尬地閒聊，直到一個穿著閃亮公主裝的小女孩赤腳跑進廚房，爬到岡姆斯的大腿上。她鑽進爸爸的臂彎，剛才她在另一個房間看了卡通《彩虹小馬》，此刻急著向他報告最新劇情。岡姆斯有三個孩子，三歲的凱普莉（Capri）是老么。他把三個孩子的名字刺在右前臂上，字體是古英語字型。這塊刺青的上面有一個更老的刺青，寫著：「艱難的時刻終會消逝……強悍的人屹立不搖。」（Tough Times Go Away... Tough People Don't.）

岡姆斯一邊聽凱普莉說著碧琪和紫悅的故事，一邊假裝驚訝。「不可能！」他說。凱普莉更新完劇情後，扭著屁股想跳下父親的大腿，岡姆斯把光著雙腳的女兒放回地上。凱普莉揮著手跑開。「拜拜，爹地！」

岡姆斯擔心孩子們在富裕舒適的環境中長大，會缺乏塑造他與哥哥的人生經驗。他們會努力工作嗎？他們會跟他一樣愛物惜物嗎？「我從沒弄丟過東西。從來不會找不到帽子、手套、上衣。我知道我的球衣在哪裡，因為我都是自己洗衣服。」

「物資缺乏使你學會不要浪費，」我說。我說上場打球似乎也適用這個道理，至少對他來說是如此。他珍惜每一次機會。我問他無論在一支球隊待多久，是不是都會刻意把握時間，盡量發揮最大的影響力？「沒錯，」他說。我問他知不知道這種影響力雖然強大，但是在許多方面並不會受到認可。「是啊。」他說自己是在二〇〇九年開竅的，當時他在辛辛那提紅人隊打球，隊上的巨星球員傑．布魯斯（Jay Bruce）來向他請教他打擊策略方面的問題。

「我心想，『你怎麼會問我？你覺得我知道答案？』通常都是我去請教別人，」岡姆斯說，「我得到一個重要啟發：就連球隊裡最厲害的球員，也不停在尋找更好的策略。」這場交談瓦解了他與球星之間的高牆，就像他打少棒的第一個球季，讓他跟富家子弟融為一體的那套水管工球衣。

後來向他請益的人愈來愈多。他們似乎認為，上個球季他跟光芒隊一起參加過世界大賽，所以他被灌注了某種特殊的智慧。他確實擁有特殊智慧，只是不全然來自世界大賽。岡姆斯能察覺到別人的需求。他能掌握何時該開玩笑，何時該激勵，何時該施壓，何時該教導。他知道用什麼方法能夠培養對方的信心。舉例來說，一個苦苦掙扎的年輕球員，或許一早起來就會看到岡姆斯的簡訊，引述體育新聞對他的讚美之詞。另一個年輕球員在受到責罵後，岡姆斯會適時送上安慰，騙他總教練其實非常賞識他。岡姆斯會去看表現不佳的隊友的打擊影片，然後心平氣和告訴對方他的意見。

「大聯盟的球員必須快速調整自己，」岡姆斯說，「調整得愈快就愈成功。當你大部分的時間都要用來調整自己，你需要別人給你建議。」對方可能會接受你的建議，也可能拒絕。岡姆斯說他不會生對方的氣。建議本身只是他想傳遞的部分訊息。他也想跟隊友交流感情。「因為我們必須關懷彼此，我們都在同一艘船上。」

這就是默契，岡姆斯告訴我。「球員真心在乎彼此，而且因為這樣，球隊表現得更好。」他的聲調高了一些。他挪動了坐姿，現在幾乎正對著我。

「你知道，我不喜歡把球賽比喻成戰爭，但如果你只能選一個人跟你一起上戰場，你會選槍法最準的人嗎？還是願意擋在你身前的人？就像小時候跟朋友在遊樂場打棒球一樣，你不會選最厲害的人當隊友，你會選你最好的朋友。因為不管你們落後一分還是十分，他都會全力以赴。」

「到了大聯盟也是一樣。我在外野守備，我的兄弟站在投手丘上，我絕不會讓球落地。當我站在二壘上，我的兄弟準備打擊，我就要為他得分。」

相反地，如果你的隊友是個渾蛋，「你們會士氣低落，」他說，「這是人性使然。我們是人，不是賽車。你不可能對隊友毫無感情，而有時候這些感情難免會影響你的表現。」

他口中的感情就是布蘭登・麥卡錫二〇一二年觀察到的現象，並從此改變了麥卡錫對團隊默契的看法。

• • •

麥卡錫早就知道，一支無私、團結的球隊，會比自私、分裂的球隊更容易贏球。他也知道勝利能使球員變得更加無私和團結，而不是自私與分裂。贏球的感覺很棒，所以你當然會想要繼續贏下去。球員漸漸把團隊的成績看得比個人成績更重要。他們會抓準時機短打。他們會設法保送上壘，破解雙殺，撲接下墜平飛球，互相提供建議。他們會連連贏球。每個人的心情都會變好。他們會一起打牌，會在旅途上一起吃晚餐。最後，不可避免地，他們會把成功歸因於團隊默契，因為勝利才是打棒球的真諦。

麥卡錫早就聽說過這樣的球隊。但是二〇一二年，他在運動家隊觀察到不一樣的東西。團結和無私（或是團隊默契）在贏球之前就已出現。他在春訓時就已經注意到。球隊多了許多新面孔和大量年輕球員。麥卡錫看見岡姆斯像管弦樂團的指揮一樣，把球隊團結起來。他在該嚴肅的時候嚴肅，該輕鬆的時候輕鬆。他提振隊友的自尊心，緩和隊友的怒氣。他會用不冒犯隊友的方式，指出他們不夠努力或表現不佳。他應付菜鳥特別有一套，他們總是表面上神氣活現，其實內心的恐懼和懷疑表露無遺。岡姆斯使他們感到安心。那一個球季，麥卡錫觀察到岡姆斯對菜鳥產生的影響。例如有個二十五歲的菜鳥叫克里斯・卡特（Chris Carter），他在二〇一一年進入大聯盟之後，一年來幾乎沒有踩上過壘包。二〇一二年他脫胎換骨，上壘率和整體攻擊指數都在隊上名列前茅。

「如果你覺得比較自在，比較樂在其中，就能展現出更好的自己，」麥卡錫說，「我沒辦法量化這件事，但我認為這必定是某種涓滴效應。你不會感到很緊張。你不會擔心自己令人失望。這樣打起球來比較輕鬆。」

麥卡錫是個熱衷於分析的人，他把這種涓滴效應分成兩個部分：氣氛與資訊。氣氛就是他前面提到的：一個放鬆、包容的環境，這能消除球員的焦慮，使他們發揮完整潛力。第二個部分是資訊分享，這一點似乎簡單明瞭。球員掌握的資訊愈多，就可能表現得愈好。但是在一支棒球隊裡（或是任何競爭型的團隊），資訊的影響不僅取決於資訊的內容，也取決於球員對資訊傳遞者的感覺。

「假設有個隊友給你建議，」麥卡錫解釋，「因為你相信他，所以你接受他的建議。接下來的兩個月，他的建議幫你少丟三分。三分不算多，但是對一、兩場比賽（的輸贏）來說可能很關鍵。由於我相信這位隊友，所以救了三分。如果一整個球季下來，球員間有三、四十次這樣的互動，雖然我們無法量化計算這對分數的影響，但這種影響確實存在。」

「如果反過來，對方是你討厭的人。當他給你建議時，你的大腦會說：『誰理你。』

於是他的建議沒被採納，原本我能救回來的三分就這樣丟掉了。球隊因此愈來愈差。」

岡姆斯贏得每個人的尊敬，麥卡錫說，「別人不能說的話，他都能說，大家都買他的帳。」

年輕的三壘手賈許．唐納森（Josh Donaldson）就是很好的例子。

唐納森是第一輪選秀就被挑走的球員，態度趾高氣昂。許多隊友都覺得他既高傲又囂張。有天下午打擊練習時，唐納森把球打到越過記分板，岡姆斯看到幾個隊友對此大翻白眼。「你們不可以這樣，」岡姆斯阻止這種挖苦的行為。岡姆斯知道這個年輕人很有實力，但若是想要幫球隊獲勝，他還不夠成熟。有一次運動家隊領先八分，比賽已進入尾聲，唐納森被三振出局後，在場邊休息區裡怒摔球棒跟頭盔。

岡姆斯直接嗆他。「嘿！我們就快贏了，你在不爽什麼？」

「我被三振出局也不能生氣嗎？」唐納森怒氣沖沖。

「不行，」岡姆斯告訴他，「你不能生氣。你必須把憤怒收起來，回家再摔咖啡杯或亂發脾氣。你不可以在球場上摔東西。」

其實岡姆斯還想告訴他：「因為這樣很自私。因為只有團隊的表現才重要。因為有意義的數據只有一個，那就是勝場數。」但是他沒說出來。他知道對方什麼時候才聽得進建議，所以他後來慢慢開解唐納森，用一百萬種微小的方式告訴他，光靠個人的實力無法爬到大聯盟的頂端。唐納森聽進去了。他漸漸綻放。三年後，他打敗巨星球員邁克・楚勞特（Mike Trout），贏得美國聯盟的最有價值球員獎。

雖然球季一開始磕磕絆絆，但七月份運動家隊打了二十四場比賽，贏了十九場。他們成了逆轉勝之王，擊出一支又一支的再見安打和全壘打，比賽結束時興奮跳躍、扔頭盔、像孩子一樣在本壘板上疊羅漢。他們發展出獨有的儀式：特殊的握手方式、自己人才知道的笑話、互相取綽號。他們改編電影《老闆渡假去》（*Weekend at Bernie's*）的饒舌歌，搭配一支非常搞怪的舞叫「伯尼向後仰」（Bernie Lean）（YouTube上找得到）。他們在賽後訪問時往彼此臉上砸刮鬍膏派。似乎沒有比奧克蘭運動家隊玩得更開心的棒球隊。像這樣的球隊還有一個特色：沒沒無聞的球員有更多出頭的機會。二十八歲的布蘭登・莫斯（Brandon Moss）是職棒浪人，進入職棒後在小聯盟球隊流轉了十一年。二〇一二年他加入運動家隊，簽的同樣是小聯盟合約。他的合約將在六月中結束，他已打算飛去日本打球，退休後回喬治亞州洛根維爾（Loganville）當消防員。合約到期的前幾天，運動家隊突然徵召他去大聯盟當一壘手。岡姆斯也在輪調名單上，所以莫斯有機會跟他一同坐在場邊休息區。就像岡姆斯在魔鬼魚隊的菜鳥時期，跟托比・霍爾一起坐在場邊休息區一樣。他們討論打球的策略與方法，岡姆斯說出他對莫斯的打數有何看法，也提出各種建議。他們漸漸從棒球聊到自己的童年、家庭、恐懼、失敗、痛苦。莫斯很驚訝。

「我們都有很強的防護罩，」他指的是職棒球員，「我們很少對別人敞開心胸。身為男性，尤其是競爭心態強烈的男性，當你放下防護罩、表露真心時，你會顯得有點脆弱。但岡姆斯不怕露出脆弱的一面。什麼話都能對他說。被球隊釋出後感到挫敗，表現不佳時覺得沮喪。他非常真性情。這樣的人在職棒界非常少見。」

二〇一七年，我在AT&T球場的客場休息室訪談莫斯。他剛加入堪薩斯皇家隊，球季已開始兩個半月。皇家隊兩年前在世界大賽奪冠，當時岡姆斯也在這裡打球，那是他第二次贏得世界大賽。

「我來這裡才半年，就已經聽過岡姆斯幫助克里斯蒂安．柯隆（Christian Colon）的故事很多回，」莫斯說。柯隆是板凳球員，在二〇一五年世界大賽的第五場比賽之前，他已有六週沒有上場。那場比賽他在第十二局助攻關鍵的一分，把皇家隊推上世界大賽的冠軍寶座。他在賽後的電視訪問感謝岡姆斯一路支持他，幫他做好準備。

「強尼．岡姆斯沒有盜壘，也沒有跑壘，」莫斯說，「他只是坐在隊友身旁，告訴隊友怎麼做，才有可能在世界大賽裡贏得比賽，而且他的建議確實有用。他無法預測球場上的情況。他只是幫助隊友做好準備，機會一來就全力發揮。他甚至不是季後賽的先發球員。他大可以說：『管他去死，反正他們不看重我。』」

莫斯在運動家隊嶄露才華。他在頭二十場比賽中擊出九支全壘打，並且維持良好的打擊率[1]。

八月份，運動家隊過去的十五場比賽贏了十三場，挺進第二名。九月份他們緊追第一名德州遊騎兵隊，到了球季只剩最後一場比賽的時候，終於追成平手。兩支球隊都是九十三勝、六十八負。十月初的一個星期三下午，歷經三小時十六分鐘的比賽後，在三萬六千零六十七位球迷的雷動歡聲中，運動家隊以十二比五的成績，打敗美國聯盟的衛冕冠軍，成為分區第一名。

「做為不被看好的球隊，」《紐約時報》的記者寫道，「運動家隊為近幾十年來的棒球界締造一大驚喜。」

幾乎每一個球員都說，改變這支球隊的人就是強尼・岡姆斯。據內部人士透露，連總經理比利・比恩（Billy Beane）都這麼認為[2]。不過，就算比恩真的相信岡姆斯是運動家隊的成功關鍵，他相信的程度並未強烈到二〇一三年與岡姆斯續約。

1 兩年後莫斯代表運動家隊進入明星賽，後來轉戰克里夫蘭、聖路易、堪薩斯，二〇一八年又回到運動家隊。在我寫作的此時，他還沒去打日本職棒，也還沒回洛根維爾當消防員。

2 麥可・路易士的著作《魔球》詳述了比恩是個擁護數據分析的人，不相信團隊默契的存在。作者曾為本書邀請比恩接受訪談，不過比恩客氣地婉拒了。

• • •

沒有球員會把成為團隊默契的「超級感染者」當成職涯目標，那還不如簽一紙年薪數千萬美元的多年合約。通常在那種被找來替補先發空缺（比如代替拉傷大腿肌腱的先發球員上場）的球員之中，比較有可能出現超級感染者。他們具備在大聯盟打球的實力，卻不一定出類拔萃。就像自由業者一樣，他們經常打短期工，一份合約到期之後再簽下一份。球隊喜歡雇用這些球員，因為他們雖然身體條件不夠好，但個性剛毅、好相處。

任何人都能在日常或特定情境裡，成為團隊默契的感染者，例如巨星球員德瑞克・基特（Derek Jeter）與崔佛・霍夫曼（Trevor Hoffman）。明星賽強棒基斯・赫南德茲（Keith Hernandez）說，巨星球員彼得・羅斯（Pete Rose）也是團隊默契的感染者。「他是我遇過最具感染力的球員。他讓身邊的每個人心情愉快，」他說。成為超級感染者的巨星球員少之又少，但不是完全沒有，其中一個是職業籃球傳奇控球後衛蘇・伯德（Sue Bird）。她的身高只有一百七十五公分，但是她不管到哪裡打球都能獲勝。她贏過兩次州立高中冠軍賽，念康乃狄克大學時拿了兩座NCAA冠軍獎盃〔3〕，還有四枚奧運金牌。根據最新統計，她贏過三次美國職業女籃WNBA冠軍。「只要把球隊放在優先位置，好事自然接連發生，」她告訴《華爾街日報》的記者山姆·沃克（Sam Walker），「當我的球隊好好發揮實力時，做為籃球員的我也能好好發揮，那就是我發光發熱的時刻。我盡量運用腦袋、無私付出，最後的收穫比付出多更多[4]。」

有些球星會在事業開始走下坡時，成為超級感染者。例如二〇一三年克里夫蘭印地安人隊的傑森·吉昂比（Jason Giambi），當時他已四十二歲，表現大不如前。那一年印地安人隊之所以雇用他，是為了營造總教練特里·弗蘭克納（Terry Francona）想要的「氣氛」。印地安人隊贏了九十二場比賽，但吉昂比參與的場次不到一半，打擊率也很慘，只有〇·一八三。但是當印地安人隊挺進季後賽，弗蘭克納說吉昂比是隊上最有價值的球員。「如果沒有吉昂比，我們可能打不進季後賽，」他告訴記者。

加州大學洛杉磯分校的傳奇籃球教練約翰·伍登（John Wooden），會找一個感染者當他的「最佳第六人」（不過他沒用「感染者」這個詞）。這種球員具備「適當的動力特質：相當情緒化，一被點到名字就會立刻腎上腺素飆升」。伍登說，數據「向來反映不出這種球員的真實價值[5]」。

3 譯註：國家大學體育協會（National Collegiate Athletic Association），簡稱ＮＣＡＡ。

4 Sam Walker, "The Art of Winning Everywhere," Wall Street Journal, September 8, 2018.

超級感染者同時具備幾種人格特質，我們通常不會把這些人格特質跟傳統的體壇英雄聯想在一起。超級感染者追求的不是榮耀與地位，而是情感連繫和意義。他們富有同理心、關懷他人、擅長溝通。他們接受自身的失敗和缺點，也能允許自己當個脆弱的人。他們藉由自嘲展現幽默，樂意成為自己和他人開玩笑的對象。

他們具有領袖魅力，但絕對不會向隊友說教。說教（發表激勵演講）的效果會隨著時間減弱，但超級感染者的影響很持久。超級感染者把隊友凝聚起來，不讓大家分散在各自的軌道上運行。潘・柯爾文（Pam Kerwin）是皮克斯的元老之一，她曾向我透露她對實力的定義：實力是滿足團隊的需要。就這個定義而言，超級感染者是團隊中最有實力的人，無論是體育、商業或其他性質的團隊。

對二〇一三年的亞利桑那響尾蛇隊來說，那個人是艾瑞克・辛斯基（Eric Hinske）。那個球季布蘭登・麥卡錫剛好來到響尾蛇隊，對前一年在運動家隊與岡姆斯共事的他來說，這樣的改變難以適應。辛斯基和岡姆斯一樣，都不是明星球員。他是職棒生涯快走到頭的內野手。球季的第一週，響尾蛇隊在聖路易打了一場十六局的比賽，時間長達五個半小時。比賽結束後，他們深夜飛往密爾瓦基，早上六點落地，前往飯店的路上還碰到塞車。每個人都筋疲力竭、情緒暴躁，極想在跟密爾瓦基釀酒人隊比賽之前，好好睡個幾小時。

「沒想到那是我職棒生涯中搭過最愉快的一次巴士，」麥卡錫說，「辛斯基一整路都拿著麥克風站在車廂前方，我只記得自己笑到肚子痛。車上的每個人都跟我一樣，開懷大笑、疲勞全消。他在這麼惡劣的情況下還能搞笑，實在太厲害了。他當時說的笑話跟評論，我們津津樂道了好幾個月，變成球隊裡流傳的笑話。」

但不到三個月後，響尾蛇隊在六月底釋出了辛斯基。原本排名第一的響尾蛇隊連輸五場比賽，是這個球季最嚴重的連敗。三週後他們不再是第一名，而且從此一蹶不振，球季結束時落後道奇隊十一場勝差。我的意思不是響尾蛇隊的球季勝敗，全靠一名三十六歲的候補一壘手決定。我想說的是，他的離開影響了隊友。

「我們的表現變差了，」麥卡錫說，「無論他是刻意的還是出於本能，他確實帶來了某種影響。他離開後，那些自己人的笑話不見了，那些微小的情感連繫也消失了。球隊裡出現一個缺口，沒有東西能夠填補。」

辛斯基跟岡姆斯一樣，他很容易加入冠軍球隊。他參加過三次世界大賽，分別是二〇〇七年的紅襪隊、二〇〇八年的光芒隊與二〇〇九年的洋基隊。「這已經無法用反常來解釋，」麥卡錫說，「你會覺得『這應該跟他有點關係吧。』」

5 John Wooden and Jack Tobin, *They Call Me Coach* (New York: McGraw-Hill, 2004).

可是，要怎麼確定呢？我還沒找到任何量化的方式，能用來估量超級感染者的影響力。世界大賽的出場次數跟隊友的證詞，都無法證明此人提升了球隊的表現。那麼，科學能不能證實強尼．岡姆斯效應的存在？

我們知道，不斷接收訊號是人類的內建本能。這些訊號改變我們的大腦和身體，從情緒到心跳都隨之變化。會不會有些人發出的訊號比多數人更加強烈？當然會。例如演員。普通路人在螢幕上說話很無趣。好演員不用開口，只是臉部表情就極具吸引力，能使人感動落淚。演員發出影響我們身與心的訊號。或許超級感染者也像演員一樣，他們都是超級訊號傳遞者。神經學能否提供岡姆斯影響隊友的證據呢？

我與加州大學舊金山分校的神經科學家喬許．伍利碰面時，向他提出這個問題。他抓著扶手靠在椅背上，聽我說出心中疑問。

「這個問題我實在想不明白。如果我說自己跟這個人感情比較好，跟**那個人**感情比較不好，所以我跟這個人相處時的行為，和我跟**那個人**相處時的行為不一樣。但除了行為之外，還有什麼證據？」

當然，我指的是**科學**證據。

他發出一個聲音，我覺得應該是不認同的意思。他說不停質疑自身的經驗是否為真，質疑親眼所見是否為真，這麼做毫無意義。「有人說，『心理治療也許能使病患改善，但除非找到生物標記，否則心理治療就是無效的。』」他說。

想像一下在學校裡學習新知的孩子，他說。學生接受測驗時寫出正確答案，於是我們知道他們的大腦裡確實發生了變化，因為這種影響力是看得到的：他們想出正確答案。當這樣的情況出現了一次又一次，我們可以有信心地推斷，師生之間的互動與學生正確答題之間，存在直接的相關性。

「學習、社會情感連繫、感受等等，這些東西都在大腦裡，」伍利說，「它們並不神奇。」

這位科學家說，我不需要「科學」證據來證實岡姆斯在隊友身上發揮的影響力。球員自身的經驗（他們看見、聽見、做過、感受過的一切）就是證據。但是我怎麼知道這些球員描述的經驗是真的呢？我問。說不定他們只是相信岡姆斯影響了隊友。

伍利看起來好像有些慍怒。他問我有沒有看過《小飛象》（*Dumbo*）這部電影。我記不記得電影裡那根羽毛？小飛象的耳朵能給牠飛翔的能力，但是牠不相信。後來牠得到一根能讓牠飛起來的「魔法」羽毛，所以牠就飛起來了。

「讓牠飛起來的當然不是那根羽毛，」伍利說，「是牠的耳朵。我想說的是，一個團隊會把某個成員視為團隊的幸運圖騰或幸運符，我絲毫不覺得意外。而且這並不代表這種作用不存在。」

在醫學上，這叫做安慰劑效應：當病人相信某種藥物能緩解疼痛，他們吃下這種藥通常就能止痛，無論藥物的成分是什麼。我們以為這是假的，完全是心理作用。但研究發現，安慰劑能觸發真實無比的生理反應。伍利舉了個例子，他說我們期待疼痛緩解時，能喚醒大腦裡的疼痛舒緩系統，使身體的反應就像服了止痛藥。

「我的一位導師曾說，」他往下說明，「『患者來找我之前，已找過幾個醫生緩解疼痛都沒用。我是止痛專家，我開的是有證據支持效果的藥。但我把效果說得天花亂墜，因為患者會做出相應的回應。』還有一種效應叫反安慰劑效應。如果你告訴患者治療的負面影響（副作用），他們十有八九會感受到負面影響。」

環境裡的一切都會影響大腦，我們自己的信念怎麼會例外呢？我想到「易普症」（yips），這個詞最早用來描述高爾夫球員大腦一片空白，連簡單的推桿都做不到。用在棒球，它指的是野手突然無法像平常一樣傳球到一壘，或是投手無法把球投向本壘。通常這些運動員的身體都沒有問題[6]。他們的大腦似乎執著於某個想法，而身體也從善如流。

然而有些人認為易普症真實存在，卻不相信另一種可能：信念可以提升表現。或許強尼·岡姆斯效應只是隊友把信念投射在岡姆斯身上罷了。他們以為岡姆斯提升了自己的表現，所以他們的表現就真的變好了。他們的身體實踐了大腦的期待。

「這是一種真實的現象，」伍利說，「一切取決於大腦。這是真實的作用，它會發生，會影響表現。」

• • •

岡姆斯不願直言在二〇一三年世界大賽期間，紅襪隊與紅雀隊的第四場比賽之前，到底發生了什麼事。

時間是二〇一三年十月二十七日，再過幾個小時，雙方在布希球場（Busch Stadium）的第一場比賽即將登場。此前三場對戰，聖路易紅雀隊以二勝一敗暫時領先。紅襪隊總教練約翰・法雷爾（John Farrell）公布先發名單。一如往常，這份先發名單立刻傳到全美各家媒體。左外野手是丹尼爾・納瓦（Daniel Nava），符合眾人期待。這個球季，納瓦和岡姆斯輪流防守左外野：左撇子納瓦對付右投手，右撇子岡姆斯對付左投手。第四場比賽，紅雀隊的先發投手蘭斯・林恩（Lance Lynn）是右撇子，所以左外野手當然是納瓦。

紅襪隊的幾名主力球員討論之後做了決定，包括佩德羅亞、綽號「老爹」的大衛・

6 梅奧診所（Mayo Clinic）的資料顯示，有些患者是因為神經問題影響特定肌肉，而導致易普症。

歐提茲（David "Big Papi" Ortiz）、喬恩・萊斯特（Jon Lester）跟其他五、六個球員，一起走進總教練的辦公室。

「岡姆斯必須上場，」歐提茲說。

這個要求聽起來實在荒謬，法雷爾無法同意。先發名單已經發布全國。總教練不會突然更換先發球員，尤其是世界大賽，除非有逼不得已的原因，例如臨時受傷。納瓦這一年表現出色，例行賽的打擊率創下生涯最佳的〇・三〇三，優於岡姆斯的〇・二四七。

更重要的是，今年的世界大賽岡姆斯到現在還沒擊出過安打。他表現極糟，就算對上左投手也一樣。世界大賽的第一場跟第二場比賽，他都在先發名單上，安打數是零。第三場比賽他是代打，一樣掛蛋。

但是這幾位隊友不肯讓步。紅襪隊已輸了第二場跟第三場比賽，如果第四場再輸就是一勝三負。只要再輸這一場，紅襪隊就會在世界大賽飲恨落敗。而主力球員相信，如果岡姆斯在場上，他們會打得比較好。

「岡姆斯是球隊的重要動力，即使先發投手是右撇子也無所謂，」一位不願具名的前紅襪隊球員說。這個抗爭事件從未對外公開。「岡姆斯在場上發揮的影響力，隊上每個人對他的感覺……他的貢獻難以言喻。」

在近乎叛變的情況之下，總教練法雷爾改了先發名單。他換下平常守右外野的謝恩・維克托里諾（Shane Victorino），然後把岡姆斯放在左外野，納瓦放在右外野。紅襪隊對外的說詞是維克托里諾腰部肌肉緊繃。

岡姆斯說，當時他跟排在最後的一群隊友正在練習打擊（非先發球員的練習順序會排在後面）。「有人突然拍了我的肩膀，說我要上場比賽，」他沒有提出任何疑問。

讓我們把時間快轉到第六局下半。分數一比一，兩人出局。

佩德羅亞擊出一壘安打。紅襪隊的明星賽強棒歐提茲站上打擊位置，球場裡的每個人都知道，紅雀隊會四壞球保送他。為什麼？因為下一棒是岡姆斯，他目前的安打數是零。紅雀隊換上新投手來對付他。這名菜鳥後援投手叫塞斯・曼尼斯（Seth Maness），右撇子，岡姆斯第一次跟他交手。通常碰到不熟悉的後援投手正在暖身時，岡姆斯會走進場邊休息區看一下球探報告。但這次岡姆斯不但離場邊休息區遠遠的，還徹底避免跟總教練四目相交。「要是我走進場邊休息區或是跟他對到眼，」岡姆斯說，「他有可能把我換掉，找代打上場。」

關於曼尼斯，岡姆斯只知道一件事：他擅長伸卡球。右投手的伸卡球會在靠近右打者的內角下沉，非常難打。岡姆斯就是右打者。第一球——咻！——球在內角下沉，是壞球。岡姆斯暫離打擊位置，他問自己：這個投手像誰？他突然想起聖地牙哥教士隊的路克・葛瑞格森（Luke Gregerson）。岡姆斯二〇一二年跟葛瑞格森對戰過。相同的出手位置，相同的球路。他重新站上打擊位置。曼尼斯投出兩好兩壞。岡姆斯知道下一球肯定是伸卡球。他必須提前出手，在球下沉之前擊中它。

他做到了。球飛了一百一十八公尺，越過左外野圍牆。這支精彩的三分全壘打使紅襪隊領先到比賽結束。他們以四比二贏得比賽，與紅雀隊在世界大賽以二比二暫時平手。接下來紅襪隊連續贏了兩場比賽，拿下世界大賽冠軍。最後這兩場比賽，岡姆斯都在先發名單上。

若只看數據，除了那支全壘打之外，岡姆斯在季後賽的表現奇差無比。他在三輪季後賽（美聯分區系列賽、聯盟冠軍賽與世界大賽）有四十二個打席數，僅擊出七支安打，打擊率〇・一四三，低得可悲。

若是你問他的隊友，會得到截然不同的數據：岡姆斯有上場的紅襪隊比賽，成績是十勝一負。

「隊上的每個人都相信，我們一路過關斬將來到總冠軍賽，慣用的攻守策略不再重要，」佩德羅亞告訴我，「你想跟這群人一起奪冠，他們是你的夥伴。面對任何事都一樣，就算注定失敗，至少是以你想要的方式。這正是我們當時的感受。即使那年紅襪隊沒有在世界大賽獲勝，但我們跟自己的夥伴一起努力奮戰，沒有一個人會說：

『早知道就不要如何如何。』重要的是我們在場上毫無保留，而且每個夥伴都參與其中。我們就是覺得他必須上場。就是這樣。我們都犧牲了很多才走到這裡，那就用我們想要的方式戰到最後。」

我問佩德羅亞，為什麼他和隊友都相信他們需要岡姆斯。

「我不知道。棒球就是棒球。到了球季的那個時候，數據不再有意義。我一直都是這麼想的。是不是覺得就算可能輸掉比賽，我也希望岡姆斯能上場？沒錯，每一場比賽我都是這麼想。我不在乎他的打擊率很低。你知道你每次都能拿到不錯的打數。是他給我們機會。你知道他一定不會失去信心，也絕對不會放棄。我永遠願意冒著會輸的風險讓他上場。」

在此我必須補充隔年的球季發生了什麼事。二〇一四年球季進行到一半時，奧克蘭運動家隊把戰將約尼斯．塞佩達斯（Yoenis Céspedes）交易到紅襪隊，而紅襪隊送出的球員是強尼．岡姆斯。兩年前他在運動家隊大放異彩，那是最有團隊默契的球隊。他對回到運動家隊充滿期待，尤其是運動家隊當時位居分區第一名，成績遙遙領先第二名，很有可能進入世界大賽。

「但是我一走進球員休息室，就看見每個人都垂頭喪氣。」岡姆斯說，「我環顧四周，心想：你們為什麼要垂頭喪氣？我試了各種方法（改變氣氛），但全都沒用。」運動家隊感情緊密，因此塞佩達斯離開造成了打擊，球員形成封閉的小圈圈，不想接納外人。岡姆斯非常失望，在這支分崩離析的球隊裡，他只是個新來的職棒老鳥。這突顯出人格典型與團隊默契需要環境條件的配合，否則連超級感染者也束手無策。

• • •

岡姆斯家後院的泳池跟兒童遊樂設施後面，有一棟漂亮的鄉村風客房，是他用世界大賽的獎金蓋的。他的紀念品都收藏在這裡。建材是木頭跟石頭，挑高天花板，花崗岩檯面的長吧檯挨著其中一面牆，吧檯上方掛著一塊牌子，寫著「外屋」(OUTHOUSE)。還有一面牆則是被低溫的玻璃紅酒櫃占據。吧檯後方有道雄偉的木製拉門，通往一間家庭劇院。牆上的展示櫃裡放著球棒、手套跟釘鞋，旁邊是裱框的照片和雜誌剪報。其中一幀是《運動畫刊》二〇一三年四月二十三日的封面，出刊兩週前發生了波士頓馬拉松爆炸案，三人罹難，數百人受傷。封面照是岡姆斯站在二壘壘包上，像健美先生一樣高舉雙臂，球衣胸口上是大寫的「波士頓」(BOSTON)，底下是印在封面上的紅色大字：「強大」(STRONG)。封面照旁邊的玻璃櫃裡，放著岡姆斯在那次世界大賽中穿的釘鞋，再旁邊是一張紅襪隊球員抱在一起慶祝的海報。岡姆斯站在家庭劇院裡靜靜看著這些東西。他說這一切依然感覺不太真實。

「你知道嗎？我對棒球的歷史知道的不多，」他說，「後來我到了辛辛那提，那是歷史非常悠久的體育隊伍。我看到『紅色機器』（Big Red Machine）（紅人隊在一九七〇年代的暱稱）年代的照片與（冠軍賽的）錦旗，那一刻我突然想通了：對棒球員來說，只有獲勝才值得紀念。你明白嗎？我們就算拿了五次三冠王，也一次都不會慶祝。我們不會慶祝安德魯．瓊斯（Andruw Jones）拿到第十座金手套獎。我們不會慶祝泰德．威廉斯（Ted Williams）的打擊率高達〇．四〇六。這些成績都很令人讚嘆。但如果你想在這場比賽中被人記住，最重要的不是你有多厲害，而是贏得比賽。」

在這個放滿棒球紀念品的空間，沉浸在職棒回憶裡的岡姆斯比較放鬆，也比較親切。他的笑容變多了，也更常看著我的眼睛。我好像終於看到一點點別人口中的那個岡姆斯。或許他只有在跟隊友相處時，才會展現出那一面。這個地方充滿他們的身影。只有他們才能召喚出他獨特的超能力。

大約一年之後，我在芝加哥著名的即興劇團「第二城」（The Second City）跟人聊到團隊默契時，又想起了岡姆斯。我描述超級感染者的時候，導演麥特．霍維（Matt Hovde）突然興奮起來。沒錯，他說，即興劇團裡肯定有超級感染者。

「劇團裡或許會有那麼一個人，他不是最有才華的演員，但如果用另一個更好笑的演員取代他，表演不一定會變得更好看，」他說，「因為有時候這個人發揮的作用，從表面上看不出來。輔助型即興演員所做的選擇，總是能激發其他演員做出最好的選擇。他們超會做球。光靠梅爾．布魯克斯（Mel Brooks）跟提姆．康威（Tim Conway）這樣的主角做不出好戲，你還需要哈維．柯爾曼（Harvey Korman）這樣的優秀配角。」

我喜歡這種比喻：強尼．岡姆斯，棒球界的哈維．柯爾曼。

如果團隊默契的超級感染者確實存在，似乎可以合理推斷也有人是超級破壞者。在體育界，這樣的運動員被稱為「癌細胞」。我以為一個球員就能毀掉一支球隊，正如一個球員就能提振整支球隊。我以為我知道哪個球員是最強大的棒球破壞者，是團隊癌細胞最佳範例。

但是這兩件事，我都料錯。

4 不合群的貝瑞・邦茲為何不是豬隊友

Super-Disruptors, or the Curiouser Case of Barry Bonds

「大家都把團隊默契想成一種很美好、令人極度愉悅的東西。每個人都相處愉快，手勾著手一起歡唱，一起去吃晚餐……其實團隊默契不一定是人們想像的那樣。」

——藍迪・溫恩（Randy Winn），美國職棒大聯盟前外野手

一九四四年二次大戰期間，美國戰略情報局（The Office of Strategic Services）發了一本機密訓練手冊給派駐在敵軍占領區的情報員[1]。戰略情報局是中情局的前身。這本手冊叫《簡單破壞作業手冊》（*Simple Sabotage Field Manual*），指導工廠工人和其他「平民破壞分子」利用「有效武器」損傷敵軍實力。

其中一項武器是負面態度。

1《簡單破壞作業手冊》於二〇〇八年解密。

手冊建議工人「與同事相處時創造不愉快的情境」。他們應該「盡量暴躁易怒、挑起爭端，但不要把麻煩惹到自己身上」。這樣可以「激發他人仿效」，降低工廠生產力，進而拖累敵軍的戰力〔2〕。

這頗令人震驚。美國的情報員相信，單靠一個人表現出負面態度，就足以影響整間工廠的工作成效。這是「爛蘋果」理論，至少用蘋果來解釋很容易了解。蘋果熟了之後會散發氣體乙烯。乙烯是一種荷爾蒙，會刺激鄰近的蘋果熟化，附近的蘋果熟了之後又繼續散發乙烯，最後導致整桶蘋果變爛。戰略情報局的理論是：一個不滿現狀的反叛分子，能使一群好工人功能失常、生產力降低。

有大量研究證實了這個理論。跟正面影響相比，人類更容易察覺到負面影響，也更容易受到負面影響感染〔3〕。幾乎所有的人類社會都具備六種基本情緒：悲傷、憤怒、恐懼、厭惡、快樂和驚訝。其中四種是負面情緒，一種是中性情緒，只有一種是正面情緒〔4〕。人類如此演化是有原因的。當環境中出現威脅時，大腦必須用最大音量發出警報，也就是立即的強烈情緒。美好事物無須警告。負面經驗撼動我們的程度，是正面經驗做不到的。負面經驗能鑽進我們的內心深處，難以拔除。舉例來說，「創傷」這個詞沒有正面情緒的反義詞。「汙染」這個詞也一樣。沒有一個詞能描述透過單純的接觸就把噁心的東西變得令人喜歡。只要有蟑螂或一條口水出現在食物附近，整盤食物甚至整份餐點，都會令人作嘔。可是，就算把香甜多汁的草莓放在發霉的司康鬆餅上，也不會讓司康鬆餅變得更誘人。毫無意外地，「好蘋果」格言並不存在。

俄語也有類似壞蘋果的格言：「一匙柏油就能破壞一桶蜂蜜，但一匙蜂蜜對一桶柏油毫無影響。」無論強尼・岡姆斯的領袖魅力與情商有多強大，他的超級感染力仍需要肥沃的環境才得以發揮。但球隊裡只要有一粒老鼠屎，似乎就能拖累整支球隊，就像工廠裡的平民破壞分子一樣。

我跟五、六位棒球作家深入討論過，幾乎每個人都認為貝瑞・邦茲是數一數二的超級破壞者。他也是我名單上的第一名。我寫體育專欄的時候，走進球員休息室時總是小心翼翼、保持警覺，因為邦茲會大聲挖苦記者和工作人員，偶爾連隊友也不放過。二〇一〇年體育媒體《看臺報告》（*Bleacher Report*）把傲慢無禮的邦茲列入「體育史上二

2 *Simple Sabotage Field Manual: Strategic Services (Provisional)*, prepared by the US Office of Strategic Services (Washington, DC, 1944), https://www.cia.gov/news-information/featured-story-archive/2012-featured-story-archive/CleanedUOSSSimpleSabotage_sm.pdf.

3 Roy F. Baumeister et al., "Bad Is Stronger Than Good," *Review of General Psychology* 5, no. 4 (2001): 323–70.

4 Dacher Keltner, *Born to Be Good: The Science of a Meaningful Life* (New York: W.W. Norton, 2009).

十大最差勁隊友」，他與另一位運動員並列第三名〔5〕。

從一九九三到二〇〇七年，邦茲在舊金山巨人隊當了十五年的先發選手，叱吒棒球界。在那段期間，他參加過十二次明星賽，得過五次金手套獎（表揚在每個位置的最佳防守球員）跟九次銀棒獎（表揚在每個位置的最佳進攻球員）。二〇〇一年，三十七歲的他雖然身陷類固醇禁藥疑雲，卻擊出七十三支全壘打，打破單季最多支全壘打的紀錄。二〇〇七年，四十三歲的他面臨聯邦檢察官的偽證調查，但這一年他超越了漢克・阿倫（Hank Aaron）的七百五十五支全壘打紀錄，以生涯七百六十三支全壘打成為全壘打王。

邦茲揮棒時的威力，能讓四萬五千名現場觀眾、以及數以百萬計的電視觀眾放下手邊正在做的事，專心看他揮棒。當邦茲走向本壘板，你的目光會不由自主跟隨著他。當他手裡握著球棒，他的身體彷彿變成一串流暢的音符：靜止，爆發，然後飆升。他是天生的棒球好手。他已離世的父親鮑比・邦茲（Bobby Bonds）是明星賽的外野手，他的教父是棒球傳奇威利・梅斯（Willy Mays）。像這樣的家傳淵源在體育界相當罕見，在棒球界更是無人能出其右。邦茲的姿態總是飛揚跋扈，如同皇室一般，他散發生人勿近的氣息。

二〇〇〇年巨人隊搬到新球場後，邦茲一個人就擁有四個置物櫃。其中一個是給他兒子尼可萊（Nicolai）用的，尼可萊夏天經常在球場當球僮。還有一個置物櫃通常是總教練用來放東西的，但邦茲把他多餘的球棒放在這裡。後來多了一張高級按摩椅，置物櫃對面的牆上還掛了一台電視。邦茲的私人按摩治療師也兼當保鑣，在這位球星休息或忙碌時，幫他阻擋媒體和工作人員。他還有一位專屬防護員，薪資由巨人隊支付。大家都知道，是他自己花錢請按摩治療師處理背部和腿部問題，按摩椅是他自己買的，電視則是總教練特意順著他的視線安裝的，他在眾人眼中既高傲又冷漠。即使以超級巨星的標準來說，邦茲的疏離程度依然很不尋常。他像獨立承包商，按照自己的習慣和步調準備比賽。打擊練習前，球員一起拉筋暖身是棒球的傳統，但邦茲從不加入。直到他退休之前，邦茲的缺席依然經常吸引記者關注。在職棒生涯晚期，他只要不在先發名單上，就會拒絕上場代打，除非比賽岌岌可危。

邦茲不停打破各項全壘打紀錄，於此同時，他使用類固醇的指控愈來愈言之鑿鑿，而他也愈發孤立。大多數的時候，他拒絕與從全國各地來到巨人隊球員休息室的記者交談。隊友天天被成群記者堵在置物櫃旁，代替他回答記者的問題，他們自己的表現卻無人聞問。「你不覺得這很令人不爽嗎？」評論員麥可・克魯科（Mike Krukow）說。

5 與邦茲並列第三名的是美式足球員歐文斯（Terrell Owens）。第二名是花式滑冰選手哈汀（Tonya Harding），第一名是籃球員威斯特（Delonte West）。

巨人隊好像覺得邦茲的破壞力還不夠強大，一九九七年加碼演出。他們簽了被《看臺報告》列為「體育史上二十大最差勁隊友」裡的另一位棒球選手：冷酷、不講情面的二壘手傑夫．肯特（Jeff Kent）。

肯特是與眾不同的棒球員。他在南加州的海邊長大，是加州大學柏克萊分校的高材生。但他的脾氣暴躁又頑固，就像他後來在南德州牧場養的那些公牛一樣。他不喜歡人群，所以從加州搬到德州。那裡空間遼闊。他幾乎沒有朋友。他曾告訴隊友，他退休後八成不會有棒球界的朋友。他無法理解社會性與情緒性的情感連繫。他去做過婚前諮商，他告訴諮商師他希望妻子表達愛意的方式是為他做事，而不是擁抱跟親吻。他的孩子跟隊友的孩子念同一家幼兒園，他們去接孩子放學時巧遇彼此，但肯特非但沒有打招呼，甚至沒有看隊友一眼，就算兩人並肩站在一起也猶如陌生人。二〇〇〇年，他在巨人隊打出一支滿貫全壘打，連續四季打出一百分打點。舊金山的球迷歡聲雷動、起立鼓掌，要求肯特出場謝幕致意。但他坐在板凳上不為所動。群眾的歡呼迴盪在空氣中，就像伸出手要跟對方握手，對方卻遲遲沒有回握。無奈的群眾最後紛紛落座。氣氛很尷尬。他只需要走出場邊休息區，脫下帽子就行了，但他就是不願意。

邦茲與肯特在許多方面南轅北轍。一個是第一輪選秀就入選，一個是第二十輪才被選中。一個是知名球員的兒子，一個是警察的兒子。邦茲愛買跑車跟豪宅炫富，肯特除了定期捐款給摩門教，他的錢都用來買放牧與打獵的土地。邦茲離過婚，肯特娶了高中就交往的女友。

當然，他們也有極為相似的地方。他們都對其他人的陪伴與意見不感興趣，都對笨蛋沒有耐心，都是獨行俠，都努力滿足了不起的嚴父的期望，都願意為了取得競爭優勢付出一切。個性相似的兩人經常大聲爭吵，甚至互毆過至少一次。那是二〇〇二年在聖地牙哥的比賽現場，兩人在電視台的攝影機鏡頭前大打出手。第二局比賽結束前，教士隊已拿下四分，肯特對三壘手大衛・貝爾（David Bell）大發雷霆，原因是貝爾接到一顆慢速滾地球後，把球傳到二壘攔截第一個跑者。肯特朝他大叫，要他把球傳到一壘，因為他們沒機會在二壘觸殺跑者。回到場邊休息區後，肯特仍氣得破口大罵。

邦茲厲聲要肯特閉嘴。肯特叫邦茲少管閒事。邦茲從板凳上跳起來，往肯特的喉部攻擊。隊友、總教練達斯提・貝克（Dusty Baker）和防護員史坦・康蒂（Stan Conte）努力拉開兩人。

沒比賽的時候，肯特與邦茲像兩個將軍各據一方，井水不犯河水。邦茲坐在躺椅上，前面站著兩個左右護法。肯特窩在休息室的另一頭，背對著隊友們看狩獵雜誌。我想像他們的負面氣息從身體裡散發出來，像卡通裡的氣味一樣盤旋在休息室裡，誰碰到這股氣息就會變得士氣低落、態度消極。邦茲一個人就足以削弱球隊的能量和表現。再加上肯特，簡直就是團隊默契的災難。

但是，我打聽到的故事並非如此。

隊友和教練口中的邦茲與肯特，跟我們從外部觀察到的不太一樣。我發現，我們一直像柏拉圖洞穴比喻裡的囚犯一樣，看不見事情的全貌。我們只看見光影，就自己拼湊出一個故事。我們看不到其他部分，包括球員休息室裡和他們腦袋裡發生的事情。我的訪談結論出乎我意料：

邦茲不是超級破壞者，肯特也不是。

數據分析也支持這個結論，稍後再詳細說明。更有趣也更難回答的問題是：為什麼他們不是超級破壞者？想找到答案，意味著我必須扭轉自己對團隊默契的理解。

• • •

我不確定貝瑞．邦茲是不是真的會來。我們三天前約好，今天在舊金山北部一個風景如畫的海邊小鎮喝咖啡。這場訪談我聯絡了將近兩年才約成。我寫給他助理的電郵被他無視。他曾在球場對我疾言厲色，一次是說棒球跟團隊默契八竿子打不著，還有一次是問我要付他多少訪問費。零元，我說，我訪問了一百六十個人都沒付費。終於有一天，他沒有直接走人。我們在球員休息室的玄關談話。沒有筆記本也沒有錄音，只是閒聊。聊了一會兒之後，他的身體放鬆了，表情變得柔和，聲調也微微上揚。他會看著我的眼睛，偶爾咯咯笑個幾聲。他說了很多自己的事，例如他從小就不擅長交朋友，他女兒打算去念研究所，還有他很敬愛以前的海盜隊總教練吉姆・李蘭（Jim Leyland）。我面前的他不再是大名鼎鼎的貝瑞・邦茲，而是一個叫做貝瑞的普通人。

我們聊了四十五分鐘。比賽就要開始，他同意跟我另約時間喝咖啡，還傳了訊息給助理麗莎（Lisa）確認行程。但後來這天的約定取消了。我跟麗莎透過電郵重新安排時間。於此同時，我偶爾會在巨人隊傳奇總教練邁可・莫菲（Mike Murphy）的辦公室裡碰到邦茲。邦茲還在蹣跚學步時就已認識莫菲，他小時候常跟著父親來球場。我們在莫菲的辦公室裡閒聊時，（貝瑞的教父）威利・梅斯經常出現在門口。梅斯已經八十幾歲，雙目幾近失明，但體格依然健壯。梅斯和他的助理芮妮（Renee）會在莫菲的辦公室休息一小時左右，然後再到樓上的貴賓包廂看球賽。

「你們在忙嗎？」梅斯會這麼問，「我吵到你們啦？別站起來！沒關係！」

辦公室裡只有兩張小扶手椅，我跟邦茲各占據一張。我會趕緊站起來讓座，邦茲也一樣。我每次都會再度向梅斯自我介紹。「我認識你！」他說。但他很可能根本不記得我是誰。他依然是彬彬有禮的阿拉巴馬紳士。莫菲的辦公桌與後牆之間的空隙裡，有一張摺疊起來的輕便牌桌，邦茲會拿出牌桌，將桌腳張開卡緊，放在梅斯前面。

這時梅斯已安坐在他讓出的椅子上，芮妮坐我讓出的那一張。邦茲靠著莫菲的辦公桌半站半坐，問候教父的健康與近況。他們的互動像老朋友一樣輕鬆自在。如果梅斯餓了，邦茲會去球員餐廳幫他端一碗湯或一盤雞肉。有一天梅斯剛到沒多久我就起身告辭，我才走進大廳沒幾步，就聽見邦茲大聲喊我回去。我一回去就看見他們兩個站在辦公室裡，邦茲的手臂搭在梅斯的肩上。

「威利！」邦茲說，「你相信團隊默契嗎？」

梅斯的臉皺成一團，彷彿咬了一口檸檬。「默契？默契？根本沒這種東西！」

邦茲哈哈大笑，梅斯也笑意盈盈，參與邦茲的惡作劇令他頗為得意。

這樣輕鬆隨興的閒聊持續了將近一年。終於，邦茲確定了我們的訪談日期。

• • •

在我的記憶中，肯特與邦茲同在的巨人隊成績並不好。我不確定自己為什麼有這樣的記憶。或許是因為巨人隊後來連連奪冠，相較之下，肯特與邦茲的時代給人失敗的印象。但紀錄顯示，巨人隊在他倆一起打球的那六年進步顯著。肯特加入時，巨人隊已連續兩個球季排名倒數第一。他加入的第一年，巨人隊贏了分區系列賽。他們表現得超乎水準，這幾乎就是良好默契的跡象。他們的勝場數比統計預測的結果多出十場。從一九〇一年以來，球季勝場數超出預估至少十場的大聯盟球隊，只有百分之一[6]。肯特與邦茲同在的巨人隊，從未拿過低於分區第二名的成績。二〇〇二年他們挺進世界大賽，這是四十年來巨人隊第二次進入世界大賽，最後他們差了六個出局數飲恨落敗[7]。

在他職棒生涯的最後三年，邦茲與隊友贏了許多比賽。他在巨人隊待了十五年，其中十年巨人隊若不是分區第一，就是分區第二，包括一九九七到二〇〇四這八年。他一九九三年加入巨人隊的那一刻，就扭轉了巨人隊的命運。那個球季他們贏了一百零三場比賽，高於前一年的七十二場（而且前一年是分區最後一名）。這是一九一三年以來，巨人隊第二次勝場數超過一百。

可惜的是，亞特蘭大勇士隊那一年贏了一百零四場比賽。（當時勇士隊跟巨人隊仍屬同一分區。）更可惜的是，那時候只有分區冠軍才能打季後賽，外卡制度要等到隔年才會出現。

6 Jay Jaffe, "Prospectus Hit and Run: Overachieving Yet Again," *Baseball Prospectus*, September 15, 2009, https://www.baseballprospectus.com/news/article/9529/prospectus-hit-and-run-overachieving-yet-again/

7 這是邦茲唯一的一場世界大賽，他在場上大放異彩。他創下世界大賽史上最高的上壘率（〇・七〇〇），最高的長打率（一・二九四），和最多的保送次數（十三）。他擊出的八支安打之中，有四支是全壘打。

「那是我加入過最棒的一支球隊，」一九九三年的巨人隊球員邁特．威廉斯（Matt Williams）說，「貝瑞的存在，使我們全體受惠。他是我看過最傑出的左外野手。他就是不跟我們一起拉筋暖身，怎麼辦？這不重要呀。」

我不禁懷疑，出色的明星球員——尤其是巨星級球員——**可能是**球隊的癌細胞嗎？他們對獲勝的巨大貢獻（跑壘得分，或阻擋對手跑壘得分），或許超越負面態度的影響？

有三位賽伯計量學阿宅在芝加哥聯邦儲備銀行擔任分析師，他們聯手算出邦茲的棒球數據，寫成一篇名為〈尋找聖杯：團隊默契之所在〉（In Search of the Holy Grail: Team Chemistry and Where to Find It）的論文。二〇一七年，他們在麻省理工斯隆體育分析研討會（MIT Sloan Sports Analytics Conference）發表了這篇論文〔8〕。

「根據我們的分析，邦茲不會是癌細胞。他的個人表現傑出到足以感染隊友，」其中一位作者告訴我，「邦茲的*f*WAR數據（FanGraphs.com）（算出的勝場貢獻值WAR的縮寫）高得不得了，高到無論如何他的*pc*WAR（球員默契WAR）都會是正的。他會拉高隊友的表現〔9〕。」

只要邦茲在先發打擊名單上，幾乎每一位打者都會表現得更好，無論是排在邦茲的前面或後面。從一九九七到二〇〇二年，隊上最大的受益者是肯特。邦茲的全壘打實力驚人，是棒球界投手最常保送的打者，有時候是故意，有時候是半故意，他甚至曾在滿壘的情況下被保送[10]。把邦茲送上一壘，好過讓他擊出全壘打。這表示為了避免連續保送打者，投手必須三振排在邦茲前後的打者。於是肯特有機會觀察投手投出更多球，增加他擊出安打的機會。此外，由於邦茲經常保送上壘，肯特的打點總數也上升了。加入巨人隊之前，他的最高打點總分是一九九三年的八十分。加入巨人隊的最初六年，他的打點分別是一二一、一二八、一〇一、一二五、一〇六跟一〇八分[11]。他加入巨人隊之後，打出最穩定的高分打點。加入巨人隊之前，他從未參加過明星賽，也沒得過銀棒獎。加入巨人隊之後，他打了三場明星賽，拿了

8 這篇論文的作者是布萊維（Scott A. Brave）、巴特斯（R. Andrew Butters）與羅伯茲（Kevin A. Roberts）。他們在摘要中寫道：「我們用FanGraphs網站一九九八至二〇一六年的WAR數值，亦即*f*WAR，搭配呈現隊友場上互動強度的空間因子模型，發現無法用*f*WAR解釋的各種球隊表現中，有四四%能用團隊默契解釋。」這篇論文原本的名字是〈尋找大衛・羅斯〉(In Search of David Ross)。

9 FanGraphs.com的WAR數據把球員幫助球隊獲勝的各種方式壓縮成一個數字，包括進攻與防守。

10 這發生於一九九八年五月二八日，對手是亞利桑那響尾蛇隊。九局下半，兩人出局，響尾蛇隊以八比六領先。巨人隊的下一名打者梅恩（Brent Mayne）把球擊向右外野，比賽以八比七結束。在那之前，大聯盟已有五十四年未出現打者在滿壘情況下被刻意保送。邦茲之後又發生過一次。二〇〇八年光芒隊的巴爾弗（Grant Balfour）在九局下，保送了遊騎兵隊的漢彌爾頓（Josh Hamilton），當時的比分是七比三，光芒隊領先。

三次銀棒獎。在他的職棒生涯裡，有五個球季打出名人堂等級的表現，勝場貢獻值超過四・〇。這五個球季，都是在巨人隊。二〇〇〇年，他的表現突飛猛進，這是他加入巨人隊的第四個球季，這一年他拿到國家聯盟的最有價值球員獎。邦茲是第二名。

肯特對邦茲的表現有沒有影響呢？總教練達斯提・貝克經常用電影《逃獄驚魂》（*The Defiant Ones*）裡的薛尼・波堤耶（Sidney Poitier）和東尼・寇蒂斯（Tony Curtis），來比擬肯特與邦茲。這部一九五八年的電影描述美國南部的兩名逃犯，一黑一白的兩人被銬在一起，所以得一起逃亡。「他們對彼此有好處，」貝克說。但邦茲如此光芒萬丈，年復一年表現優異，他似乎自己就是個完整的實體，外力影響不了他。二〇〇二年記者問邦茲，巨人隊新簽的強棒安德烈斯・加拉瑞加（Andrés Galarraga）加入先發陣容，能為他提供怎樣的掩護。「只有貝瑞才有辦法掩護貝瑞，」邦茲說，「但世界上只有一個貝瑞。他可以去幫傑夫。」

不過，如果比較巨人隊有肯特的六年（一九九七至二〇〇二）與之前沒有肯特的六年（一九九一至一九九六），會發現肯特加入後，邦茲的表現確實變好了。在這一百六十二場比賽中，他的各項成績都有進步：全壘打數從四十一上升至五十三，上壘率從〇・四四一上升至〇・四七一，長打率從〇・六〇八上升至〇・六八九，整體攻擊指數從一・〇四九上升至一・一六一。打點與打擊率大致持平，前者是一百二十三和一百二十五分，後者是〇・三〇九和〇・三一〇。

肯特似乎特別能夠激發邦茲的好勝心，這一點其他隊友從未做到。邦茲剛加入大聯盟就拿了三次最有價值球員獎，但接下來六年的投票，他沒拿過高於第四名的票數。二〇〇〇年以第二名輸給肯特之後，邦茲在二〇〇一、二〇〇二、二〇〇三與二〇〇四年重奪最有價值球員獎。〔12〕

兩人當了六年隊友，這六年他們總計打出四百五十四支全壘打，打點一千三百四十八分，拿過三次最有價值球員獎，參加過一次世界大賽。這使他們成為棒球史上，成績最好的先發打擊搭擋。

11 要比較肯特遇上邦茲之前與之後的表現差異，可觀察打點占打數的百分比。在一九九五和一九九六年，肯特的打點分別占打數的十三%與十二%。在他加入巨人隊的最初四年，他的打點分別占打數的二〇%、二四%、十九%和二一%。

12 有件事很有趣。一九九一年勇士隊的三壘手潘鐸頓（Terry Pendleton）擠下邦茲，奪得最有價值球員獎。雖然邦茲在數據上較具優勢，但潘鐸頓對勇士隊發揮的影響較顯著。一九九二與一九九三年邦茲接連得獎。他總共拿過七次最有價值球員獎，在那之前的最高紀錄是三次，有八位紀錄保持人：穆休（Stan Musial）、曼托（Mickey Mantle）、普荷斯（Albert Pujols）、迪馬喬（Joe DiMaggio）、羅德里奎茲（Alex Rodriguez）、舒密特（Mike Schmidt）、法克斯（Jimmie Foxx）與貝拉（Yogi Berra）。

• • •

四十八歲的肯特外型像軍隊教官：虎背熊腰、臉型剛硬，有一頭灰棕色的蓬亂短髮。但他不再一臉兇惡，宛如剛剛有人威脅過他的孩子。他面露微笑，態度從容。二〇一七年二月，我們在巨人隊春訓基地的後場碰面，這座基地位在亞利桑那州的斯科次戴爾。肯特來這裡擔任客座教練兩週。我們坐在空無一人的場邊休息區，他十幾歲的兒子凱登（Kaeden）正在撿剛才跟爸爸練習打擊時，散落在場上的百來顆棒球。肯特已經表明他認為團隊默契是胡說八道，但他似乎樂意跟我聊一聊。退休的體育明星，是地球上最親切的生物。跟邦茲大多數的隊友一樣，他不認為邦茲是球隊的癌細胞。他舉自己養的一頭母牛為例。

「幾個星期前，我要搬遷一百五十頭乳牛，讓牛寶寶跟牛媽媽分開（醫療因素），但有一頭乳牛不肯走進閘門。牠不願意做其他乳牛願意做的事，」肯特嘴裡咬著一根牙籤說，「牠是乳牛群裡力氣最大、最兇、最聰明的那一頭，牠自己也知道。但我必須把牠弄走。為什麼呢？因為牠是老大。我不希望牠帶壞其他乳牛，跟牠一樣不聽話。」

邦茲的行為像那頭乳牛，但影響力不像，肯特說。因為邦茲不是老大，他沒有吸引跟班，也沒有招兵買馬。所以他的負面態度不會擴散。

在外人眼中，邦茲與肯特的不合群好像撕裂了球隊，進而打擊團隊默契，但其實他們不合群反而是好事。他倆對團隊精神不具影響力，因此團隊默契得以在其他球員身上找到新的定義。他們沒有創造一大群好兄弟，而是促成一張由小團體交織而成的網。逆時針在球員休息室裡繞一圈，會發現拉丁裔野手的置物櫃位在入口右側。邦茲的置物櫃和躺椅靠著邊牆，旁邊是另外幾名拉丁裔野手的置物櫃。後牆置物櫃大多是非裔野手，然後沿著牆面、繞過轉角的置物櫃屬於白人野手，包括肯特。左側邊牆、轉角和前牆的置物櫃供白人投手使用，然後是拉丁裔投手。

邦茲與肯特的疏離似乎會撕裂團隊默契，這些實體區隔也一樣。但心理學教授凱特・貝茲魯科瓦（Kate Bezrukova）說，這些獨立區間（部分是因為便於管理，部分是球員自己分區）其實能夠提升默契和績效。

貝茲魯科瓦研究職場的「斷層線」，也就是可能因種族、性別、收入、年齡、宗教等因素形成的分裂。當員工跟與自己最相似的人形成團體，斷層線就可能崩解成裂谷。員工會漸漸把小團體的利益放在公司利益之上。懷疑和衝突慢慢擴散，員工彼此不再分享訊息，生產力降低。貝茲魯科瓦說，高效能職場會學習如何辨識與補強斷層線。

幾年前，貝茲魯科瓦在一場專業研討會上遇見契斯特・斯貝爾（Chester Spell），他是羅格斯大學的商學教授，也是棒球迷。斯貝爾想知道棒球隊的斷層線能否用來評估團隊默契，預測球隊表現。他們決定聯手進行一項研究[13]。貝茲魯科瓦必須為這項職場研究蒐集的人口數據，是新聞報導與棒球網站（如Baseball-Reference.com和MLB.com）上公開的大聯盟球隊資訊。他們檢視了大聯盟球隊全體每一位球員的年齡、族裔、國籍、薪資、合約年數與職棒年資，時間跨度是五個球季。

他們設計了一套演算法，評估每支球隊人口類別的重疊情況，然後根據球員的相似程度，為球隊的團隊默契評分。假設一支球隊有三名年輕的委內瑞拉球員、兩名年輕的日本球員，其他球員都是年齡較大的美國球員。這支球隊很有可能會分裂成三個小圈圈。但是，如果拉丁裔球員裡有一個年齡較大，他會成為拉丁裔球員與美國球員之間的橋梁。如果美國球員之中有人曾經在日本打過球，會說一點日語，他會成為美日球員之間的橋梁，以此類推。人際關係形成的網路，把這些小圈圈凝聚成一支團結的球隊。

貝茲魯科瓦和斯貝爾發現，球隊的運作跟任何職場都很相似：小圈圈之間重疊得愈多，團隊的整體表現就愈好。不過貝茲魯科瓦說，消除派系不一定是好事。若將球隊比喻成海，小圈圈就是海上的一座座小島，球員能在島上歇息。委內瑞拉球員對彼此的了解，是其他隊友做不到的。他們說相同的語言，有相同的文化常識，對相同的笑話有共鳴。他們能為彼此提供最佳表現所需要的指引和情緒連繫。

「（小圈圈）對球員來說，是特別健康的支援系統，」貝茲魯科瓦說，「運動員壓力很大，大到超乎想像。他們非常需要這樣的支援。」

斯貝爾與貝茲魯科瓦認為，對一支球隊來說最糟糕的情況，是一人小圈圈。他們稱這種人為「病灶」（token）。「病灶可以摧毀團隊，」斯貝爾說。病灶比較容易感到焦慮和憂鬱，因為他們沒有來自群體的慰藉。太陽馬戲團的表演者來自世界各地，長期以來，他們一定會從同一個國家雇用至少兩位表演者〔14〕。

斯貝爾說，無論在體育界或商業界，領導者都必須時時強化團隊的身分認同。他說：「我知道這聽起來非常政治不正確，但爭鬥不見得是壞事。」至少在體育界是如此。棒球隊之間的衝突被稱為「清空板凳的幹架」，這樣的衝突對消除斷層線有奇效。

13 Katerina Bezrukova et al., "The Effects of Alignments: Examining Group Faultlines, Organizational Cultures, and Performance," *Journal of Applied Psychology* 97, no. 1 (2012): 77–92; Katerina Bezrukova and Chester Spell, "Cracking Under Pressure: A Context-Centered Attention-Based Perspective on Faultlines," *International Association for Conflict Management*, Leiden, Netherlands (2014).

14 Thomas J. DeLong and Vineeta Vijayaraghavan, "Cirque du Soleil," *Harvard Business School Case* 403-006 (2002).

有實例為證：二〇一三年的道奇隊。

看著巨人隊節節上升的好成績，同一分區的勁敵道奇隊決定，在二〇一二年的六個月內，豪擲六億美元招募明星球員，包括韓利・拉米瑞茲（Han Ramirez）、安德里安・岡薩雷斯（Adrian Gonzalez）、卡爾・克勞福（Carl Crawford）、賈許・貝基特（Josh Beckett）、亞塞爾・普伊格（Yasiel Puig）、札克・葛蘭基（Zack Greinke）、柳賢振（Hyun-Jin Ryu）和謝恩・維克托里諾。「這是一次大換血，有機會奪冠的球隊這樣大規模更換新球員，應該是前所未見，」棒球記者肯・羅森索爾（Ken Rosenthal）寫道。

「大家都認為，我們一次招募這麼多優秀球員會令球隊表現失常，」道奇隊當時的總經理奈德・科萊蒂（Ned Colletti）說。他們確實表現失常，也沒有成為二〇一二年的分區冠軍。隔年的球季一開始，道奇隊的球員連連受傷。六月十一日對戰響尾蛇隊時，道奇隊已連續墊底一個月。比賽到了第六局，響尾蛇隊投手投出的球擦到普伊格的鼻子，差點命中他的頭部。緊接著進入第七局，道奇隊投手葛蘭基立刻出手報復，把球投到響尾蛇隊打者的背上。雙方休息區的球員都從板凳上跳起來，但沒有肢體衝突。第七局下半，葛蘭基上場打擊。第一球就朝他的頭部飛去，先擊中他的肩膀，再彈到他的頭盔上。

道奇隊群情激憤，衝向響尾蛇隊的休息區，上演全武行。那是一場真實的鬥毆，拳拳到肉，很多人被摔在地上。打鬥結束後，共有一位總教練、兩名教練和三名球員被逐出場外。道奇隊在二比〇落後的情況下重振旗鼓，以五比三逆轉勝。

隔天早上，「球員休息室籠罩著一股新活力，」一名道奇隊球員告訴記者。科萊蒂也察覺到球隊的改變。

「（那場幹架的）場面很難看，」他說，「我不鼓勵打架。但是把球投到打者頭上實在說不過去，所以我們想給他們一點教訓。那天回到休息室後，過去只是點頭之交的球員突然變成好兄弟。那使我們團結在一起，變成真正的團隊。」

七月和八月，道奇隊只輸了十二場比賽，最後成為分區冠軍。儘管球員的薪資、國籍、年齡與合約年數都不一樣，但是他們對這支球隊有歸屬感。派系差異變得不那麼明顯。

在二〇〇〇年代早期的巨人隊裡，小圈圈之間重疊得夠多，既能維持團隊向心力，又能抵擋邦茲與肯特的潛在干擾。小圈圈幫助球員保持謹慎與理性。

・・・

「《運動畫刊》有個記者寫了一篇報導，不是湯姆・維杜齊（Tom Verducci），是另一個記者寫的，」肯特繼續闡述他為什麼認為邦茲不是癌細胞。（他說的記者是瑞克・

萊利（Rick Reilly），二〇〇一年八月二十七日出刊。）「他問我，『貝瑞坐在那張躺椅上，你看了不會不爽嗎？』我告訴他，『不會，這沒什麼大不了。我們每天都對貝瑞有很多意見，但貝瑞本身並不是問題。』可是他完全沒把這段話寫進去。這也是我討厭媒體的原因。你們寫的東西都不完整。當然，我有時候話太多。但這傢伙寫的東西……根本胡說八道……寫得好像傑夫．肯特和貝瑞．邦茲水火不容，才不是那樣。」

他們**確實**彼此競爭，但這並不影響他們的表現。肯特公開承認他得到邦茲的協助，而且不只是因為兩人都是先發打者時，邦茲在他之前或之後擊出安打。他還從邦茲身上學到，他可以接受自己是個自私傲慢的人，就算被大家討厭也無所謂。肯特說，「因為，最優秀的球員通常是棒球史上最討人厭的傢伙。最糟糕的渾蛋。自私。貪婪。但你也可以換個講法：有自信、積極進取、好勝心強。他們不喜歡當第二名。有些人甚至不願意自己的全壘打數、盜壘數輸給隊友，或是投手不希望隊友的勝場數超越自己。這是一種傲慢。它讓球員變得更強，我認為它也增加球隊奪冠的機會。」

肯特的世界觀偏向個人主義，他很排斥傳統的團隊默契觀。「我的個性不親切，也不那麼喜歡跟人往來。我自己滿足自己、激勵自己。我不跳舞，不曾加入兄弟會，去看體育競賽時不會歡呼。我不慶祝生日跟紀念日，就算我老婆會殺了我也一樣。朋友激勵不了我。朋友沒有使我變成更好的人。別人不是我的動力。」他承認在球隊裡舒適自在、與隊友感情良好，可能會影響「本身不夠積極而且有點弱」的球員的表現。

我告訴他有個球員說，隊友使他表現得更好，這是他單打獨鬥做不到的。

「他可以量化這個說法嗎？」肯特問。

「不行，」我說，「這表示這種影響並不存在？」

他說很情緒化的球員也許會受到這種影響。「就算真有影響，」他說，「如果沒辦法量化……」

我打斷他。「等等，你說你愛你老婆。但是你無法算出有多愛，對吧？那你怎麼知道你真的愛你老婆？」

「因為我願意為她擋子彈。」

「球員間也有類似的情誼，對嗎？」

他嘴裡的牙籤來回擺動。「當然。無論我喜不喜歡投手丘上的傢伙，我都願意為他擋子彈，」他說。

他露出笑容。「我明白你的意思了。」

如果他願意為妻子擋子彈意味著他的愛是真的，那麼他願意為隊友擋子彈就表示，他們之間存在著深刻的感情。說不定他和邦茲之間也是如此。我幾乎能看見肯特的大腦正在努力轉動。他在深思這件事。

「那種（情感連繫）是在棒球場上建立的，而不是休息室裡，」他說，「不是因為我們一起吃晚餐。如果有投手把球往我的隊友頭上招呼，我會挺你。如果你沒打出安打，我會打爆（投手的）那顆球，給他好看。我會支持你。隊友情誼就是這樣建立起來的，還有信任。這種牢不可破的關係可以維持一段時間，直到感情破裂為止，因為世事並不完美。」

「你可能會跟隊友在休息室裡聽相同的音樂。也可能會因為『喔，你也有兩個女兒？我們一起去喝一杯』，而交到志同道合的朋友。但這樣的感情很膚淺，撐不了多久。真正持久的感情在這裡。」他朝球場點了點頭，然後說了投手奧勒爾·赫西瑟（Orel Hershiser）的故事。

那場比賽巨人隊的對手是西雅圖水手隊。羅德里奎茲（綽號 A-Rod）當時在水手隊打球，他滑進二壘時推倒了肯特。隔天 A-Rod 在第一局上場打擊時，巨人隊投手赫西瑟投了觸身球，將他保送上壘。當時一、二壘有人，一人出局，這顆觸身球造成滿壘局面。「他為我出氣，儘管他不需要這麼做。這對我意義重大，」肯特說。那一局赫西瑟丟了兩分，最終巨人隊以四比一落敗。肯特覺得輸了就輸了。他說，因為有時候犧牲一場比賽，是為了贏兩場比賽。這個極度傲慢、說「朋友激勵不了我」的人告訴我，隊友的忠誠能發揮強大的影響力，提升球員或球隊在單場比賽之外的表現。

「我無法量化這種東西，」我請他說明時，他坦言不諱，「這不是統計數字。這是一種尊嚴。就像那句老話：『我在散兵坑裡陪你。』那是情緒上的忠誠。它會不會讓我多打一支安打？我不知道。但它會有這些影響：

「如果奧勒爾是先發投手，我可能不會請教練讓我放假。我前一晚不會熬夜。我會說，你知道嗎，我兄弟奧勒爾明天要投球，我必須好好準備。我可能會更狠一點，說不定會因此多拿幾分。

「你問我為什麼光是知道奧勒爾會上場投球，我的表現就可能變好。我無法回答為什麼奧勒爾能促使我表現更好。這無法解釋。我絕對不會（刻意）為了某個球員去提升自己的表現。但我可以告訴你，為了某個球員上場打球會使我更有尊嚴。這是否就是（更好的表現）？那我就不知道了。」

最後話題又轉回到肯特與邦茲的關係。凱登走進場邊休息區，他坐在板凳上，有禮貌地跟我們保持距離，既不會近到打擾到我們，也不會遠到聽不見我們說話。肯特仍在思考球員間的相互影響。關於這個主題，他的想法已經不同於我們最初坐下來的時候。我也一樣。我正在消化人類的情感連繫動力可以化身為一顆觸身球，或是提早離開酒吧回家。它也可以化身為看似冷漠的競爭關係。

「就算我知道自己不是厲害的球員，但是我想變厲害，」肯特說，「我想成為最棒的球員。雖然我還做不到，但我想超越貝瑞．邦茲。我希望邦茲知道我想超越他，這樣他才能不被我追上。」

「這就是團隊默契嗎？因為我能想到的團隊默契，就是我剛剛描述的情況，那是一種內部競爭——理解它、管理它，不要讓它失控。」

• • •

水面上吹來的冷風漸漸變大，但我還是選了一張戶外的桌子。這樣我們就能獨占整個露台。這條小街上有很多典雅、高級的精品店和餐廳，但工作日的午後幾乎沒有遊客。往舊金山的渡輪已離港，此刻安靜到能聽見悶悶的海浪拍岸聲。我看見邦茲閒適地走進這條小街，頭抬得高高的，但臉色不是太好看。打招呼時他輕拍了我一下，但今天的他不是莫菲辦公室裡的那個。他今天是貝瑞．邦茲，所以啟動了防護罩。他走進店內買了一片燕麥葡萄乾餅乾，然後側身坐在鍛鐵椅上，背對咖啡館的窗戶，雙腿向前伸直。我不確定他為什麼心情不好。我試著閒聊幾句。沒用。所以我乾脆直接進入訪談模式。是的，他相信團隊默契確實存在。是的，他認為球員會影響彼此。他的答案很簡短，我用記者慣用的接連提問，試著讓他敞開心胸。忽然有位單車女騎士在露台旁下了車，把單車靠在欄杆上。她要進店裡買咖啡，所以請我們幫忙顧一下單車。

「這裡沒人會偷車，」邦茲說。

「你怎麼看起來這麼眼熟？」

「我也不知道。這裡沒人會偷車，你不用擔心。」

女騎士笑了笑。「你看出我是紐約人？」

邦茲的表情放鬆了些。他說起自己有多喜愛這座小鎮，他才剛搬來一年。他說這裡的居民都會互相打招呼；熟食店的老闆跟他很熟，每次都會去後面幫他拿一種特別的煙燻火雞肉；他會幫迷路的遊客指路，告訴他們怎麼回舊金山。他離了婚，現在一個人住在山丘上的豪宅，俯瞰美麗的海灣與市景。他說他這輩子都獨來獨往，所以他的大女兒席卡莉（Shikari）指導他，如何在退休後享有精彩的社交生活。「她說，『老爸，你必須走出家門。你不能老是一個人坐在家裡，』」他邊說邊笑，「但我的個性就是這樣。一個人很清靜。」

一直以來，邦茲似乎欠缺理解社會情感的能力，也對這件事毫無興趣。他非常聰明，但是他的學習方式跟其他孩子不一樣。直到他的孩子也出現類似的學習障礙，他才明白自己小時候碰到怎樣的問題。上學本就辛苦，身為體育天才兼知名棒球員的兒子，他在學校更加格格不入。小邦茲的腦袋成了棒球版的國會圖書館，收藏的智慧來自父親、教父梅斯、瑟拉高中與亞利桑那州立大學的棒球教練、小聯盟教練、吉姆·李蘭、達斯提·貝克，以及許多受人景仰的隊友。「我很幸運，」他說，「我合作過的每個人都啟發了我。我從無數優秀球員身上學到的點點滴滴，造就了現在的我。」

天賦異稟經常伴隨著各種怪癖跟缺陷，邦茲也不例外。跟人聊天時，只要聊起跟運動無關的話題，他就會覺得天旋地轉。社交場合對他來說是壓力，很無聊，而且令他困惑。人們為了愚蠢至極的事大驚小怪。他對某些社交細節幾乎無法理解，也毫無耐心。「例如有人說自己的腿割傷了，」邦茲一邊說，一邊把桌上的餅乾屑掃進手掌心，然後倒進餅乾袋，「大部分的人會說：『喔，你可以這樣做、那樣做。』我會說：『去貼OK繃。』別人會說我這樣有點沒禮貌。沒禮貌？不然你希望我怎麼做？盯著他的傷口一整天嗎？還是嘀咕這件事一整天？我天生做不來這種事。」

建立團隊默契的社交活動（一起吃晚餐、喝啤酒、聊天）對邦茲來說沒有意義。「你知道，」他說，「我在左外野的防守範圍是三十碼（約二十七公尺），而且有四個方向。我一天要上場打擊四、五次。通常會被保送上壘兩次，希望另外兩次能擊出安打，也就是上壘四次……這些事都難到爆炸。現在你還要我坐下來陪你打牌？我沒空。我從來不做這種事。我回家睡覺，這樣隔天回球場才能為隊友拿出最好的表現。」

他的高中教練告訴《紐約時報雜誌》（*New York Times Magazine*）：「他想要有好人緣，

也努力試過讓別人喜歡他……但他就是會無心說出一些惱人的話。他會覺得受傷。別人不知道他也會有受傷的感覺，而且經常發生。〔15〕」這或許可以解釋為什麼我打聽邦茲的事時，巨人隊的前隊友都特別保護他。他們似乎在他身上看到那個笨拙的高中生。他們講到他的時候，都把他當成難相處、個性古怪的自家兄弟。

「他自成一派，」道奇隊總教練、前巨人隊隊友戴維・羅伯茨（Dave Roberts）說，「他總是孤伶伶的，有點令人難過。」

隊友不喜歡他只顧自己、態度傲慢。他們也不喜歡他的兩個私人助理在球員休息室大搖大擺。不過，邦茲對隊友充耳不聞、嘲諷輕蔑，但他對隊友的孩子卻相當慷慨慈愛。這使隊友徹底改觀。他們眼中的他比較像怪咖福爾摩斯，而不是反派莫里亞蒂：傲慢的天才不知道別人是怎麼看自己的，所以只好把自己孤立於群體之外。

我故意用**天才**這個詞。這是了解邦茲為何不是癌細胞的關鍵。我知道用天才形容一個人總是略顯浮誇，尤其是一個靠打擊重量一百四十公克小球為生的人。請容我娓娓道來。

自古以來，天才一直被視為異於常人，因為他們的大腦運作方式跟其他人如此

15 David Grann, "Baseball Without Metaphor," *New York Times Magazine*, September 1, 2002.

不同，古代人認為他們受到天神特別眷顧。十八世紀英國文人山謬・約翰遜（Samuel Johnson）寫道，天才「就像打火石敲擊出的火焰，只有在與適當的對象碰撞時才會燃燒。」這個定義直指天分與生俱來，只是需要特定催化劑。就像音樂之於莫札特，文字之於莎士比亞，設計與科技之於賈伯斯。因此天才前面需要加上個形容詞：音樂天才、文學天才、科技天才。天才是金礦場裡的礦脈，獨一無二、與眾不同。所以天才並非傳統定義中的聰明，例如智商；而是能夠以異於常人的方式去觀察和思考。寫賈伯斯傳記的作家華特・艾薩克森（Walter Isaacson）在《紐約時報》寫了一篇文章，形容這位已故蘋果公司創辦人的大腦：

「（賈伯斯的）成功突顯出聰明與天才之間的有趣差異。他飛躍的想像力源自本能、出人意料，有時甚至宛如魔法。激發他想像力的是直覺，而非嚴謹的分析……跟實證分析比起來，（他）後來更加重視使用經驗。他沒有研究數據或忙著統計，而是像探路人一樣，他能分辨風的氣味，察覺前方會遇到什麼。」

艾薩克森的這段描述，也適用於邦茲。

雖然我們聊天時，他說自己是「沒有個人特色的棒球阿宅」，但邦茲遠遠超過阿宅的境界。他是棒球專家。站上打擊區的他只要極度專注，眼裡的球速就會變慢，他能清楚看見球的旋轉與尾勁，所以他很少揮擊好球帶以外的球。隊友揮擊時出現的小失誤，對他來說就像歌手唱歌走音。（他有時會告訴對方，有時不會，但他幾乎不會主動指點隊友。）球隊把打擊數據與落點分析發給球員，他一拿到就丟進垃圾桶。他的大腦能預測和判讀賽場上的情況，精準度超越電腦。他能察覺其他人感受不到的微小基本細節。他常常在投手投球之前，就已經知道他會投什麼球。（「要是他能告訴我們，那就太棒了，」一位隊友曾如此感嘆。）

有一次我們在莫菲辦公室外面閒聊，他突然跑去球員休息室，回來時帶著隊友沙溫・唐斯頓（Shawon Dunston）。唐斯頓現在是巨人隊教練。「沙溫，快告訴她那次場邊休息區發生的事，」邦茲滿臉笑意地說。

唐斯頓看看邦茲，看看我，然後又看著邦茲。再過三十分鐘就要比賽了。

「春訓的比賽啊，」邦茲提醒他。

「喔、喔，」唐斯頓終於想起，他很快說了一個月前春訓時的一場球賽，邦茲正確預測了敵方投手接下來三顆球的球路。唐斯頓說他簡直目瞪口呆。邦茲一臉得意。

「有天分的人能達成其他人無法達成的目標，」德國哲學家叔本華（Arthur Schopenhauer）寫道，「天才則達成其他人看不見的目標。」

儘管如此，當邦茲提到，他厲害到故意把具有里程碑意義的全壘打都留在巨人隊主場時，我的第一個反應是哈哈大笑。但我馬上就發現，他並不是在開玩笑。

「你必須知道自己在幹什麼，」他說，「不然就需要全世界最好的運氣。我是棒球大師。我的棒球智商和技巧，足夠讓我控制擊出全壘打的時機。只要有需要，我隨時能做到。誰是投手都無所謂。我只想在家人面前做這件事（擊出意義重大的全壘打），舊金山就是我的家。」

我後來查了資料。他生涯擊出第五百轟、第六百轟、第六百六十轟（追平梅斯的紀錄）、第六百六十一轟（打破梅斯的紀錄）、第七百一十五轟（打破貝比・魯斯〔Babe Ruth〕的紀錄，擠進史上第二名）與第七百五十六轟（打破漢克・阿倫的紀錄），都是在舊金山主場。二〇〇一年，他也是在主場創下單季七十三支全壘打的紀錄〔16〕。

棒球是團隊運動，這一點在邦茲心中的定義跟多數人不一樣。他認為與其說棒球是團隊運動，不如說是二十五個獨立個體一起準備一場團隊比賽。棒球的「團隊」部分開始於投手投出的第一顆球，結束於最後一個球員出局。比賽以外的時間全力準備，而準備是獨立作業。你能否為比賽做好準備，完全是你個人的責任。因此他無法理解，為什麼他不在打擊練習前跟大家一起暖身、比賽前在高級躺椅上小睡、賽前吃特殊餐點、有兩名個人防護員兼助理幫他按摩和鍛鍊，會招致奚落。儘管已經過了這麼多年，他依然想不明白。

「我想盡量提高能使我拿出最佳表現的機會，」邦茲說，「你看看別人批評我的那些特別待遇，現在巨人隊全都有了：臥室、按摩椅、更多防護員和按摩治療師，還有一名廚師。現在那裡根本就是spa！我到底是比其他人更早知道，怎麼做才能讓球員以最佳狀態打一百六十二場比賽呢？還是其他人所說的笑柄呢？」

他所說的「其他人」指的是媒體。

「我的棒球智商超越他們，我只有在這方面比他們專精，」他說，「有時候，我覺得他們汙辱了我的棒球智慧。我只精通一件事，就是棒球。問題是，有些寫棒球報導的人根本不懂棒球。」

他露出鬱悶的笑容。「運動員只想把自己的知識、技術、專長傳承給下一代。我專精的是棒球，打擊的藝術。棒球場就是我的教室。我不喜歡落點分析跟那些數據。我大半輩子都不知道整體攻擊指數是什麼意思。誰在乎那些玩意兒？誰在乎高飛球或什麼其他的球怎麼打？打到球就對了。」

16 好的，我聽見來自棒球界各個角落的呼喊：邦茲不是有吃增強表現的藥物嗎？邦茲的天才是吃藥的結果吧？我也問過自己這個問題，為了回答它，我必須檢視自己的假設。如果藥物是邦茲成為全壘打王的唯一原因，任何使用藥物的優秀球員，擊出相同數量全壘打的機會應該差不多。但事實並非如此。其他使用藥物的球員，全壘打數都遠遠落後邦茲。別忘了，我們討論的是邦茲的能力，而不是操守。他預測球路、判斷球飛向他的確切路徑以及揮棒時機的掌控，這些能力都大幅超越賽場上（甚至棒球史上）的每一個球員。藥物提升他的紀錄，但無法抹滅他是個擊球天才。

「所以每次有記者問我，『你覺得你們會在世界大賽奪冠嗎？』拜託，現在是春訓欸……像我這樣精通棒球的人，聽到這種問題會覺得：『你問這麼白癡的問題，是瘋了嗎？』我的棒球智商說：『鬼才知道。』這問題毫無意義。我正在努力研究怎麼對付葛瑞格・麥達克斯（Greg Maddux），他明天會對我大開殺戒。」

名人堂球員泰德・威廉斯也說過類似的話。威廉斯一九四一年的打擊率是〇・四〇六，至今無人能破[17]。「你一定會碰到對棒球一竅不通的人寫棒球報導，」威廉斯說，「這會令你有點不舒服，對吧？我的老天。[18]」

威廉斯在波士頓紅襪隊待了十九年，他瞧不起媒體的程度，比起邦茲應是有過之而無不及。例如邦茲從未朝場邊媒體區吐口水，威廉斯一個月則會吐兩次，擊出全壘打還會再吐一次。

我提到威廉斯的小故事，不是為了宣揚記者「根本不懂棒球」。記者很懂棒球。我之所以提到這件事，是為了強調有些天賦聰慧的人（例如邦茲、威廉斯，還有賈伯斯），會抱持一種特殊心態。

《紐約時報》撰稿人麥爾坎・葛拉威爾（Malcolm Gladwell）曾如此描述賈伯斯的粗魯行徑：

他對下屬大吼大叫。事情沒有順他的意時，他會哭得像個小孩。以時速一百英里（約一百六十公里）超速被交警攔下時，他會嫌棄交警開罰單開得太慢而用力按喇叭，拿到罰單後繼續以時速一百英里揚長而去。他在餐廳吃飯時，會讓餐廳把餐點重做三次。他為了接受媒體採訪入住紐約的飯店套房，晚上十點突然覺得鋼琴必須換個位置擺放，草莓不夠好，花也選錯了；他指明了要海芋。（他的公關助理半夜捧著海芋回來時，他說她的套裝「很噁心」。）

邦茲、威廉斯與賈伯斯都很難相處，但他們的隊友依然接納他們。只要對團隊的貢獻大於粗野的行為，隊友會學習如何跟你共事。這叫做「天才的豁免權」。說到誰才是球隊的癌細胞，只有球員才有資格置喙。如果他們能接受某個球員**自己的模樣**，就表示他不會破壞團隊默契。如果他不會破壞團隊默契，就不會影響團隊表現。因此，他不會是癌細胞。

但他**可能會是**軍方所說的限制因素（limiting factor，簡稱 LIMFAC）。如果邦茲經常跟隊友討論戰略、技術、思考方式，球隊的表現會提升多少？因此，就算他沒有削弱球

17 威廉斯的生涯打擊率是〇．三四四，是全壘打數五百支以上的球員中打擊率最高的。
18 *The Lost Interview of the Great Ted Williams,* hosted by Bob Lobel (Las Vegas: DK Productions, 2009), DVD.

隊的整體技巧與向心力（這種情況至少到他職棒生涯的最後幾年才出現），他也沒有提升隊友的表現。以他的天賦來說，他完全能夠幫助隊友。

孤僻厭世的人不容易被團體接受。邦茲之所以能加入巨人隊，部分是因為總教練達斯提・貝克有識人之明。貝克也曾是優秀的球員，他跟巴比・邦茲是好朋友，可說是看著貝瑞長大。貝克很久以前就見識過巨星球員享有特權。他以新人之姿加入亞特蘭大勇士隊時，隊上就有幾位重量級球員，包括漢克・阿倫、克里特・波約（Clete Boyer）、喬・托雷（Joe Torre）和費利培・阿盧（Felipe Alou）。「你必須讓優秀球員享有特權，愈優秀，特權愈多，」貝克說。他不但要管理邦茲，也要教會其他球員阿倫當初教他的東西。

「春訓才第一天，我就不得不把五、六個生氣的球員叫進辦公室。貝瑞開玩笑地說了一些話，把其他人惹毛了。我必須把每個人都叫過來，解決紛爭。」

就連貝克視為成規的規定，有時候也得通融。例如貝克要求全體球員參加官方球隊活動，這是他已故的恩師比爾・沃許（Bill Walsh）傳承給他的規定，沃許是舊金山四九人隊教練。「貝瑞和傑夫挑戰了這個規定。因為如果貝瑞不參加，傑夫就不參加。」邦茲誇張到連團體照都不出現。隔年肯特也選擇缺席。他們兩個的團體照是後製上去的〔19〕。高階主管擔心邦茲影響其他球員，所以在他附近安排經驗豐富的資深球員。「球隊過度強調堅強、領導能力與健康的人格，以至於看不見這種心態可能造成傷害，」一位棒球營運主管說。

• • •

夕陽消失在丘陵後方，氣溫驟降，邦茲提議我們換去室內的座位。他在櫃檯點新鮮甜菜汁的時候，有些顧客偷偷瞧他幾眼，但沒人主動上前。我們輕鬆聊天，但這時他突然踩了煞車，彷彿驚覺自己放下了警戒。

「貝瑞・邦茲的故事很賣錢，」他靠在長凳的椅背上，雙眼盯著我，「我免費接受訪問。我從不免費工作。我對你很慷慨。」

「我知道，所以我很感謝你。」

「我告訴你的這些免費資訊，都是別人無法提供的。這些內容應該很值錢。」

「我很樂意請你喝這杯甜菜汁，」我笑著說。

19 他們為什麼缺席？攝影師請球員中午到球場，而打擊練習的時間是下午四點。「我不想在球場閒晃兩個半小時，浪費時間，吃難吃的食物，」邦茲告訴我。那時巨人隊主場是燭台球場，設施老舊，食物跟中學自助餐廳差不多。「傑夫也這麼想，」邦茲說，「我跟傑夫同進退。」那兩年之後，球隊團體照的時間改成三點半，邦茲和肯特就不再缺席了。

「我幫助你達成個人的成就。」

「沒錯，我真心感激。」

我們已經聊了兩個多小時。我想他大概要走了，沒想到他再度敞開心扉。

「我當壞人，有一些無可奈何的原因，」他說。

「我認為你那麼容易失控，應該是裝的。」

他談到膚色偏見。黑人球員如果態度傲慢、說話直接，就會損害自己的公共形象；換成白人球員，損害會比較小。他說討人厭的白人球員都不會遭到詆毀，然後舉了五、六個曾因此被詆毀的黑人球員。說完這些，他陷入沉默。

「要是當初我多說一點，我的處境會好很多。有些人享受鎂光燈。這很自然。但我不是那樣的人。我的溝通技巧很好，但僅限於棒球。我知道怎麼教人打棒球。我知道怎麼讓人喜歡棒球。但是一般的交談就……」

「我知道是我親手創造了那個怪物，」他指的是與媒體交惡，「我從不否認我是那個怪物。搞不好我還（因為這樣）打得比較好。既然已經發生了，我就好好利用這個形象。」

他說了一件二〇〇二年世界大賽發生的事。第二場比賽輸給安那罕天使隊之後，邦茲面對厲害的二十歲菜鳥投手法蘭西斯科・羅德里奎茲（Francisco Rodriguez）投出的第一球，就因擊出滾地球而出局。賽後體育作家彼得．加蒙斯（Peter Gammons）告訴邦茲，他認為羅德里奎茲將成為這次世界大賽最優秀的年輕後援投手。

「彼得，因為你想羞辱我的能力，還把這個投手捧得這麼高，所以下次我再遇上這個小伙子，我一定會把球打得又高又遠，飛到你看不見的地方。」

第六場比賽，邦茲再次對上羅德里奎茲。他擊中一顆偏高的變化球，球飛出右外野，穿過右外野露天看台的隧道。這局比賽結束前，他慢慢跑到左外野，抬頭望向坐在媒體區的加蒙斯，用只有自己能聽見的聲音說：「現在你還有什麼話好說？」

憤怒給他動力。稍早他告訴我，他相信單靠一個人，就能讓所有球員擁有相同頻率，進而創造默契。他提到洛伊德．麥克林登（Lloyd McClenden）這名隊友，他激勵隊友的方式包括逗得眾人捧腹大笑，或是故意刺激隊友。比方說，麥克林登會把敵方球員說了哪些壞話，告訴邦茲。今天的報紙說，德懷特．古登（Dwight Gooden）說他會痛宰你。你要讓那個傢伙對你為所欲為嗎？「你會渾身充滿鬥志，接著突然擊出安打，」邦茲說。

「有些人激勵隊友的方式很糟。他們以為自己在營造默契，其實是在破壞默契。他們會故意針對你的為人、職業操守，或說些『棒球應該這樣打才對』之類的話刺激你，你會盯著他看，心想：『你以為你是上帝嗎？你連球隊第一都不是。』」

我問他肯特是不是他說的這種人。

「傑夫・肯特不是這樣的人！他從不做這種事！」他提高了聲調。

「別人愛怎麼評論那傢伙跟我都無所謂，我們都是A型人格的選手。我們沒有往來。我不在乎他平常做些什麼。有些球員會在休息室裡跟隊友噓寒問暖。蠢死了。調整自己的狀態就已經很辛苦了，為什麼要關心另一個人在幹嘛？你為什麼要知道傑夫・肯特在找方便打獵的房子？關你屁事？」

「上場比賽時，你希望二壘手的制服背面寫的是誰的名字？我希望是傑夫・肯特。因為他是好球員。他們愛怎麼講傑夫・肯特跟貝瑞・邦茲都無所謂，說到棒球實力和盡忠職守，說到他們希望誰防守左外野、誰防守二壘，一定是貝瑞・邦茲跟傑夫・肯特。」

這就是默契。一如比較傳統的情緒—社交情感，它建立在信任之上。不過這種信任源自表現。研究信任的史丹佛商學研究所社會心理學家洛德・克朗姆說，你或許不喜歡你的隊友、同事或上司，但你對他們的能力與責任感有信心。「許多人認為他（賈伯斯）很難搞，但他們相信他與他的聰明才智，」克朗姆說，「有些教練很兇、很不討人喜歡，但是他們指導的隊伍對他們充滿信心。」

名人堂總教練東尼・拉・魯薩是這麼說的：「信任就是每一場比賽都全心全意、

竭盡所能幫助球隊獲勝。就算你是個自私的人，只要我們能相信你每天都會盡力發揮所長，就會接納你。但是，如果我們無法信任你會做到這一點，就請你離開。」

不相信團隊默契的人，經常用一九七〇年代早期的奧克蘭運動家隊為例子，這支不團結的球隊異常成功。「二十五個球員，得叫二十五輛計程車」這個說法，最初就是用來形容這支球隊。球員之間充滿敵意。一九七四年在底特律的某一場比賽開始前，明星強棒瑞吉．傑克森（Reggie Jackson）被隊友比利．諾斯（Billy North）的一句話惹毛，於是直接撲向對方。兩人拳腳相向，隊友才把他們拉開，他們又立刻打成一團。一場架打下來，傑克森一側肩膀腫痛，勸架的捕手雷伊．福斯（Ray Fosse）脖子受傷。（福斯很快就發現自己頸部椎間盤突出，好幾個月不能上場比賽。）但那天晚上諾斯、傑克森和福斯都有上場，運動家隊大獲全勝，分數是九比一。

可是那場打鬥之後，傑克森的打擊陷入低潮。在接下來的四十八場比賽中，他只擊出四支全壘打，打擊率〇．二八八。雖然諾斯對傑克森厭惡依舊，但是他把傑克森拉到一旁。他告訴傑克森，球隊需要他。他是運動家隊的明星。少了他，球隊贏不了。接下來的二十七場比賽，傑克森擊出九支全壘打，打擊率〇．六〇〇。運動家隊拿下分區第一名，接著打敗金鶯隊贏得美聯冠軍，最後打敗道奇隊，在世界大賽取得三連霸的佳績。

無論私底下如何缺乏信任，運動家隊一上場就完全信任彼此。每一個球員都相信隊友會全力以赴，因為他們團結一致、邁向目標。不過，諾斯鼓勵傑克森的那段話（展現他對隊友的信任和需要），似乎也很重要。團隊默契從來就不是單一因素的影響，而是許多因素交互作用的結果。

邦茲與肯特對彼此深具信心，但僅限於球場上。這兩個人都對棒球和勝利一心一意，而且在彼此身上看到了相同的人格特質。甚至當對方在球場上立功時，他們會真心稱讚對方。舉例來說，二〇〇二年他們在場邊休息區打完架之後，邦茲打了一支全壘打，在休息區等待的肯特臉上堆滿笑容，還跟邦茲擊掌慶祝。

這種「任務默契」（task chemistry）與工作有關，而且只關乎工作。亞里斯多德提過類似的概念，他把友誼之源分成三類：愛、快樂與實用性。源於愛的友誼最少見，因為這需要無條件的接納。源於快樂的友誼奠基於共同的興趣跟活動。源於實用性的友誼奠基於特定任務，而且通常是短期任務。任務默契就是源於實用性的人際關係。幾年前，前巨人隊外野手藍迪．溫恩向我說明了這個概念，只不過當時我沒有把它歸類為實用性人際關係。溫恩在大聯盟打了十三年的球之後，接任棒球援助團隊（Baseball Assistance Team）的主席，以及巨人隊總經理的特助。他心思縝密，而且並不支持有團隊默契這回事，如果我想證實自己的假設，他會是很適合的魔鬼代言人。我們在亞利桑那州碰面，一邊喝雞尾酒一邊吃晚餐時，我問他，如果邦茲不在巨人隊的話，巨人隊會不會比較好。當時我仍把邦茲當成典型的球隊癌細胞。溫恩說，無論團隊默契是什麼，我的想法都太過狹隘。

「大家都把團隊默契想成一種很美好、令人極度愉悅的東西。每個人都相處愉快，手勾著手一起歡唱，一起去吃晚餐，」溫恩說，「有些地方是這樣。但更常見的情況是：只要你盡忠職守，而且表現優異，團隊就會有好默契。因為這樣的球員就是好隊友。所以我對貝瑞一點抱怨也沒有。我們不會聊天，也不會一起吃飯。我們不會玩在一起。但他是個好隊友。團隊默契不一定是人們想像的那個樣子。」

幾年前我跟吉姆・李蘭聊到這件事，他也提到這一點。當他的球員在休息室裡打架時，他讓他們自己解決。「我有什麼好擔心的？上場比賽的是他們，而且他們用盡全力。有人想站出來讓**另一個傢伙**瞧瞧自己的能耐，**另一個傢伙**也想讓他瞧瞧自己的能耐。他們互相激盪。」

這就是任務默契。球員不需要喜歡彼此也能合作成功，這一點早有許多先例為證，例如彼此競爭的「布朗克斯動物園」洋基隊（"Bronx Zoo" Yankees）和好勝的「搖擺」運動家隊（"Swingin" A's）、邦茲與肯特、貝比・魯斯與盧・蓋瑞格（Lou Gehrig）。據說魯斯與蓋瑞格之所以結下樑子，是因為蓋瑞格的母親曾說魯斯的妻子克萊兒把女兒打扮得很醜。這兩個男人一輩子都是死對頭。廷克─艾佛斯─詹斯是有名的雙殺三人組，但喬．廷克（Joe Tinker）與強尼．艾佛斯（Johnny Evers）三十年沒有講過話，原因是有次廷克只幫自己叫了計程車，把艾佛斯留在路邊〔20〕。

「你當然不會知道，」《運動畫刊》的記者理察．霍夫（Richard Hoffer）寫道，「除非你發現貝比每次擊出安打後，蓋瑞格怎麼老是低頭檢查擊球準備區地上的泥土。報紙當然不會寫這種東西……但我們都知道這種隊友情誼不是出自心甘情願，正因如此更加令人欽佩。體育活動帶給我們最有用的啟示，就是假裝和睦、顧全大局。艾佛斯被廷克丟在人行道上的隔天，他抓著廷克說：『你打你的球，我打我的球，除此之外我們毫無瓜葛。』」

一九六〇年代有一份知名的任務默契研究，只不過當時不叫這個名字。研究者翰斯．蘭克（Hans Lenk）曾是奧運划船槳手，他對團隊成員和睦相處有助於團隊成功的想法感到懷疑。這是他的親身經驗。他是一九六〇年西德划船隊的槳手，這支划船隊由兩支隊伍合併而成，雖然表現優異，但隊友吵得很兇。儘管如此，他們依然勢如破竹贏得奧運金牌。蘭克假設「嚴重的內部社交衝突」非但不會對一支優秀隊伍造成負面影響，說不定還會提升表現〔21〕。後來他在另一支爭吵不斷、搞小團體的划船隊身上，也發現相同的情況，這支西德划船隊是一九六三年世界划船錦標賽的冠軍〔22〕。隊員彼此之間的敵意，絲毫不影響他們的表現：他們一上船就知道彼此是可以依賴的隊友。

• • •

戰略情報局的搞破壞手冊認為負面態度具有感染力，難道他們錯了嗎？爛蘋果理論（以及超級破壞者）只是迷思嗎？

不是。負面態度絕對會擴散並削弱表現。但罪魁禍首不是傲慢的巨星球員，也不是像肯特這樣雖然反社會但吃苦耐勞的人。他們或許會造成些許摩擦，但不足以毀掉整支球隊。

真正的超級破壞者，亦即最有可能摧毀團隊的人，是滿嘴抱怨又愛找新人下手的隊員。在棒球界，這種人被戲稱為「球團律師」（clubhouse lawyer）。

20 Richard Hoffer, "It's Time to Play the Feud!" *Sports Illustrated*, July 2, 2007.
21 Joan S. Ingalls, "Mental Training: Building Team Cohesion," *Rowing News* 5, no. 16 (1998): 23.
22 Hans Lenk, "Top Performance Despite Internal Conflict: An Antithesis to a Functionalistic Proposition," in *Sport, Culture, and Society: A Reader on the Sociology of Sports*, eds. John W. Loy and Gerald S. Kenyon (Toronto: Collier-Macmillan, 1969), pp. 393–96.

「球團律師可能對球隊造成其他人望塵莫及的破壞，」基斯．赫南德茲說，「球團律師通常都對自己不太滿意。他們覺得自己懷才不遇，又無法把怨念藏在心底。於是就像雜草一樣散播怨念，毒害整支球隊。這種球員必須盡快交易出去。」。赫南德茲在大聯盟打球十七年，一九八六年他跟紐約大都會隊一起贏得世界大賽冠軍。

球團律師通常是光芒殞落的資深球員，不在先發名單上，總愛拉著別人跟他一起抱怨。總會有人被他們說服，相信自己跟他們一樣遭受不公平待遇。「所以球隊想找個性好、不會被他們拉著一起怨天尤人的球員，」一位教練說。

在幾年前的冬季會議上，當時大都會隊總經理山迪．艾德森（Sandy Alderson）告訴我，他剛剛拒簽一個愛抱怨出名的後援投手。「我們完全不會考慮他，」艾德森說，「他充滿負面情緒、愛抱怨又悲觀。牛棚裡有個這樣的球員夜復一夜跟七、八個隊友在一起，你會很擔心他帶壞其他人，尤其是年輕球員。」

每支團隊和每間公司裡，都有愛發牢騷又影響他人的人，就像蘋果桶裡的乙烯。人類會模仿彼此的肢體動作跟表情，因此負面態度可以快速散播。丹尼爾．高曼（Daniel Goleman）在二〇〇六年的著作《SQ：I-You 共融的社會智能》（*Social Intelligence: The New Science of Human Relationships*）[23]中寫道，「即使在面對面的接觸結束後，當時的情緒仍會跟著我們很久，那是種情緒上的餘韻（以我的例子來說，是餘怒）。情緒外漏宛如二手菸，可以使旁觀者淪為有毒心態的無辜受害者。」

團隊想要努力擺脫負面影響非常耗費心神，所以這樣的嘗試會逐漸消失。漸漸地，其他人不再努力。團隊表現一落千丈。

解藥是一位時而殘酷的明智領袖，他能阻擋超級破壞者的影響力。他可以要求抱怨者遵守團結精神，抱怨者若不從善如流，就會遭團隊孤立。英國曼聯足球隊的傳奇教練亞歷克斯・佛格森爵士（Sir Alex Ferguson），就非常厭惡抱怨者的負面影響，無論他們的地位有多高，他都會趕走他們。在曼聯擔任隊長多年的羅伊・基恩（Roy Keane）在媒體上批評隊友，佛格森便終止了這位明星球員的合約。得分射手路德・范尼斯特魯伊（Ruud van Nistelrooy）公開抱怨自己坐冷板凳之後，二〇〇六年被賣到皇家馬德里隊[24]。

「有時候你必須問問自己，某些球員是不是正在影響更衣室裡的氣氛、球隊的表現，以及你對球員和工作人員的掌控，」二〇一三年《哈佛商業評論》（*Harvard Business Review*）引述佛格森，「如果他們確實發揮了影響，就必須讓他們離開。沒有其他選項。

23 譯註：《SQ：I-You共融的社會智能》繁體中文版在二〇〇七年由時報出版社出版。

24 Anita Elberse, "Ferguson's Formula," *Harvard Business Review*, October 2013, https://hbr.org/2013/10/fergusons-formula/ar/1.

就算這個人是全世界最厲害的球員也一樣。沒有哪個人比球隊的長期考量更重要。」

排名第二的超級破壞者是裝病的人。

只要下一場敵方的王牌投手會上場，裝病的人就會設法請假。當隊友忍受身體的疼痛上場比賽時，他置身事外，只想維持好看的個人數據。隊友會覺得不公平。憑什麼他們就算腳踝扭傷、膝蓋腫痛也要上場比賽，而這個傢伙只是因為**太累了**就可以休息？他們也會開始請假。「如果你覺得大家都配合，你也會配合，」約翰霍普金斯大學的行為經濟學家保羅・費雷羅（Paul Ferraro）說。如果其他人不配合而你配合，「你會覺得自己是蠢蛋。」他在亞特蘭大自來水廠的一個供水區做了一項實驗，請用戶節約用水。處罰沒有用。費雷羅又試了幾種誘導方式，包括環保論述。但最有效的方式，是把用戶之間的用水量差異表寄給他們。當人們發現鄰居做出犧牲時，自己也會願意犧牲，尤其是用水用最凶的人。於是總用水量減少了百分之五〔25〕。當我們相信其他人付出很少或完全沒付出，我們也不會心甘情願付出。

幾乎我認識的每一個球員，都碰過裝病的人。

「你會花力氣跟精神去想那個人在幹嘛，他為什麼那麼做，發生了什麼事，他憑什麼獲得通融，」前大聯盟後援投手哈維爾・洛佩茲（Javier Lopez）說，「你會開始懷疑每件事背後都有陰謀。這會害你表現變差，因為你沒有把心思放在棒球上。」

好消息是：真正的超級破壞者並不多見，因為人類渴望歸屬感。神經經濟學家保羅・札克發現，「只要提供適當的環境，多數人（只要沒有心理疾病）幾乎都願意成為群體的一分子。」

• • •

回到邦茲、肯特與巨人隊隊友在二〇〇二年打的那場世界大賽。這是第六場比賽，他們只差六個出局數就能獲勝。他們暫時以三比二領先安那罕天使隊，分數是五比三，比賽來到第八局。只要贏了這場比賽，這將是巨人隊一九五八年從紐約搬到舊金山之後，拿到的第一座世界大賽冠軍。可惜，巨人隊錯失這個機會，以六比五輸了這場比賽。

隔天打第七場比賽時，他們仍未從前一天的打擊中恢復。「我走進安那罕的球員休息室，氣氛很浮躁，」巨人隊的評論員克魯科說，「輸了前一天晚上原本勝券在握的比賽，大家心裡都很慌。負面情緒像蛋殼上的小裂縫，愈裂愈大。最後這場比賽的

25 Amy Langfield, "How California Can Save Water and Beat the Drought: Psychology," *MoneyWatch*, May 18, 2015; Paul J. Ferraro and Michael K. Price, "Using Nonpecuniary Strategies to Influence Behavior: Evidence from a Large-Scale Field Experiment," *Review of Economics and Statistics* 95, no. 1 (2013): 64–73.

勝負毫無懸念。」巨人隊輸了，四比一。

我跟克魯科聊過之後，不禁思索起任務默契的限制，因為二〇〇二年的巨人隊似乎建立在任務默契的基礎上。難道只有兩肋插刀的革命情感，才能鍛鍊出球隊最需要的堅強韌性？二〇一四年巨人隊來到堪薩斯市打世界大賽時，我也在現場。同樣面對一敗塗地的第六場比賽，分數十比〇。跟二〇〇二年一樣，他們隔天必須捲土重來，努力求勝。在最後一場比賽前，這支球隊的氣氛，與邦茲和肯特的巨人隊截然不同。

「（二〇一四年）那群球員極為冷靜，」克魯科說，「當你處在腎上腺素飆升的環境裡，冷靜是一大優勢。這種特質非常明顯，每一場比賽都看得到，包括第七場比賽。他們很冷靜。」巨人隊以三比二勝出，在最後五局比賽一球一球抵擋皇家隊進攻。

肯特在二〇〇二年的世界大賽後離開了巨人隊，邦茲又多待了五年。巨人隊在二〇〇三與二〇〇四年持續展現佳績，但接下來的三年表現急轉直下。邦茲專心追逐漢克·阿倫的全壘打王紀錄，媒體忙著報導邦茲的追逐以及禁藥事件的持續調查，這些事都嚴重干擾其他球員的專注力。「我搞不清楚自己待在這裡到底是為了什麼，贏球嗎？」二〇〇六年一位球員這麼說。

退休十幾年後，邦茲顯然花更多時間反思。他內心感到後悔。我們坐在咖啡館裡，他雖然瞥了手錶一眼，卻沒有打算離開。

「我當初可以換個作法，」他說。他身後的窗外，天色漸漸暗下來。「順著他們。虛偽地把他們（媒體）當成全世界最好的人……要是我聰明一點，我會告訴他們：『我認為我們很有機會獲勝……』他們問我是不是有四個置物櫃，我夠聰明的話就應該配合他們，說：『喔，只有這兩個是我的，另外兩個是公用的。』他們問我按摩椅的事，我應該說：『按摩椅很棒，對吧？』」

「但那個時候我一心專注在比賽上，真的不想跟他們說話。現在回頭看，我才明白當時我大可以含糊帶過。」

他的語氣突然尖銳了些，帶了點急切。他微微傾身向前，雙臂都放在桌面上。

「我現在都告訴後輩，別學我……不要給他們機會傷害你。我時時提醒他們：別那麼傻。當初媒體如果能宰了我，早就這麼做了。別走我的老路。待人和善、親切。記者想知道什麼事，就告訴他們。接受現實世界的運作方式，它們不會改變。努力打球，心懷感恩。你的薪水是多數人一輩子也賺不到的天文數字。好好欣賞夕陽。花時間陪伴家人。就算你離開了，棒球也不會消失，相同的故事會持續下去。永遠會有新人冒出頭，跟你經歷一樣的過程。那時候，我希望你也能像我一樣提醒他們。在情況惡化之前防患未然。」

「當初有人提醒過你嗎？」我問。

他說已故的聖地牙哥教士隊球星湯尼・關恩（Tony Gwynn）提醒過他。關恩是既隨和又親切的棒球明星。他無法理解邦茲為什麼那麼討厭媒體。「你上一秒還在輕鬆地開玩笑，」關恩告訴他，「下一秒記者一出現，你就……」

邦茲做出兇惡表情還搭配怒吼，模仿關恩模仿他的神情。「你就不能對他們和善一點嗎？」關恩說。

我問邦茲，「你沒有接納他的建議？」

「我有，但只維持了兩、三天。因為我的隊友說：『我們喜歡原本的貝瑞。』他們說我比賽時的狠勁不見了：『你被三振出局後，只是把球棒輕輕放回置物櫃裡。』隊友必須相信你會全力以赴，這很重要。說到打棒球，他們還是喜歡原來的貝瑞。」

5 七種人格類型 The Seven Archetypes

「真正的團隊默契，是接受每個人的原貌。我一直告訴球員：說到底，我們是因為他們在我們眼中的真實樣貌才喜歡他們的。」

——隆恩・里維拉（Ron Rivera），華盛頓橄欖球隊總教練

麥特・達菲（Matt Duffy）身材瘦削、一臉痘痘，下巴留著一撮不甚濃密的山羊鬍，看起來像送披薩的小弟。他默默無聞。畢業自長島州立大學，第十八輪選秀才被挑中。在小聯盟待了兩年仍位於巨人隊食物鏈的底層，從未受邀參加大聯盟的訓練。二〇一四年夏天，他背著旅行袋，走過一排淺木色置物櫃，置物櫃上面掛著巨人明星球員的名牌：波西、邦迦納、克勞福。

十八個小時前，達菲在維吉尼亞州里奇蒙（Richmond）搭上飛鼠巴士，準備前往賓州阿爾圖納（Altoona）參加下一場比賽，車程四個半小時。但是車還沒開，他就被拉

下車了。忽然之間，他搭上深夜飛往紐約的飛機。他即將跟巨人隊球員一起在花旗球場（Citi Park）與大都會隊爭奪國聯冠軍。他來這裡做什麼？他連2A級以上的比賽都還沒打過。**我的老天**，他心想。花旗球場的客場休息室很大，像飯店的大廳一樣。沿著牆邊每隔一段距離，就擺放著幾張皮革扶手椅。

休息室的角落有一雙眼睛緊盯著這個菜鳥。巨人隊的明星球員杭特・潘斯（Hunter Pence）看著達菲找到自己的置物櫃，打開行李袋，穿上背號五十的球衣。潘斯是傳奇人物，兩年前的一個下午，他在辛辛那提說的那段話激勵人心，已成傳說。這個故事傳頌在巨人隊農場系統裡、每一間既擁擠又散發霉味的球員休息室。達菲當然對這個故事非常熟悉。

那是二〇一〇年、賽制五戰三勝的國聯分區賽，巨人隊以零比二暫時落後辛辛那提紅人隊。接下來要是再輸一場，就會遭到淘汰，但對手是分區冠軍，而且他們從八月初至今從未連輸三場比賽。總教練布魯斯・波奇剛說完比賽前慷慨激昂的鼓勵，這時潘斯突然站起來，每個人都很驚訝。這位明星賽右外野手在幾個月前，才因為季中交易來到巨人隊。他這人有點奇怪，總是騎一輛改裝的速克達來球場，嗜喝咖啡，愛吃羽衣甘藍菜，揮棒姿勢像綠野仙蹤裡的錫樵夫砍柴；他小時候是後空翻體操選手，所以他到現在還能後空翻。靈動的雙眼似乎眨也不眨。個性安靜內斂，可能愛看宮本武藏的《五輪書》，但如果愛玩《魔獸世界》也不奇怪。

但是，在十月的這一天，潘斯突然站起來說：「我想講幾句話。」他揮手要隊友都靠過來，雙眼炯炯有神。「快進來！大家都進來！」

球員互看一眼，慢慢向他靠近。

「我希望能跟你們一起多打一天球！這是我待過最好玩、最優秀的球隊，無論發生什麼事，**我們絕對不能放棄！**」

他的語調完全就是傳教士。

「看著彼此的眼睛！」他瞪大雙眼，「**看著彼此的眼睛！**我們必須把球打好，這是我們對彼此的**責任！**」

「**沒錯！**」

「**對！**」

「我要跟你們一起多打一天球！」潘斯又說了一次，「我想看泰里奧（Ryan Theriot）明天會穿什麼衣服！我想為沃格松（Ryan Vogelsong）守住進攻，因為他從沒打過季後賽！為**彼此**而戰，而不是為自己！**贏下每一刻！贏下每一局！**我們沒有退路！」

二壘手馬可・斯庫塔羅（Marco Scutaro）高聲歡呼，接著其他人也一起歡呼，包括球員、教練、防護員、工作人員。他們在潘斯周圍擠成一團、勾肩搭背，一群人一起跳躍呼喊，像即將與同鎮的死對頭上場較量的高中校隊。

巨人隊在延長賽中以二比一獲勝。

一直到世界大賽的最後一場比賽，每場比賽開始前，他們會在場邊休息區圍繞著潘斯高喊：「**為彼此而戰！**」然後像婚禮灑白米一樣，將掌心裡的葵花子灑在彼此身上。潘斯因此得了個綽號叫「牧師」。

達菲來到花旗球場的客場休息室，這裡有高級置物櫃、扶手椅，還有他只在電視上看過的棒球明星。而此刻朝他走來的這位棒球明星，正是牧師本人。他一點也不像達菲看過的棒球選手。眼神銳利比電視上猶有過之，一頭亂髮也更加狂野。

潘斯跟他握了手，恭喜他進入大聯盟。接著，他說了一句令這位年輕球員大感意外的話。

「你是我們現在的獲勝希望。」

他的語氣很認真，所以達菲相信他說的話。達菲心想，或許，他不用假裝自己很厲害或很有經驗。或許他必須做的，就是扮演好麥特．達菲這個角色，然後全力以赴。

球季結束時他打了三十九場比賽，打擊率〇．二六七足以讓他擠進季後賽先發名單，贏得世界大賽的冠軍戒指。這是巨人隊五年來拿下的第三座世界大賽冠軍。

「在我剛走進休息室的那短短幾分鐘裡，杭特趕走了我心中的焦慮，」達菲後來說，「他使我相信我已做好準備，所以我安心地走上球場。」

大部分的成功團隊都有像潘斯這樣的人。他是那種參加派對時跟誰都能聊得熱絡、把孤僻落單的人帶回群體裡的賓客。他「點亮蠟燭」，有些球員如此形容潘斯。他讓身旁的球員帶著「熊熊燃燒的熱情」打球。這是潘斯在巨人隊的默契中發揮的作用：點燃隊友心中的使命感、無私與集體戰鬥力。這轉化成更多的信心和努力，進而提升表現，獲得勝利（例如這場比賽）。我把潘斯的這種角色命名為**火花典型**（Sparkplug）〔1〕。

起初我想知道，團隊默契是否需要把特定的人格特質放在一起才會出現，就像混合某些化學元素才能產生化學反應一樣。有沒有特定的典型（例如火花），是每個默契絕佳的團隊都有的？我開始記錄我在默契絕佳的球隊中觀察到的人格特質，並經常請球員跟教練檢查這張清單。有些人確認清單上的人格特質，有些人否決了這些人格類型，有些人提供了新想法。我把這張清單去蕪存菁，留下七種人格特質。容我先澄清，這些典型不是科學上的發現，而是我觀察到的模式，這些模式不僅引發體育界人

1 我最初使用的名字是「激發器」（Energizer）。但後來我與加拿大心理學教授馬克・埃斯（Mark Eys）聊過之後，得知他曾發現一種類似的典型，並將之命名為「火花」。我覺得這個名字比「激發器」更好，因此取得他的同意，沿用了「火花」。

士的共鳴，在商業界也一樣。類似的清單，或許每個高效團隊都有屬於自己的版本。

其餘的六個典型是：

聖賢（The Sage）

聖賢典型就像《星際大戰》裡的歐比王．肯諾比（Obi-Wan Kenobi），是充滿智慧的仁慈長者。他吃過不少苦，挺過風風雨雨。他能消除焦慮，紓解椎心的恥辱。他撫慰人心，提供忠告。至少在男性身上，這種典型能以生理機制與經驗來解釋。除了年齡增長之外，結婚和生兒育女也會使男性減少分泌睪固酮。「你需要爺爺，」前任投手、現任球探布萊恩．強森（Brian Johnson）說。「有爺爺很讚，因為他什麼情況都經歷過。你可以坐在爺爺腿上，向他吐露心事。」

二〇一六年芝加哥小熊隊的大衛．羅斯（David Ross），二〇一四年舊金山巨人隊的提姆．哈德森（Tim Hudson），一九九六年奧運女籃代表隊的特瑞莎．愛德華茲（Teresa Edwards），都是聖賢典型。聖賢接受球員原本的模樣。他不會評頭論足、嘮嘮叨叨，而是溫和敦促。「嘿，也許這件事值得想一想。」他提供安全的避風港，讓隊友可以卸下武裝，即使是資深球員也不例外。

艾利斯．伯克斯（Ellis Burks）在大聯盟待了十八年，參加過兩次明星賽。春訓的某一天，我跟他聊了幾句。我問他是否真有聖賢這種典型。他說在大聯盟的這幾年他認識了幾位，而且他一直需要他們支持。「信心創造成功，對吧？信心這種東西，就算你打過十場明星賽，還是隨時有可能陷入低潮，突然缺乏信心。有時候，你就是需要那個人幫你回想起自己是誰。」

小孩（The Kid）

小孩典型釋放活力，就像幼犬甩掉身上的水。對用餐區的濃縮咖啡機驚嘆不已的麥特·達菲就是小孩典型。小孩典型會主動跟隊友擊掌。小孩典型無須理由就伸出手臂搭著隊友的肩。打擊練習結束後，其他隊友早就躲回球員休息室，但小孩典型會在場邊休息區的另一頭，花很久時間幫球迷簽名、跟球迷聊天。他對道瓊指數、不動產市場和藍寶堅尼稀有車款的二手價格，目前尚無興趣。他覺得球隊專機超酷。

在資深球員眼中，小孩典型使他們想起年輕時的自己，想起自己為什麼愛上棒球。他們還記得第一次站在球場上，抬頭仰望十層樓高的座位區坐著成排觀眾時，那種令人心跳加速的驚奇感受。打擊練習的休息時間，看著小孩典型跳到隊友背上嬉鬧，會使人恢復活力。

「打職棒會漸漸像上班一樣枯燥，」退休投手傑瑞米·艾菲特（Jeremy Affeldt）說，「每天都重複一樣的事。但是對年輕球員來說，一切都很新鮮。你會覺得：『很好，我需要那樣的熱情。』」

小孩典型充滿夢想。他心中沒有不可能的事。他相信有志者事竟成。「時間教會我們許多事情，」本尼斯（Warren Bennis）與畢德曼（Patricia Ward Biederman）在共同著作《七個天才團隊的故事》（*Organizing Genius: The Secrets of Creative Collaboration*）[2]中寫道，「包括限制。無論你多麼傑出，時間都會迫使你面對人終有一死這回事。簡言之，經驗會把人變得更現實，這不一定是好事……偉大的團隊都不現實。他們是生氣蓬勃、樂觀得不理性的團隊。」

小孩典型具有非理性的樂觀，會刺激資深球員放下他們加諸於自身的限制。芝加哥小熊隊二〇一六年的隊長是年輕的安東尼・瑞佐（Anthony Rizzo）。總經理西奧・艾普斯坦（Theo Epstein）說，瑞佐不斷提醒隊友「他們一定會一起創造歷史。他們一定會舉辦慶祝遊行，名留青史」。場邊休息區裡的瑞佐彷彿總是心情極好。他坦率真誠，不讓人感到幼稚。

二〇一〇年，二十三歲的巴斯特・波西還是新人，這一年巨人隊打敗費城人隊，在國聯冠軍賽勝出。凌晨四點三十分時，在飯店宴會廳臨時舉辦的慶功宴開始解散，評論員克魯科跟幾名球員一起走進電梯，其中一個就是波西。

「我希望，你不會以為年年都有慶功宴。」克魯科說。

留著平頭、雙頰紅潤的波西轉頭看著克魯科說：「為什麼不？」

警察（The Enforcer）

警察典型會維護球隊的規定，在隊友鬆懈練習、判斷錯誤、錯失訊號時提出指責。性格敏感的人不適合擔任這種角色。警察典型很容易背上愛管閒事的罵名，隊友會覺得「你是上帝嗎？」而排擠他。警察典型相信，獲勝比自己的人氣更重要。他就是知道，隊友的感情太好或感情太壞都不利於獲勝。過度在乎彼此感受的團隊，可能會因為害怕傷感情，而不好意思尖銳批評對方。在極端的情況下，向心力太強的團隊可能會因為堅持全面和諧，而變得像邪教一樣。警察典型不會因為感情用事，而忘了勝利最重要。即使團隊運作順利，人人都對現況感到滿意，但只要發現行為上的小缺失或努力不足，他就會發出警告。警察典型能揪出團隊不知不覺靠近危險的跡象。

警察典型的人格類型有兩種。第一種是言詞刻薄，例如傑夫．肯特。我稱之為**激怒型警察**（Agitator-Enforcer）。當他指責隊友懈怠時，隊友會生氣，甚至大翻白眼。「真

2 譯註：《七個天才團隊的故事》簡體中文版在二〇〇八年由人民大學出版。

受不了這個渾球，」他們會發牢騷，「但他說得沒錯。」隊友接受他的訊息。**激怒型警察**能否發揮影響力，取決於隊友是否相信他的出發點是維護球隊利益。這是個自我修正的動態過程：只想展現權威的領導者，很快就會失去權力。

第二種類型是**聖賢型警察**。他跟**激怒型警察**一樣嚴格，但不尖銳。他受人愛戴與信任，具備社交手腕。團隊外面的人絕對不會把他定位成警察典型。哈維爾·洛佩茲是好脾氣的後援投手，畢業自維吉尼亞大學，擁有心理學學位，父親是聯邦調查局探員。洛佩茲從容冷靜，像個機智的英文系系主任。他是球迷最愛的明星後援投手，也是極具威力的左投手。他在巨人隊待了六個球季，這期間他是隊上最受崇敬的球員。

正因如此，年輕隊友由於情緒浮躁或令人厭惡的行為，而威脅到球隊時，他有辦法制止他們，儘管這麼做並不容易。洛佩茲是老派硬漢，他做不到柔聲安撫成年男性。但直面對決可能會引來隊友反抗，使對方更加忿忿不平，加劇原本的自私行為。所以他調整了作法。他花很多時間陪年輕球員談話跟聆聽，提供意見與鼓勵。在他指正球員的負面行為之前，他會先稱讚對方的兩個正面行為。「我覺得這樣可以減輕對方的難受程度，也能讓對方知道我很關心他，」洛佩茲說，「絕對不要令對方難堪，或是打擊對方的信心。」

洛佩茲知道隊友需要一位真心關懷、溫柔責備的警察典型。「我可以鉅細靡遺揪出每一個錯誤，」他說，「但這樣做終究無法帶我們達成目標。」

夥伴（The Buddy）

夥伴典型是大家的好朋友。只要團隊裡有夥伴典型，一起吃飯時就不會有人落單。沒有人會被排擠。他會關心你爸爸的心臟手術，在客場城市呼朋引伴去看電影，學說日語髒話逗弄新來的日本隊友。籃球明星珍妮佛．艾奇（Jennifer Azzi）就是夥伴典型。一九九六年在奧運訓練營受訓時，年輕球員蕾貝卡．洛博（Rebecca Lobo）測驗一再失敗被罰跑限時三．二公里，艾奇每天都陪著她一起跑，直到她通過測驗為止。洛博是那年奧運代表隊中，實力最弱但名氣最大的球員，跟這群年紀比較長、經驗比較多的資深球員一起打球，她覺得自己像個外人。是艾奇讓她卸下心防，坦露自己的疑惑、寂寞，以及大眾關注帶來的不安等等。「我們都或多或少經歷過這些，」艾奇告訴洛博，「我們都知道。」洛博與艾奇敞開心胸聊過之後，在中國錦標賽對上韓國隊時拿下二十四分，恢復她在康乃狄克大學的英姿。她開始跟隊友一起打橋牌，也會跟她們一起打趣說笑。她終於找到歸屬感。

馬克．德羅薩（Mark DeRosa）在大聯盟待了十六年，大部分時間擔任工具人球員。他也是典型的夥伴典型。德羅薩是個愛笑、話多的人。他天生愛交朋友，也相信情感連繫能讓隊友表現得更好。當身邊的人全然接受你時，你會比較放鬆。當你比較放鬆時，你的身心都會更加專注，進而提升表現。德羅薩是球隊裡邀請過最多隊友一起吃中飯的人，包括菜鳥、拉丁裔球員、最邊緣的後援投手。他消除了球隊裡的文化、種族、年齡與守備位置之間的隔閡。他對每個人的故事都有興趣。

「不管到哪支球隊，球員的成長背景都很不一樣，」德羅薩說，「我會尋找我們之間的共通點，或是能夠打動對方的某件事。（胡安）尤里柏跟我的共通點是幽默感。石川隆的老婆懷孕了，最近他們很辛苦，我老婆懷過兩胎，我有過類似的經驗。」

即使在德羅薩受傷不能上場時，他仍持續發揮影響力。他觀察隊友的情緒。他說笑話和故事。他一直討論棒球的事，幫隊友專注於比賽。他找機會激勵隊友。「我會從板凳上站起來，稱讚隊友表現得很好，」德羅薩說。巨人隊嚴重落後，哈維爾・洛佩茲上場終結剩下的打者後走向場邊休息區時，德羅薩已在階梯上等他。洛佩茲再次盡責完成一項吃力不討好的任務。「嘿，」德羅薩拍拍洛佩茲的背說，「謝謝你，你表現得很好。」

夥伴典型是最好的觀眾。只要有人說笑話，他一定哈哈大笑。他聆聽別人的故事。他很樂意當配角做球給主角，好脾氣地被主角捉弄。對二〇一六年的小熊隊來說，大衛・羅斯既是夥伴典型，也是聖賢典型。總經理西奧・艾普斯坦說：「羅斯總是主動關心最孤僻的球員，舉辦晚餐活動。球隊的球員來自四面八方，難免有隔閡，羅斯會消除這些隔閡[3]。」艾普斯坦是在二〇一九年他擔任小熊隊總教練時，簽下羅斯的。

戰士（The Warrior）

戰士典型出類拔萃，令人望之生畏，他為整支球隊注入滿滿自信。貝瑞・邦茲、小皇帝詹姆斯（LeBron James）、蘇・伯德、湯姆・布雷迪（Tom Brady）、梅根・拉皮諾（Megan Rapinoe）、邁克・楚勞特這些運動員都是這一型。戰士典型本身就凝聚著團隊的信念。「因為有他，所以我們能獲勝。因為有他，所以我們與眾不同。」戰士典型不一定要和顏悅色，甚至不一定要合群。他唯一需要做的，是表現優異、勇敢無懼。前棒球員兼總教練達斯提・貝克用「感染者」（carrier）來形容他們。「任何球員都能帶領球隊衝刺一、兩天，」他說，「但感染者能帶領球隊衝刺兩個星期。其他人都是助力。」

二〇一二年，年輕的古巴強棒約尼斯・塞佩達斯加入奧克蘭運動家隊，提振了球隊士氣。這支球隊上一個球季只贏了七十四場比賽[4]。塞佩達斯的球威力強大，能飛

3 Theo Epstein, "Class Day Remarks" (speech, Yale University, New Haven, CT, May 21, 2017), https://news.yale.edu/sites/default/files/d6_files/imce/Yale%20Class%20Day.pdf.

4 編註：美國職棒大聯盟的球隊在球季中都要打一六二場例行賽。

到第二層看台。他從左外野深處把球傳回本壘。他肌肉強健，跑壘快得像奧運短跑選手。他享受鎂光燈，帶著喜悅與從容打棒球。他在運動家隊的第一個球季，運動家隊從分區第三名躍升至第一名，比前一年多贏了二十場比賽。二〇一三年他們再度贏得第一。塞佩達斯是他們的戰士典型，是定義球隊的巨大影響力。

二〇一四年的明星賽開戰之際，運動家隊已創造史上佳績。當然，這不全是塞佩達斯的功勞。運動家隊人才濟濟，那一年除了塞佩達斯，他們另外派出五名球員參加明星賽：賈許・唐納森、德里克・諾瑞斯（Derek Norris）、布蘭登・莫斯、史考特・卡茲米爾（Scott Kazmir）與尚恩・杜列特（Sean Doolittle）。毫無意外，塞佩達斯拿下全壘打大賽的冠軍，成為一九九九年小葛瑞菲（Ken Griffey Jr.）之後，第二個連續兩年在全壘打大賽中奪冠的球員。

緊接著運動家隊投出震撼彈。七月三十一日，運動家隊把塞佩達斯交易給波士頓紅襪隊，換來波士頓的明星投手喬恩・萊斯特。運動家隊的大膽之舉，贏得棒球界多方讚賞。因為有好投手才能在冠軍賽勝出。二〇一二與二〇一三年，運動家隊都在第一輪季後賽就慘遭淘汰。也就是說，儘管塞佩達斯能幫我們挺進季後賽，但無法贏到最後有什麼意義？

因此，照理說這場交易完全合理。但對球員來說是另一回事。

那個球季的頭四個月塞佩達斯還在，運動家隊贏了六十六場比賽。他離開後球季還剩兩個月，他們只贏了二十二場比賽。最後的四十五場比賽，他們輸了三十場。從創造史上佳績，變成連分區賽都贏不了。頭四個月，明星賽球員莫斯擊出二十三支全壘打，打擊率〇．二五九，打點七十二分。後兩個月擊出兩支全壘打，打擊率〇．一六二，打點九分。唐納森從二十三支全壘打、打點七十六分，退步成六支全壘打、打點二十二分。

嚴重退步的原因，可能是受傷導致球員回歸職棒平均水準。但隊友一致認為，是塞佩達斯的關係。

「我心中毫無疑問，」達拉斯．布雷登（Dallas Braden）說。他曾是運動家隊的球員，現在是棒球評論員。「運動家隊失去了戰士，其他球員試著彌補這個巨大缺憾。「他們恨不得打出我稱之為『五分全壘打』的球，進行不可能辦到的戰術。於是表現開始一落千丈。」

後來運動家隊以外卡身分晉級，但馬上就輸給皇家隊。

「塞佩達斯有明星的光環，」一位運動家隊內部人士說，「每個人都感受得到。他離開後，莫斯跟唐納森一蹶不振。他們原本覺得：『莫斯在我前面或後面打擊，我很安心。我們不會有問題。』主要是心理層面的影響。他是球隊的心臟與靈魂。老實說，

（那支球隊）後來消沉了好幾年。」

戰士典型必須有連勝紀錄。就算不是職棒，最好也要有高中或大學的佳績。每個偉大的球隊，都需要知道如何獲勝的球員。對二〇一〇年的巨人隊來說，派特・布瑞爾功不可沒。他帶著他在邁阿密大學與費城人隊的冠軍賽經驗，加入巨人隊。他告訴隊友如何應付壓力、舒緩緊張。

有一位球團總經理告訴我，他曾在交易期限日換進一位有實力的外野手，希望他幫球隊挺進季後賽。結果事與願違。「那次交易後，我們做了很多省思，」這位總經理說，「我跟另一位總經理聊過，他在這名球員是自由球員時簽下他。我問他：『你覺得問題出在哪兒？』他說：『他不知道怎麼贏球。他非常傑出，但他不會贏球。』我說：『你知道嗎，你說得對。』」這位總經理因為聽說曼尼・拉米瑞茲（Manny Ramirez）是破壞者，因此沒有簽下他。道奇隊簽下拉米瑞茲，結果他帶著道奇隊殺進季後賽。

諧星（The Jester）

諧星典型擅長變形。他可以像火花典型一樣激勵隊友，像警察典型一樣指出破壞行為，像夥伴典型一樣凝聚情感。他可以用時機恰到好處的惡作劇消除緊張，來回開玩笑促進友誼，用巧妙的逗弄舒緩焦慮。因為他開的玩笑不會觸怒對方，所以他幾乎可以對每個人有話直說。他就算射出最鋒利的箭，也不會留下傷疤，因為用幽默包裹的指責最不傷人。真正有天賦的諧星典型，能發揮比戰士典型更強大的團隊影響力。珊提・費德（Shanti Fader）寫道：「弄臣的力量，在於使他有別於傳統英雄形象的那些特質：謙卑以及願意支持他人，而不是直接追尋權力與榮耀。[5]」團隊不是由同等能力的成員組成。但若要發揮默契，必須要有平等意識。我在前面提過，吐槽文化能打破藩籬。諧星典型巧妙地挖苦領導者，以及領導者願意接受挖苦，這兩種情形都傳遞出同舟共濟的訊號。領導者有機會展現風度、展現他是團隊的一分子，這令他更加親民，亦即成為更好的領導者。

每支球隊都會發展出屬於自己的內部笑話跟玩笑，為此定調的正是諧星典型。這些笑話就像試金石，一整個球季在球隊裡不斷重複，只有這支球隊的人聽得懂。它們變成球隊認同的重要成分，是區分外部人士與內部成員的標準。每當球員說出當下正流行的笑話，就是在強化彼此間既存的信任感。吐槽變成一種測驗：你能接受嗎？還是會生氣不爽？你是我們的一分子嗎？少了幽默，球隊無法正常運作。幽默鞏固了球員的團體歸屬感，使他們團結成一座小島。唯有對彼此足夠信任，才能接受嘲弄與吐

5 Shanti Fader, "A Fool's Hope," *Parabola Magazine* 26, no. 3 (2001): 48–52.

槽的真實本質：它們代表接納，甚至代表感情。

諧星典型逗人發笑的天賦，會把人凝聚在一起，這是其他方式做不到的。據信人類先會笑，然後才有語言。笑聲有其專屬的音域，跟說話不一樣。笑主要發揮社交目的，建立人與人之間的情感連繫。范德比大學的心理學學者喬安・巴裘洛斯基（Jo-Anne Bachorowski）寫道，「齊聲歡笑時，笑聲就像管弦樂團的各種樂器互相配合。」〔6〕好朋友之間尤其明顯。個別的笑聲開始重疊和轉變，最後不同的聲調漸漸模仿彼此。巴裘洛斯基相信，笑聲加強他們對彼此的感情。

牛津大學演化心理學家羅賓・鄧巴研究過獮猴互相梳理毛髮的行為，他把笑形容為「遠距梳理毛髮」，這在人類與低等靈長目中都適用〔7〕。笑具有傳染力。笑是鏡像模仿的終極範例。當我們看見或聽見別人在笑，我們也會想跟著笑。看到別人捧腹大笑時，你可以試試壓抑想笑的感覺〔8〕。大腦使我們感受到對方的歡笑。

開懷大笑能淨化身體。大笑時，空氣被擠出肺部，心跳和血壓都會變慢，（又稱為「快樂荷爾蒙」的）多巴胺會充滿大腦。我們感受到更強烈的情感聯繫與信任，更放鬆也更樂觀，這種生理與情緒狀態有助於高效表現。

馬克・埃斯是加拿大威爾弗里德・勞雷爾大學（Wilfrid Laurier University）的教授，研究團隊表現的心理學基礎。我訪談他的那天，這張人格特質典型清單尚未定案。我感興趣的部分是凝聚力如何影響表現。當我提到這七種典型時，我們的對話漸漸轉向。我聽見他輕聲笑了起來。原來他正在研究相同的內容，他也列了張清單，他稱之為球員的「非正式角色」。

在其他研究者的協助之下，埃斯分析了二〇〇四年一月到二〇〇五年十二月的每一期《運動畫刊》〔9〕。他們列出各種角色，然後諮詢了一組教練和運動員，歸納出十二種角色：癌細胞（cancer）、分心者（distractor）、裝病者（malingerer）、火花（sparkplug）、執法者（enforcer）、導師（mentor）、非語言領導者（nonverbal leader）、語言領導者（verbal leader）、合群者（team player）、明星（star）以及活動組長（social convener）。埃斯強調這是初期結果，很可能會在未來的研究中進一步修改。但我們都覺得這兩張清單如此相似很有趣。「不只是體育團隊，在各式各樣的團體中，都有人驚喜地說：『沒錯，我認識

6 Dacher Keltner, *Born to Be Good: The Science of a Meaningful Life* (New York: W.W. Norton, 2009)

7 Robin Dunbar, "The Social Role of Touch in Humans and Primates: Behavioural Function and Neurobiological Mechanisms," *Neuroscience & Biobehavioral Reviews* 34, no. 2 (2010): 260–68.

8 看看這支笑聲會傳染的影片：https://www.youtube.com/watch?v=kHnRIAVXTMQ。我光是想到就覺得已經哈哈大笑。

9 Cassandra J. Cope et al., "Informal Roles on Sport Teams," *International Journal of Sport and Exercise Psychology* 9, no. 1 (2011): 19–30.

這樣的人。』」埃斯說。

道奇隊總教練戴維·羅伯茨也有相同反應。「老將尤特力（Chase Utley）跟艾利斯是聖賢，」他說的是二〇一六年的道奇隊，「席格（Corey Seager）是小孩，克萊頓（Clayton Kershaw）是英雄。至於警察……我會說是透納（Justin Turner）。安德里安·岡薩雷斯有點像激怒型警察，因為他會故意說些激發情緒的話，不過是用關愛的語氣。我們的諧星是普伊格跟費南德茲（Enrique Hernández）。詹森（Kenley Jansen）有點像夥伴。他像一隻巨大泰迪熊，大家都愛他。前田健太也是。」

羅伯茨接著又對照了二〇〇四年的道奇隊球員：米拉（Kevin Millar）是諧星，米瑞貝利（Doug Mirabelli）和瓦瑞泰克（Jason Varitek）是警察。韋克菲德（Tim Wakefield）是聖賢。歐提茲與曼尼·拉米瑞茲是戰士。阿洛尤（Bronson Arroyo）是小孩。里茲（Pokey Reese）是夥伴。

邁特·威廉斯也對照了二〇〇一年贏得世界大賽的響尾蛇隊。他跟斯托特麥爾（Todd Stottlemyre）是警察。（他舉了個例子：有一次新隊友桑德斯（Reggie Sanders）站在本壘板上，欣賞自己擊出的全壘打飛向看台。威廉斯在場邊休息區的第一層樓梯上等他。「打得漂亮，」威廉斯說，「但下次他媽的別停在本壘板上。」）岡札列茲（Luis Gonzalez）是戰士。德魯奇（David Dellucci）和包提斯塔（Danny Bautista）是小孩。芬利（Steve

Finley）是火花。寇布朗（Greg Colbrunn）與康塞爾（Craig Counsell）是諧星。

同樣的情況一再出現。球員和教練指出球隊裡的各種人格典型。但是，聰明的總經理真能一眼認出諧星典型或火花典型嗎？出現這幾種典型，是否只是偶然？

我請教了班．契林頓（Ben Cherington）。二〇一二年的紅襪隊，是一支愛吵架又自負的墊底球隊，契林頓把這支球隊變成世界大賽冠軍。他讓球隊薪水最高的三位明星球員走人，找來幾個所謂「以個性取勝」的球員。契林頓認為球隊會變得更好（反正不可能更糟了，對吧？）但是他沒料到那年十月他會噴了一身香檳。

二〇一七年我跟他通了電話，他當時是多倫多藍鳥隊的營運副總裁。他二〇一五年離開紅襪隊，然後在紐約哥倫比亞大學的領導力學程教了一門課。他的課程表上，有一堂課的名稱使我相當驚訝：

「高能團隊與失能團隊，以及團隊默契。」

契林頓只在紅襪隊待了一年。這支球隊熱衷於賽伯計量學，甚至雇用了賽伯計量學之父比爾．詹姆斯。詹姆斯快速發揮深遠影響。兩年後，紅襪隊贏得睽違八十六年的世界大賽冠軍，後來又分別在二〇〇七年與二〇一三年奪冠。契林頓雖然全盤接受數據分析，但他不像典型的、有數據狂熱的常春藤名校畢業生。他在新罕布夏州的小鎮長大，從小到大身旁有很多作家與思想家，他智識養成的領域並非經濟學與金融，而是文學與人文科學。他的外公是得過普立茲獎和美國國家圖書獎的詩人。爺爺在哈佛教書，並曾加入尼克森總統的內閣。他就讀阿默斯特學院（Amherst College）時是棒球校隊，主修英文，專攻英國文學。因此，雖然他相信數據分析能提供更深層、更準確的比賽樣貌，但他也知道人類有多麼難以預測。暴躁與情感，仁慈與背叛，自私與慷慨，這些事情也有意義。契林頓不知道如何測量這些因素的影響力，所以他在哥大開的課是為了探索團隊默契，而不是說明團隊默契。

「當你身處在有強烈情感連繫的群體，觀察到它的總產出超越個體產出的總和，顯然有古怪，而且這種影響確實存在，」他說，「默契出現時，很容易就能觀察到。難的是預測它會不會出現。我不知道如何預測默契。」

有些人以為，他在二〇一三年簽下岡姆斯、羅斯、德魯（Stephen Drew）、納波利（Mike Napoli）、維克托里諾、上原浩治、丹普斯特（Ryan Dempster）、卡普（Mike Carp）與皮維，是因為他已破解默契密碼。其實不然。契林頓說，當時他以兩個條件尋找最有實力的球員。第一個條件是滿足球隊需要的守備位置，第二個條件是薪水與合約長度在球隊的預算內。兩個條件都符合了，才考慮個性。至於人格典型？他想都沒想過。他只聽過古典文學和榮格心理學裡的典型。重組後的紅襪隊抵達位於佛羅里達州麥爾士堡（Fort Myers）的春訓基地後，契林頓很快就看出這支球隊跟去年不一樣。球員在餐廳用餐時，他走過桌旁聽見他們討論剛才的訓練情況，或是明天怎麼做才能改進。他會聽見羅斯詳細說明某一場春季賽，因為這或許對開幕賽那天對戰洋基隊有幫助。

「他講話完全沒有老師上課那種高高在上的感覺，」契林頓回憶道。

五月份，紅襪隊碰到瓶頸。契林頓發現丹普斯特「掌握喜劇般的時機與技巧，適時幫隊友紓壓，逗得大家開懷大笑、不再緊張」。

羅斯是聖賢典型，丹普斯特是諧星典型。維克托里諾與克雷・巴霍茲（Clay Buchholz）也是諧星典型。其他球員也各自找到自己的角色。這完全出乎契林頓的預料。他無法以此邀功。

「那支球隊的故事，以及它的建立方式（由個性好的球員所建立），不是我們刻意做什麼的結果，」他說，「是球員寫下自己的故事。」

我對團隊默契最初的想像，跟化學作用差不多。球員是週期表上的元素，每個球員都有獨特的行為與特性，就像化學元素一樣。但人類不是週期表上的元素。人類的行為與特性不只會隨著年齡、健康狀況、經驗而年年改變，也會為了回應身旁的人而時時調整。在這支團隊裡的我們，不是那支團體裡的我們。潘斯在二〇一二年的巨人隊是火花典型，但他在之前待過的球隊從未扮演過這個角色。

我現在相信，默契絕佳的團隊會展現自己的需求。我認為可能是這樣運作的：

在默契絕佳的團隊裡，每個球員都積極想為獲勝貢獻一己之力。他們在球場上的角色是被指派的：投手、捕手、外野手。但他們在球員休息室裡的角色不是。他們必須自己找出來。從隊友散發的訊號去推測，要看隊友最重視他們的什麼特質。也許是能逗大家笑，這使他們大腦裡的酬償中樞變得活躍。於是他們設法再次讓隊友開懷大笑。一而再，再而三。隊友在無意識的情況下，告訴他們應該發揮什麼作用。諧星就此誕生。這樣的情況在球隊裡不斷發生，以此類推，球員一一找到適合自己的人格典型，有些人甚至找到不只一種。

他們不知道自己正在角色扮演，而是直接去做。生理狀態（洶湧的催產素與多巴胺）驅使他們自然而然地做這件事。

6 只有彼此 Just Us

塔拉・凡德維爾（Tara VanDerveer）剛回到位於帕羅奧圖（Palo Alto）的家，她拆開行李時看到一個箱子。她抱起箱子，走向後院露台，把它放在室外桌上。箱子裡是一組酒杯。凡德維爾是美國女籃國家代表隊的教練，她們剛打完在澳洲舉行的一九九四年FIBA世界盃籃球賽[1]。她在澳洲抽到這組紀念品。她從箱子裡拿出一個漂亮的酒杯，用力摔在水泥地板上。她一個接著一個摔，直到所有酒杯都成了碎片，散落在杜鵑花盆栽旁。

她的球隊輸了準決賽，而且輸得很難看。她們讓巴西隊拿了一〇八分。從雪梨回美國搭了十四個小時的飛機，完全沒有平息凡德維爾的怒火。賽前，她們在史丹佛大學練習了兩週。凡德維爾在這裡打造了全美最成功的籃球訓練營。她安排了一天兩次

1 譯註：國際籃球總會（Fédération International de Basket-ball），簡稱FIBA。

累人的體能訓練，以及令人喘不過氣的緊湊戰術，有些資深球員對此興趣缺缺。凡德維爾反覆提醒她們要用「五人福音」戰術（gospel of five）：五名球員利用走位故意露出破綻，像下棋一樣設置陷阱。但她在澳洲看到的情況，卻是明星球員徹底無視她的計畫，只想靠自己蠻幹贏得比賽。凡德維爾在場邊氣得差點中風。以前或許能靠滿腔熱血贏得國際比賽，但現在已是一九九四年。其他國家已經追趕上美國。凡德維爾看到一支沒有紀律、懶散又脆弱的球隊。

在準決賽輸給巴西已經夠糟糕，居然還輸得**那麼慘**？比賽結束後，凡德維爾寫了一封語氣尖銳、長達四頁的信給球員。「莎士比亞說：『肚子餓的獅子，獵食技術最好。』……做為一支美國球隊，我們拒絕面對現實。我們驕傲自大，卻實力不足，」她寫道。接下來的幾個月，她每天早上去史丹佛大學上班前在跑步機上跑步時，都會再看一次輸給巴西那場準決賽的影片。她反覆播放那支影片，直到每一次急躁的投籃、粗心的失誤和錯失的籃板球，都深深刻印在她的記憶中。

特瑞莎·愛德華茲是經驗豐富、戰績輝煌的籃球選手，澳洲的失敗也對她造成打擊。她知道凡德維爾不喜歡她，但是她不知道原因。該生氣的人**是她**才對吧。在史丹佛受訓時，凡德維爾經常對她大吼大叫：怎麼跑、怎麼投籃、怎麼傳球。這位女士有什麼毛病？愛德華茲參加過兩次四強賽、三屆奧運和兩屆ＦＩＢＡ世界盃。她在喬治亞州的小城凱羅（Cairo）長大，從小就跟四個兄弟一起在霍德公園（Holder Park）打籃球。她的人生只有籃球。現在她三十歲了，在歐洲職籃打了八個球季。她不是凡德維爾手下的大學女籃選手。有時候她會朝教練發脾氣。為什麼要做這麼多跑步練習？為什麼明明有機會出手，卻要傳球？她和隊友都知道自己在幹嘛，而且大家都很認真。比她更專注、更好勝、更注重團隊的運動員，愛德華茲認為還沒出生。但是當她們輸給巴西之後，凡德維爾似乎認為是**她的錯**。愛德華茲沒有回覆教練長達四頁的信。

時隔將近一年，兩人才再次相見。

那是一九九五年的春天。位於科羅拉多州科羅拉多泉（Colorado Springs）的奧運訓練中心，體育館的硬木地板發出球鞋摩擦與踩踏的聲響。這是為期一週的奧運選拔會，二十四位候選人最後將剩下十一位組成國家代表隊。（第十二位後來加入。）愛德華茲很好認。她是場上最樸素的球員。紮得很緊的玉米辮從髮際線延伸到後頸根，然後分散成短硬的小辮子。在一群忙著做假動作、旋轉、傳球炫技的球員之中，她踩著從容到近乎慵懶的步伐。若是換做另一個人，這會讓人覺得態度漠然，但是她的沉靜帶著一股狠勁，威風凜凜、望之生畏。假動作和漂亮花招她都會，但她更喜歡效率與沉著。她平靜無波的眼神，讓人一看就知道她已經曉得如何打敗你。據說她通過選拔十拿九穩，這會是她第四次參加奧運。在美國，無論是男籃或女籃都前所未見。

愛德華茲和其他選手都知道，這支球隊跟過往的奧運代表隊不一樣。她們必須放下原本的生活一整年，離開家人，放棄職業球隊的薪資。凡德維爾也必須放下史丹佛的教練職位，她已帶領校隊贏得兩次全國冠軍。她們只有一個目標：奪得一九九六亞特蘭大奧運的女籃金牌。美國的籃球代表隊，向來只花幾個星期準備奧運。美國籃球協會（USA Basketball）想讓這群女籃選手有充足的時間磨合，成為一支真正的球隊。這是長達一年的團隊默契實驗。

來到科羅拉多泉的籃球場，愛德華茲心情緊張。暖身投籃的休息時間，她的目光不自覺地飄向場邊。奧運教練凡德維爾就站在場邊，脖子上掛著銀色大哨子。她緊皺的眉頭、戒備的眼神，都令愛德華茲相信她還沒忘記澳洲的恥辱。愛德華茲擔心凡德維爾會刷掉她。

凡德維爾也往愛德華茲這裡短暫看了一眼，然後就緊盯著另外二十幾個充滿希望的選手：她們的校隊球衣已被大學收回，贏過NCAA冠軍，在國外職籃大放異彩，手上握有高額球鞋廣告合約，在FIBA世界盃和奧運都拿過獎牌。凡德維爾要找的球員除了有實力，也必須相信她的訓練計畫。如果她們要一起受訓和旅行一年，並且奪得金牌，這一點至關重要。美國籃協禁不起讓凡德維爾帶一個拖球隊後腳的選手去奧運，不管她的球技有多厲害。教練清楚知道，球技超凡不保證能獲勝。

曾經稱霸世界的美國女籃，成績持續下滑將近十年。除了一九九四年在澳洲輸了FIBA世界盃，還有一九九一年的汎美運動會。但輸了一九九二年的奧運，最是令她們痛苦。這一次除了拿回金牌，還有一個非贏不可的原因。一支強大的奧運代表隊，加上一整年的電視訪問、簽名會、雜誌封面、電視廣告、看板廣告等行銷活動，有助於催生職業女籃聯盟。這對推廣美國的女子籃球來說，是早就該跨出的重要一步。因此美國籃協需要這支隊伍抓住大眾的想像力，讓美國人知道，女子籃球的發展已超越大學程度。

凡德維爾對行銷活動沒有興趣。她只在乎獲勝。**橫掃千軍**。為達此目的，打造一支女籃史上狀態最好的球隊，是她的首要之務。如果這次她們沒有獲勝，不會是因為她們力氣不夠、努力不夠或耐力不夠。

這也是她對愛德華茲如此冷淡的原因之一。像她這樣的老將，已不習慣嚴格的重訓和體能調整。這些事，以前她們打大學校隊時做得不多。國外的職籃紀律散漫，她們更不可能自主訓練。

愛德華茲擔心教練淘汰她很合理，因為教練確實不想收她。但教練沒有決定權，美國籃協決定讓愛德華茲入選，所以她還是進入了代表隊。

• • •

刺骨寒風吹在球員臉上。時間是十月初，選拔會四個月後。在鷹景中學（Eagleview Middle School）後方的紅土跑道上，十一名球員把外套的拉鍊都拉高到下巴的位置。這裡距離科羅拉多泉的奧運訓練中心約十六公里。凡德維爾短暫考慮過換去室內跑道，或乾脆改變集訓日程，但是她很快就改變了主意。天氣這麼冷正好。她想花一年的時間讓她們一起吃苦。

選拔會結束後沒幾天，她們已經稍微體會到教練的打算。她們在華盛頓特區的杜勒斯國際機場集合，先飛去立陶宛再轉往義大利，跟幾支歐洲球隊對戰。還沒上飛機，凡德維爾就叫蕾貝卡．洛博拿上行李回家。代表隊有明確的服裝規定，包括襪子、襯衫、運動內衣、腕帶跟頭帶，力求外觀整齊劃一。其中一條規定是搭飛機不准穿露趾鞋。凡德維爾對於搭飛機特別緊張，她擔心火災或碎玻璃弄傷球員的腳。洛博是辛辛那提大學校隊的球星，也是美國代表隊最年輕的球員，她到機場時腳上穿著涼鞋。洛博急忙找鞋，幸好一位隊友的手提行李裡有一雙十二號球鞋，教練才允許她上飛機。

任何想要明星待遇的球員，很快就會遭到指正。代表隊搭經濟艙，兩人一房，自己搬球隊的八十七件行李與設備。每人每天的餐費都是三十五美元。立陶宛的二星飯店床很小，很多球員睡下時腳都伸出床外。

從神經科學的角度來說，凡德維爾與美國籃協用了最好的方法，把十一位明星球員凝聚成一支團結的球隊。我問研究催產素與信任的神經經濟學家保羅・札克，他會如何在體育隊伍裡培養信任感，他描述的方法幾乎跟凡德維爾一模一樣。

「一定要提供壓力源，」他說，「有一點辛苦比較好。也許兩天重訓一次。還有隔離，不能跟家人見面。這是新兵訓練營。一起吃苦，互相扶持。我們放下陰險算計，專注在真正重要的事情上。也就是保持顛峰體能、團結合作、維持情感連繫到每個隊員都只想著『我們』。」

他繼續說明。「我必須和你一起培養信任感，問題是哪一種作法最有效率？我只知道一種方法，高壓力源與隔離。這是軍方的作法。也許有其他我不知道的方式，但這似乎是最有效的作法。」

去過立陶宛跟義大利之後，球員飛回美國過暑假。凡德維爾立刻展開體能調整計畫。每位球員都有專屬的每日訓練表。她們必須把每天的運動內容，記錄在附於訓練表的表單上。凡德維爾認為手寫紀錄跟訓練本身一樣重要。她相信注重細節不單是紀律的表現，也是一種考驗。這反映出球員對球隊的使命感有多強。

暑假結束，球員回到科羅拉多泉。只有四名球員確實完成每日訓練，每張表單都填上紀錄。愛德華茲是其中之一。

此刻站在中學後方的刺骨寒風裡，她們擺動手臂和雙腿，跳躍，拉筋。凡德維爾與兩位助教手裡拿著碼表。八圈，三．二公里。球員各自有不同的時間限制。開始跑步。山區空氣稀薄，她們跑得氣喘吁吁。就連狀態最好的球員也跑得比平常慢些。三名球員沒有達標，必須在練習和重訓的空檔重跑一次，跑到達標為止。這三個人都沒有完成暑期訓練。因此除了重跑，她們每天都得在黎明時分起床，跟另外四位沒完成的球員一起補足暑期訓練。

私底下，凡德維爾相當滿意。她很早就為訓練定調：沒有捷徑。在籃球場來回短跑時，球員的手必須確實碰到底線，不能只是揮過。凡德維爾的聲音如同汽車警報器般，在她們的耳邊迴盪一整天。「快！快！快！」她高聲喊叫，拍手，吹哨子，大聲糾正和指示球員。「手掌舉高！手掌舉高！」就連喝水的休息時間，也不是真正的休息：「給我慢跑！」

體能訓練結束，在雙腿肌肉痠痛、全身大汗的情況下，她們接著打練習賽，為了搶球彼此碰撞、掩護、傳球、抓籃板。「身體壓低！身體壓低！跑起來！跑跑跑！」凡德維爾大喊。就連肌肉發達的露西．波頓（Ruthie Bolton）結束一天的訓練後，也是渾身汗水淋漓。「如果你沒有至少萌生退意三次，表示你不夠努力。」她回想那段日子時這樣說。

她們每天練球兩次。每週一、三、五重訓多加一小時。每天傍晚各自回到位於科羅拉多泉的公寓。愛德華茲與卡翠娜・麥克連恩（Katrina McClain）是好友，但其他人大多只是同事，沒有私交。她們跟NBA球員不一樣，幾乎沒機會一起打球。國外職籃通常只會雇用一名美國球員。因此在科羅拉多泉集訓時，下班後她們不會聚在一起。晚上她們打電話跟親友聊天、看電視或看書，然後上床睡覺，隔天重複相同的訓練。

凡德維爾原本很氣愛德華茲入選代表隊，但是後來她想通了。她把過去一筆勾銷。每個球員都應該有改過自新的機會。暑期休假時，凡德維爾打電話給住在亞特蘭大的愛德華茲，祝她生日快樂。她們聊得很愉快。「明年的今天，我們將走進奧運體育館，」教練說。其實她並不討厭愛德華茲本人；她欣賞愛德華茲的聰明與積極。愛德華茲曾告訴她，大學時每年暑假她都會去工廠打工，那是她母親工作了一輩子的工廠。那段日子很苦。所以愛德華茲集中精神，一定要拿到大學文憑。她從喬治亞大學畢業後，拿到歐洲職籃聯盟的巨額合約，一拿到足夠的錢就幫母親買了新房子。

儘管如此，凡德維爾依然擔心，愛德華茲改不了與教練合作的既定模式。十月開始集訓之後，她擔心的問題逐漸浮現。她們與烏克蘭隊打練習賽時，凡德維爾看見她不傳球就直接投籃，不遵循戰術設計，一個人蠻幹。換句話說，她又落入澳洲的輸球模式。凡德維爾把她拉到場邊，大發雷霆。愛德華茲只是靜靜地聽，沒有說出心中的想法。如果愛德華茲是凡德維爾見過最頑固的球員，反之亦然。她們的個性很相似。認真、熱情、樸實。加入國家代表隊使她們名氣加身，但這兩個人絲毫不像名人。她們是為籃球和金牌而戰。

就算她們並未完全信任對方（確實沒有），至少都在對方身上看到自己最炙熱的渴望：贏球。

• • •

十一月的第一天，凡德維爾帶著代表隊，在亞特蘭大的威斯汀飯店門口上了巴士。她們來這裡跟喬治亞大學的校隊比賽。她們將與各大學的校隊打二十場巡迴賽，這裡是第一站。「這個瘋女人今天又想做什麼？」一位球員低聲嘟噥。巴士開上桃樹街（Peachtree Street）。幾分鐘後，巴士開進喬治亞巨蛋體育場的卸貨區。體育場已為亞特蘭大獵鷹隊的美式足球賽做好準備。凡德維爾帶她們走到五十碼線。「我帶你們來看一下你們即將贏得奧運金牌的地方。」她要球員想像籃球場、記分板與觀眾。她希望把贏得金牌這件事，從抽象的概念變成具體的經驗。

體育場經理告訴她們，奧運期間體育場會隔成兩半。一半是體操場地，另一半是籃球。他帶著球員往右邊走了幾碼，說道：「這裡，會搭建金牌頒獎典禮的領獎台。」

球門區的巨型螢幕突然亮起來。柯林頓總統在美國國旗的背景前，說舉辦一九九六年奧運會令他深感榮幸。緊接著是過往奧運的精彩時刻：喬伊娜—克西（Jackie Joyner-Kersee）跳進跳遠沙坑，雷頓（Mary Lou Retton）跳馬後落地，路易士（Carl Lewis）衝過終點線。當音響傳出《天佑美國》（*God Bless America*）的樂聲，球員與教練都熱淚盈眶。凡德塞爾告訴她們，現在的付出有更崇高的意義：為將來的每一位女性籃球員提升女籃地位。

接著，代表隊集訓主任卡羅．凱蘭（Carol Callan）從手提箱裡拿出一個扁型木盒。裡面是她向愛德華茲借來的兩枚奧運金牌，借的時候，她沒有說明原因。凡德維爾要她們都看一看、摸一摸這兩枚金牌，因為她們也有機會在這個地方，贏得屬於自己的金牌。她們輪流把金牌掛在自己的脖子上。有幾個人戴上後高舉雙手，彷彿已經站在頒獎台上。她們擁抱彼此。

「我每次說到這件事都很想哭，」波頓說，「塔拉告訴我們，『這可能會改變女籃。一定很辛苦。當你想要放棄時，請想想這一刻。』非常感動。我們心中都許下承諾，只是當時並不自知。」

• • •

我們都知道使命感會影響表現，卻不重視這件事。正因如此，教練不會在休息室跟球員談數據分析、體能調整或實力，但這三樣東西都對勝利至關重要。巨人隊總教練波奇特別擅長激勵球員，會使球員相信自己是為了更崇高的意義打球。波奇不常訓話，也沒什麼演講天分，但是他的聲音很迷人：低沉緩慢，像騎著馬悠閒漫步的牛仔。他不是那種從邱吉爾演說選集裡尋找靈感的講者。但是口才上的不足，他以說服力來彌補。

舊金山巨人隊二〇一〇、二〇一二與二〇一四年在世界大賽奪冠之前，都有波奇史詩般的精神訓話。

二〇一〇年，巨人隊整個球季都在追趕重振旗鼓的教士隊，最後終於在九月趕上他們。或者應該說，他們是互相追趕。今天是巨人隊拿下第一名，明天又變成教士隊。球季只剩下兩個星期時，巨人隊落後教士隊一．五場勝差。在道奇體育場進行打擊練習之前，波奇召開球隊會議。他們即將連打三場球賽。他先稍微介紹了威廉．華勒斯（William Wallace），十三世紀的蘇格蘭英雄，率領衣衫襤褸的軍隊對抗強大的英軍。

「孩子們，」他說，「你們迎戰的這支球隊已開始動搖。這是屬於你們的時刻。」

波奇用推車推了一台電視進休息室，然後按下「播放」鍵。螢幕上出現梅爾・吉勃遜（Mel Gibson）在電影《梅爾吉勃遜之英雄本色》中扮演的華勒斯，他召集麾下士兵，要他們把握這歷史性的一刻。「你們願意戰鬥嗎？」吉勃遜向他們提出挑戰，最後說出經典名言：

「他們可以搶走我們的性命，」吉勃遜對歡呼的士兵大聲說，「但他們永遠搶不走我們的**自由！**」

以棒球賽來說，這似乎有點過度激情。有些球員確實覺得這部電影很做作。但是從那一天到球季結束，到他們跌破眾人眼鏡初次贏得世界大賽的那一天，只要有好事發生，場邊休息區就會響起「自由！」的呼喊聲。

二〇一二年，波奇把球員比喻成基甸的軍隊。巨人隊在五戰三勝的分區賽以二比〇落後紅人隊。在非勝不可的第三場比賽前，波奇把球員聚集起來。他先引述了過去類似的逆轉勝情況：一九八四年他自己在教士隊打球時，教士隊連勝小熊隊三場，挺進世界大賽；紅襪隊連勝洋基隊四場比賽，贏得二〇〇四年美聯冠軍賽；運動家隊大勝遊騎兵隊，在二〇一二年的分區賽勝出。波奇承認他們火力不足，跟紅人隊打了十八局比賽只得了兩分。但他們可以靠狡計和技術獲勝。接著，他就說了《舊約聖經》的一個故事。

基甸是個農夫，上帝挑選他率領以色列人去對抗強盛的米甸人（Midianites）。他有三萬兩千名志願軍，但上帝要他去蕪存菁，只留下最勇敢、最聰明、最無私的人。篩選完之後，只剩下三百人。這三百人戰勝了十萬個米甸人。波奇說完之後，潘斯深受感動。他從座位上站起來，說了那段著名的「為彼此而戰！」精神喊話。這句話後來成了季後賽的隊呼。

這才是令我們為之傾倒的部分，那種為非凡成就盡一分力的興奮感。團結起來的我們所向披靡。我們的內心會有一種圓滿的感覺：這一刻跟這群人一起為這個目標努力的你，很完美。

那天晚上，巨人隊在前面九局只打出一支安打，但是在延長賽擊敗紅人隊。接下來兩場比賽也贏了，晉級國聯冠軍賽，對上紅雀隊。這次他們再度出師不利，接下來必須連勝三場才不會出局。他們在這兩個系列賽，總共贏了六場攸關生死的比賽。不過到了世界大賽，他們以直落四的成績打敗底特律老虎隊。

二〇一四年的世界大賽，巨人隊與皇家隊打到第七場。前一天皇家隊才以十比〇痛宰巨人隊。自一九七九年以來，世界大賽從來沒有一支球隊，在第七場比賽是客場的情況下獲勝。這次波奇沒有告訴球員任何故事，只是要他們別忘了自己的能耐。

「要不是邁克在對聖路易時打出那支全壘打，我們就不會在這裡，」他指向代打球員邁克・莫斯（Mike Morse）。「布蘭登，還記得你在匹茲堡的那支全壘打嗎？也是客場。你們原本以為自己辦不到。」他一一點名，提醒每位球員記得自己這一路上的表現。他指著哈德森，眾人愛戴的老將，球隊的聖賢典型。這是哈德森的最後一個球季，他從沒打過世界大賽，更別說在世界大賽奪冠了。結束前，波奇要他們凝視身旁隊友的眼睛。他們都知道做為男人和球員，自己是什麼樣的人，他說。他們也知道自己將代表歷史、代表社會、代表彼此實現怎樣的成就。

「他讓我們看見獲勝的希望，」那一年的巨人隊投手皮維說，「因為他真心相信，所以我們也願意相信。那一刻我們團結無比。每個人都充滿鬥志。上場的時間到了。我深信，那段話是我們贏得那場比賽的關鍵因素。」

最終，巨人隊以三比二獲勝。我們無法證明影響了那場比賽的，真是波奇的話，還是他們在世界大賽打的其他比賽。當然，有人相信「為更崇高的理想打球，能強化『渴望』因素（"want to" factor），」波奇說。可是，為什麼球員需要這種東西？世界大賽冠軍戒指的吸引力還不夠大嗎？那麼豐厚獎金呢？

物質獎勵做為行為動力，並沒有我們想像的那麼強大，尤其是錢。第一代麥金塔電腦的設計底定後，賈伯斯召集整支團隊，要這四十五個人在同一張紙上簽名。他們的簽名被蝕刻在後機殼內面，就像藝術家昭示作品所有權。購買這台電腦的人當然看不見這些簽名，但賈伯斯明白創造革命性的卓越作品，是支持他的團隊吃苦耐勞的動力，而他們的名字將永遠保存下來。

亞當．格蘭特（Adam Grant）是華頓商學院的組織心理學教授，他做過大量職場動力的研究。在他諸多知名研究中，其中一項他邀請了數千名主管解決某個職場問題[2]。當工讀生打電話遊說校友捐款（大部分用於設立獎學金），會因為工作內容枯燥且吃力不討好，所以士氣低落。校友經常直接掛電話或敷衍他們，學生逐漸失去工作熱忱，捐款也變少了。主管們提出各種提高生產力的點子：加薪、升職、口頭認可、食物與休假。但這些方法募款經理都試過了，沒有用。

格蘭特有不一樣的看法。他邀請一位獎學金得主來募款中心，簡短地告訴工讀生獎學金如何影響他的人生，以及他由衷感謝他們的努力。接下來短短一個月，工讀生打電話的時間，是一個月前的一．四二倍，募款金額是一．七一倍。格蘭特用其他組受試者進行了相同實驗，每一次都看到相同或更好的結果。「他們付出更多努力，但不是因為得到額外獎賞，」心理學教授貝瑞．史瓦茲說（Barry Schwartz），「只是加深了使命感[3]。」

一九九六年十一月的那一天，離開喬治亞巨蛋的十一位女籃選手都動力滿滿，想要贏得金牌。但奧運冠軍賽還要等九個月。激勵的保存期限有多久？團隊如何日復一日保有動力？我發現，答案是做不到。

崇高的意義雖然重要，卻不是長久之計。持久的動力近在咫尺：彼此。

這一點軍方知之甚詳。

並肩作戰的人是誰，比戰鬥的意義更加重要。正因如此，海豹部隊進行水下爆破訓練時，每個學員都會有一個海泳夥伴。他們無論到哪裡都如影隨形，即使是去食堂吃飯。要是有人被抓到沒跟海泳夥伴同行，他的夥伴會因為讓他落單而受到處罰。

「這不只是『情感連繫』的感覺良好效應，」退休將軍史丹利・麥克克里斯托（Stanley McChrystal）在二〇一五年的暢銷著作《美軍四星上將教你打造黃金團隊》[4]中寫道，「更是因為團隊成員對彼此了解得愈深入，表現就愈好。所有教練都知道，這樣的關係是成功關鍵。」[5]

他和軍方為何如此肯定，提升表現的就是情感連繫？我飛過整個美國，前往維吉

2 Adam M. Grant, "Employees Without a Cause: The Motivational Effects of Prosocial Impact in Public Service," *International Public Management Journal* 11, no. 1 (2008): 48–66.

3 Barry Schwartz, "Rethinking Work," *New York Times*, August 28, 2015, https://www.nytimes.com/2015/08/30/opinion/sunday/rethinking- work.html.

4 譯註：繁體中文版在二〇一六年由商周出版社出版。

5 Stanley McChrystal, *Team of Teams* (New York: Portfolio / Penguin, 2015), 96.

尼亞州的亞歷山卓（Alexandria）尋找答案。

• • •

史丹利．麥克克里斯托將軍雖已六十四歲，但身材精瘦不輸新兵。二〇〇九年他卸下阿富汗北約組織—美國聯合任務指揮官的任務，至今已十年。在那之前，他主掌國防部超級祕密黑色活動（super-secret black oprations）長達五年。他與其他資深指揮官不同，曾親自和部下一起出過數十次夜間突襲任務。他的小隊二〇〇三年捕獲海珊（Saddam Hussein），二〇〇六年擊斃蓋達組織領袖阿布．穆薩布．札卡維（Abu Musab al-Zarqawi）。

現在他恢復平民身分，或者該說近似平民的身分。他開的顧問公司叫麥克克里斯托集團（McChrystal Group），位於亞歷山卓綠意盎然的老城區。辦公室在一棟紅磚建物的一樓。他穿著休閒的上班族服飾，襯衫搭配卡其褲。不過襯衫是軍綠色，袖子整齊地捲到手肘以上，距離手肘約五公分；褲子也燙了軍人風格的褶子。短短的平頭看起來像剛剛修剪過。

他是軍人，家族的軍事淵源可追溯到美國內戰。他的父親、祖父與四個親兄弟，全是職業軍人。他的姊夫是軍人，他的岳父是軍人，妻子所有的兄弟都是軍人。軍隊一直是他的家，他二〇一〇年退休時，最割捨不下的，就是以軍隊為家的歸屬感。

「老實說，我們就是為了保留軍旅生涯的同袍情誼，才創業的，」他說。他們公司有九十個人，三分之一是他軍隊裡的朋友，包括他原本的士官長。

史丹利似乎到哪裡都能建立群體。他在耶魯大學教一門領導力課程，所以他在康乃狄格州的新哈芬（New Haven）有一個群體。這堂課有兩百五十人申請，他挑選二十個大學部與研究所的學生留下。他邀請這些學生進入群體的方式，是在他位於亞歷山卓的家裡舉辦派對。除了這二十名學生，出席這場派對的還有他結縭四十三年的妻子，以及修過這堂課的學長姊。「我們告訴學生，他們都將成為夥伴，」史丹利說。普通課程一堂課四小時，後兩個小時是在當地的酒館喝啤酒聊天。

史丹利連寫書都是團隊合作。《美軍四星上將教你打造黃金團隊》有三位共同作者，《領導力：迷思與現實》（*Leaders: Myth and Reality*）有兩位。

他有效率地帶我快速參觀新裝修好的總部辦公室。室內隔板牆很少，桌子與辦公桌在開闊的工作空間裡分布得像一張網，而不是方格式排列。沒有辦公隔間，封閉的辦公室也極少。工作空間的入口是一間大廚房，我們經過時，有幾位員工在長長的流理台旁聊天、吃午餐。這使我想起《美軍四星上將教你打造黃金團隊》描述的伊拉克戰爭反恐小組總部。巴拉德空軍基地（Balad Air Base）的主掩體內部隔間牆全數拆除，發揮神經中樞的功能，讓快速回應特遣部隊的各個分部保持密切聯繫與溝通，包括情報分析、作戰行動、軍民聯絡、監視與偵查、國防部律師、醫療人員等等。這個精心設計的實體空間，引導出史丹利所說的「據信存在於整體戰力中的緊急情報」。

史丹利的辦公室很小，而且距離廚房很近。裡面放了一張辦公桌，一把辦公椅和兩把客用椅，一個放書與活頁檔案夾的淺櫃，就差不多占滿所有空間。牆上沒有常見的那種跟總統與達官貴人的合照。唯一的裝飾品是一大幅翻印畫，畫裡有一群粗獷的一次大戰飛行員，他們一邊揮汗一邊背對著雙翼飛機往前走，笑著互拍隊友的背。送他這幅畫的，是他率領的特種行動部隊底下的第一支無人機中隊。

辦公室使用玻璃牆與玻璃門，不會阻礙史丹利看見工作空間。但是他通常會坐在助理辦公桌旁的軟墊搖椅上，進出廚房一定會經過這張搖椅。每個經過的人都會停下來問他問題或分享意見。情感連繫是史丹利的活力泉源。

見到他本人後，我發現他的眼神像個溫和的審訊者。他兩手交握放在辦公桌上，身體前傾，把注意力放在我身上，判斷我是怎樣的人。他的眼神也微微透露不耐煩，彷彿他正在心裡計算還要多久才能回去進行下一項任務，或是回去跟辦公室外的同事在一起。

史丹利說，他第一次意識到情感連繫的力量，至少就他記憶所及，是在打少棒的時候。他跟岡姆斯一樣喜歡跟大家穿相同的球衣、遵循相同的規則，他喜歡那種依賴隊友、隊友也依賴他才能獲勝的感覺。他出生在軍人家庭，家裡有六個孩子，他不知不覺就吸收了團隊思維。他家住在軍事基地裡，鄰居都是穿著相同軍服的男性（以及女性），每個人都屬於某一連、某一營或某一師。他的父親是西點軍校的畢業生。雖然「我們家的作風比較偏甘迺迪家族，會在草坪上玩觸式橄欖球，」他說，「但有時候你會感受到家人的凝聚力。」

他舉了一個記憶深刻的例子。一九六五年，他十歲。父親必須前往喬治亞州的班寧堡基地（Fort Benning）參加為期一週的訓練，為越南任務做準備。於是他們全家人第一次全體坐上旅行車，展開一趟為期兩週半的假期。媽媽跟孩子們會在田納西州的盧考特峰（Lookout Mountain）下車，與她的親戚會合，然後爸爸隻身前往喬治亞。但是上路的第一天，剛生完第六胎的媽媽開始感到不適。第二天他們一到田納西就直奔醫院，她得了闌尾炎。

媽媽住院，爸爸得去喬治亞，孩子們只好分送到親戚家暫住。史丹利跟一個弟弟被送到阿拉巴馬州的拉法葉。兩個星期後，恢復健康的媽媽出院，爸爸也結束訓練，於是全家人一起回家。「雖然只是一起回家，但感覺更像度假，」他說。那是他們一家人感情最緊密的時刻。

三天後，他們一起送爸爸去機場。「我非常難過，我們全家人都是，因為爸爸要離家一年上戰場，說不定再也回不來，」他說，「他要我們團結一心，照顧好母親。我們心想，『這一年要怎麼做才能完成爸爸的囑咐？』但是我們做到了。」他們學會好好照顧彼此就是照顧母親。大一點的孩子教小一點的孩子做功課，家事分工合作。

幾年後，爸爸第二次去越南時，他們緊緊相依。但這次爸爸回家後，家裡風雲變色。爸爸變得不像原來的自己，他嚴重酗酒，這種情況以前沒發生過。這時史丹利已十六歲，他正常運動、上學，準備申請西點軍校。有一天母親身體不舒服，十八個小時後就因為腎衰竭過世，得年四十五歲。父親送最年幼的兩個孩子去大女兒家，她就快結婚了。

「我父親無法提供母親那樣的凝聚力，」史丹利說，「種種因素的拉扯下，我們沒辦法回到過去。那個家變得再也不一樣了。即使到了現在依然如此。」

家庭的劇變徹底扭轉他對情感連繫的看法。「我漸漸發現，團隊意識比我們想像的更加脆弱，」他說。母親是輪軸，少了輪軸，輪子無法轉動。史丹利意識到團隊必須是一張網，一個網格結構，團隊的責任分工會傳播到這張網的每個角落。就算領導者或夥伴倒下，情感連繫也必須保持完整。

一九九四年史丹利擔任空軍八十二師指揮官時，有兩架軍機在降落時相撞起火。

這場悲劇後來被稱為「綠色坡道」事故（Green Ramp），因為當時地面有一群傘兵被燃燒的殘骸擊中，他們所在的位置在該基地被稱為綠色坡道，供陸軍與空軍聯合行動使用。打擊最嚴重的是第二營的五〇四空降步兵團：十九人喪命，四十幾人重傷。十九人喪命意味著，可能有多達十九位妻子失去丈夫。四十人重傷意味著，四十位妻子或女友突然必須照顧嚴重腦傷或毀容的另一半。基地的鄰居與朋友協助喪禮事宜，照顧突然失去父親的孩子們。第二營的每一個人都受到影響。

原本三週後輪到第二營擔任八十二師的一號戰備部隊。也就是說，第二營會處於最高戒備狀態，如有狀況，他們將率先赴戰場。為了做好準備，他們必須確定所有交通工具、通訊設備、武器、夜視鏡及其他裝備全都功能正常，可隨時用於戰鬥。

「問題是，『我們做得到嗎？』」史丹利說，「完成戰備有許多事情要做。我們必須看著每一個人認真問他們：『我們這一個團隊能不能一起戰鬥？』每個人都說可以。原本的氣氛是：『如果無法完成任務，會怎麼樣？我們現在都很受創。』但後來的氣氛變成：『沒錯，我們受到嚴重打擊，但我們可以戰勝它。』」

他們的情感連繫很穩固，即便忍受著痛苦與哀傷，依然發揮正常表現。

我想起幾年前，我跟傑克．皮維在他位於舊金山的高樓層公寓陽台上聊天。二〇〇七年皮維贏得大聯盟表揚最佳投手的賽揚獎。此外他有兩枚世界大賽冠軍戒指，一枚是二〇一三年的紅襪隊，一枚是二〇一四年的巨人隊。他在投手丘上睥睨頓足，對自己發出怒吼，渾身殺氣騰騰。他深信團隊默契會提升表現，但我想知道他還能怎麼提升表現。他已盡心盡力投好每一球。

「隊友激發出來的鬥志，是你單靠自己激發不出來的，」他說。

我沒聽過其他運動員如此形容團隊默契。這呼應湯瑪斯．路易斯所說的開放迴路：「（沒有人）是獨立運作的完整個體；每個人都有必須仰賴另一個人填補的開放迴路。」只有皮維的隊友（更準確地說，是他與隊友之間的感情），才能使他發揮真正的、完整的潛力。

二〇〇八年夏季奧運，美國游泳選手傑森．勒札克（Jason Lezak）要在四百公尺自由式接力賽負責最後一百公尺。隔壁水道是法國隊，他們的最後一棒是艾倫．伯納（Alain Bernard），一百公尺自由式的世界紀錄保持人。勒札克入水時，美國隊處於落後。伯納領先整整一秒，這是很大的差距。迴身時，伯納依然領先一個身體的距離，不可能在五十公尺內超越。費爾普斯（Michael Phelps）與另外兩名隊友在岸上瘋狂吶喊，勒札克竟漸漸趕上伯納。最後勒札克奮力摸到終點牆，以八百分之一秒的差距擊敗世界冠軍，為美國隊拿下金牌。這是游泳史上最偉大的時刻之一。他僅僅花費四十六．〇六秒，打破他自己的一百公尺紀錄，而且接力之初攪動的池水阻力較大，更加不易。

兩天後，勒札克參加的一百公尺自由式登場。他的成績是四十七．六七秒，並列第三。（第一名是伯納。）勒札克的個人賽成績遠低於團體賽。或許接力賽那天，伯納的狀況不佳。但是有兩位德國心理學家提出不一樣的意見。

約金．霍夫麥爾（Joachim Hüffmeier）與基多．赫特爾（Guido Hertel）決定分析二〇〇八年奧運六十四位自由式選手的成績，他們來自三十一個國家，而且全都參加了個人賽與接力賽。游第一棒的選手，個人賽與接力賽的成績沒有差異。但是第二、第三和最後一棒都游得比個人賽更快。

這些奧運選手都是游泳界的佼佼者，這意味著他們已經把能力發揮到極致。但是參加團隊競賽時，他們還能更上一層樓。數據顯示，為了隊友而努力的動力，能把他們的表現推高到單打獨鬥時無法達到的境界〔6〕。

團隊競賽似乎能刺激腦內啡分泌，這種讓人愉快的大腦化學物質能提振心情、促進情感連繫，還能舒緩疼痛。牛津大學的研究者用疼痛的耐受力，來比較槳手的腦內啡分泌多寡，一種情況是團體練習，另一種情況是單獨練習。團體練習時，腦內啡的

6 Joachim Huffmeier and Guido Hertel, "When the Whole Is More Than the Sum of Its Parts: Motivation Gains in the Wild," *Journal of Experimental Social Psychology* 47, no. 2 (2011): 455–59.

分泌量明顯多於單獨練習〔7〕。

「以這點來說，體育活動有一種能建立情感連繫的深層因素，」皮維說，「尤其是跟水準最高的選手在這麼多粉絲面前比賽，你不可能單靠自己。一個球員就算再怎麼重要，也不可能比團隊重要。」

情感連繫的力量早已是公認的事實，古今皆然。從伊索寓言的木棒故事（團結就是力量），到富蘭克林（Ben Franklin）的名言「我們必須團結一心，否則必將各自滅亡〔8〕」。但是最適用這個想法的地方莫過於軍隊。

在莎士比亞的筆下，亨利五世在阿金庫爾戰役（Battle of Agincourt）前對人數遠遠少於敵軍的士兵說：「我們人數很少，但我們心滿意足，因為我們親如手足。」這位國王明白告訴士兵，能跟這群人一起戰鬥，本身就是件榮耀的事。

因為凡是今天和我在一起流血的
就是我的弟兄；不管他出身多麼低微，
今天這一天就要使他變為紳士：
現在在英格蘭睡覺的紳士們
會以為今天沒來此地乃是倒楣的事，

> 每逢曾經在聖克利斯品日和朕一同作戰的人開口說話，
> 他們就要自慚形穢。〔9〕

從戰場上寄出的信件，寫滿士兵對彼此之間的忠誠。一九一七年，英軍一位連長在給母親的信中寫道，「我一直認為，我並不是在為國王和國家作戰，而是為同袍作戰，這似乎是對現在的我來說最重要的事。我不願意跟他們分開，我現在最不擔心的就是離開這裡。〔10〕」

九十年之後，作家賽巴斯提安．鍾格（Sebastian Junger）跟著一排駐紮在阿富汗的軍隊行動，想體驗士兵參戰的感受。他說士兵之間的情感聯繫是「戰鬥的核心體驗，也是你唯一的依靠……保住彼此性命的共同使命感不容妥協，而且會隨著時間加深。願

7 Emma E. A. Cohen et al., "Rowers' High: Behavioural Synchrony Is Correlated with Elevated Pain Thresholds," *Biology Letters* 6, no. 1 (2010): 106–8.

8 譯註：原句為 We must all hang together, or, more assuredly, we shall hang separately，是富蘭克林簽署美國獨立宣言時留下的名句。

9 譯註：引用梁實秋《亨利五世》譯文。

10 R. H. Roy, "The Canadian Military Tradition," in *The Canadian Military: A Profile*, ed. Hector J. Massey (Toronto: Copp Clark, 1972), pp. 51–65.

意為他人犧牲生命是一種愛的形式，甚至連宗教都無法激發這種愛[11]」。

我問史丹利，若要描述這種情感連繫，「愛」是不是恰當的詞。

「有人說這是同袍情誼，」他說，「愛應該是這種情誼的核心。這種愛涵蓋很多東西。你愛跟你一起工作的人，因為你景仰他們，你跟他們距離很近，所以你漸漸對他們有愛。接下來，你會愛上屬於某個群體的感覺。你愛這種『不論你拋出什麼，都會有人接住』的感覺。」

「你愛……特種兵的《特種兵信條》有六句，內容是絕對不能拋下任何戰友。這在本質上是一種承諾。每一個特種兵都承諾自己能為其他特種兵而死。你會覺得，『哇，這比結婚誓詞還嚴重。』每天早上，這兩千人都承諾自己願意為我而死，沒有第二句話……這會增強你的信心，因為你知道你的背後，用我們的話來說就是六點鐘方向，有人正在守護你，」他一邊說，一邊拍了拍自己的背。

這種愛濃烈和無私的程度，似乎跟愛情不相上下，也肯定可以改變一個人。愛情使我們覺得自己變得更厲害，彷彿原本充滿缺陷、渺小又孤單的自己，從另一半身上吸收到強大的力量。我猜對軍人來說也是類似的作用。如此一來，每個士兵就是群體，而群體就是每個士兵。

「你喜歡屬於群體的自己，」史丹利說，「你喜歡待在一個對彼此有使命感的組織，一個勇敢的組織，因為這使你覺得你也是那樣的人。它能真的讓你變成那樣的人。」

・・・

美國奧運女籃代表隊展開校園巡迴賽，一開始愛德華茲是板凳球員。她幾乎想不起上一次先發名單上沒有自己是什麼時候。這很難堪。但是她想辦法輕鬆面對。她又回到二十歲時參加一九八四年奧運的狀態。「打了十二年籃球，」她語帶嘲諷地告訴隊友，「結果一點進步也沒有。」〔12〕

洛博也跟她一起坐冷板凳。她是大學剛畢業的中鋒，還不能上場應付殘酷的國際賽。隊友都知道，美國籃協是基於行銷考量才選了她，跟球技無關。她人氣很高，剛剛率領康乃迪格大學打完一場未失分的例行賽，又在全國轉播的NCAA冠軍賽中奪冠，有多達五百四十萬人收看了比賽。她是媒體寵兒，索取簽名的球迷隊伍最長，但是在球員名單中的排位最低。隊友都滿喜歡她的，她待人親和，也沒有被教練的嚴詞批評擊垮。但是她們幾乎沒怎麼培養感情。

有一場比賽對洛博的打擊特別沉重。她似乎做什麼都不對，凡德維爾對她大發雷

11 Sebastian Junger, *War* (New York: Hachette, 2010).
12 Sara Corbett, *Venus to the Hoop* (New York: Anchor Books, 1998).

霆。賽後，這個開朗的二十二歲女孩頹喪地坐在置物櫃旁。她覺得既難堪又挫折。愛德華茲在休息室的另一頭，她走向洛博，叫洛博坐好。

「我想告訴你，」愛德華茲說，「她會讓你覺得自己很糟糕，但你不應該這麼覺得。你要抬頭挺胸。你知道你很厲害。不要讓任何人動搖你對自己的看法。堅持下去，堅強起來。這樣才能撐到最後。」〔13〕

代表隊結束大學巡迴賽，二十九勝零敗。她們飛了二十六個機場，累積了四萬一千公里的飛行里程。現在，她們準備跟可能在奧運交手的球隊比賽。第一站：一月的西伯利亞。

夜間氣溫將近攝氏零下三十度。比賽的場地極冷，這個籃球場的前身是溜冰場。裁判偏頗得很厲害。但凡德維爾滿心期待她的球隊能打敗這支由當地機械企業贊助的俄國二級球隊（雖然她們體型魁武）。美國隊比分落後。當妮基．麥可雷（Nikki McCray）連續失誤兩次時，凡德維爾從板凳上跳起來叫了暫停。

「不要傳球給妮基，」她告訴隊員，「她顯然不會打籃球。」麥可雷眼眶泛淚。接著，彷彿早已安排好似的，愛德華茲、艾奇與麗莎．萊斯利（Lisa Leslie）默默移動位置，不讓教練看到麥可雷在哭。

像這樣保護彼此已成常態。訓練強度很高，體能上的要求使人筋疲力竭，教練的期待似乎一天高過一天。就連曾在史丹佛大學校隊跟凡德維爾合作過的艾奇，也曾在訓練後期崩潰過一次。一名古巴球員的手肘不小心打在艾奇臉上，打斷了她的鼻樑。她開了刀、經歷了痛苦的恢復期之後回到球場，一時無法進入狀態。

「珍妮佛，我是不是該把你換掉？」教練大吼，「這支球隊是不是需要換個控球後衛？」怒氣沖沖的教練要大家暫停練球，去罰球線投籃。

艾奇武裝的面具下，淚水即將湧出。突然間，雪若．斯伍普斯（Sheryl Swoopes）跑到她身邊。斯伍普斯打大學女籃時幾乎橫掃各項得分紀錄，還是第一位擁有同名球鞋的女性（這款球鞋叫 Nike Air Swoopes）。她和艾奇不算很熟。此刻，這位超級巨星把手搭在哭泣的隊友肩上，帶著她走向對面的籃框。

「我們去那裡，」斯伍普斯說，「背對她，不要讓她看見你在哭。」她開始投籃，讓艾奇自己調整心情。

我想特別說一下哭泣這件事。

我訪談過這麼多男性運動員，幾乎沒有人提過哭泣。我知道這群女性堅強得不得了。她們都有過比挨教練怒罵更難受的經歷。但事實就是如此。她們經常哭。女性就

13 Ibid.

是比男性愛哭。女性一年平均哭泣三十到六十四次，男性是六到十七次。其中一個原因是女性分泌的泌乳素較多，這是一種與情緒有關的荷爾蒙。因此儘管小時候男女哭泣的頻率相同，但長大後女性較常因情緒落淚〔14〕。

另一個原因是女性的淚腺比較短淺，淚腺滿得比較快，因此溢出淚水也比較快〔15〕。已故的田納西大學女籃教練佩特·蘇米特（Pat Summitt）跟凡德維爾一樣態度嚴厲、經常吼叫，但是她駁斥哭泣反映懦弱的說法。女性哭泣很正常。「我不介意球員哭，」她曾說，「我自己也很愛哭。」〔16〕

說回寒冷的西伯利亞球場，美國隊球員重振旗鼓，把這場比賽當成重要的比賽來打。當然這場比賽並不重要。在奧運會之前，所有比賽都不重要。她們在六分鐘之內得了二十八分，從落後十一分變成領先十二分。接下來她們從西伯利亞飛到基輔停留五天，對戰烏克蘭球員。比賽與練習之間的空檔也毫不鬆懈。凡德維爾訓練球員思考戰略，有一度她甚至安排了類似益智節目《家庭問答》（*Family Feud*）的搶答練習，要球員畫出戰術圖，或是回答與特定比賽狀況有關的問題。訓練和旅行的艱辛使球員找到共同點，拉近彼此的距離。從俄國飛回美國的飛機在登機口卡了四小時，當卡拉·麥吉（Carla McGhee）抱著麥當勞漢堡在飛機走道上一一發給隊友時，沒人感到意外。新的善意之舉似乎每天都會出現。

艱難有很多樣貌。從烏克蘭回國兩個星期後，凡德維爾不經意拋出另一個難題。從代表隊的名單公布以來，凡德維爾一直煩惱球隊少了個警察典型的強力禁區球員。球隊在俄國比分落後時，她益加擔心了。她知道，球員也都知道，美國籃協最晚可在奧運開幕八週前換人。因此有次她在接受《今日美國》（*USA Today*）訪問時告訴記者，球隊可以換掉洛博，找個更有威力、體格更好的禁區球員。

看到這則報導，球員們彷彿被甩了一個耳光。「蕾貝卡絕對不能走，」愛德華茲告訴隊友。這是球員之間的共識。奧委會選擇洛博時，她們並不滿意。但現在她們是一支團結的球隊。她們決定如果洛博被刷掉，她們就全部走人。

理論上用更有經驗的球員取代洛博，她們將更有機會奪得金牌，並提升女籃在美國的地位。幾個月前，她們在喬治亞巨蛋的五十碼線上，曾為了這個崇高的意義感動落淚。但現在她們對洛博這位「最低價值球員」的忠誠度，超越了對金牌的渴望。她們對外在目標的使命感，已轉化為對彼此的使命感。她們從一群擁有共同目標的球

14 Ad Vingerhoets, *Why Only Humans Weep: Unravelling the Mysteries of Tears* (Oxford: Oxford University Press, 2013).

15 Melissa Dahl, "Why Do Women Cry More Than Men?" *New York Magazine*, January 7, 2015, https://www.thecut.com/2015/01/why-do-women- cry-more-than-men.html.

16 Pat Summitt and Sally Jenkins, *Raise the Roof* (New York: Three Rivers Press, 1998).

員，變成願意為彼此犧牲奮鬥的姊妹。這就是默契，也是任何團隊的關鍵轉捩點。

• • •

拉近球員距離的除了長時間的體能鍛鍊，還有伴隨旅行而來的隔離。

三月份她們來到中國，二手菸竄入她們的鼻孔和肺部，甚至連籃球場都有菸味。她們走出飯店時，經常有路人目瞪口呆看著她們，指指點點，所以她們只好退回飯店裡，吃著從美國帶來的餅乾跟燕麥捲。不過，離開籃球場之後，大部分的時間她們都是獨來獨往，或是分散成小團體。

有天晚上，艾奇在自己的房門上貼了張紙，寫著：「朱珍妮咖啡吧」。她給自己泡了一杯香草夏威夷豆堅果咖啡，是她們在夏威夷轉機時買的，她想跟隊友分享。她不確定有誰會來。「這不是高中或大學校隊，」她後來告訴我，「我們除了練球不常見面。大家都是各自回房。」艾奇的室友洛博吃完晚餐後，信步走回房間。接著愛德華茲與麥克連恩也來了，她們打算整理一下幾週前幫洛博編的玉米辮。然後是麥可雷、波頓、唐恩．斯坦利（Dawn Stanley）跟凱蒂．斯提汀（Katy Steding）。萊斯利帶著CD音響過來，為大家播放音樂。很快地，波頓鬆開麥可雷的辮子，萊斯利跳起舞來。艾奇環顧房間說：「我的老天，全員到齊！」

斯提汀說，「好像就在那一刻，我們才發現大家來自不同的地方，年齡也不一樣，我們跨越了種種差異才變成一個團隊。我不知道那一刻算不算是分水嶺，但是，『嘿，我們是同一隊的！』」〔17〕

斯提汀說得沒錯，促進團隊默契的不是喝咖啡跟編辮子。我曾經以為做這些事有用，例如球員聚在一起烤肉或打高爾夫。在他們一起做這些事之前，默契早已存在。咖啡跟辮子只是團隊默契的證據。不相信有團隊默契的人，認為社交出遊對表現毫無意義，他們或許是對的。雖然這些聚會肯定會加深既存的情感連繫，但它們更可能是團隊默契的**結果**，而不是原因。足以影響表現的忠誠源自深層的情感連繫，這不是光靠社交互動就能建立的。

球員私底下感情深厚，凡德維爾非常開心。她比任何人都清楚這對球員的表現有幫助。「有一點『我們一起對抗他們』的心態，」她後來告訴我，「她們很團結。我沒印象她們吵過架。不可思議，真的。她們說不定一起偷偷罵過我，但那也是在培養感情。」

旅程仍未結束。距離奧運還有三個月，這段時間她們在南卡羅來納州、亞特蘭大、費城都打過比賽。接著又飛去澳洲：墨爾本、雪梨、唐斯維（Townsville）與阿得雷德

17 Corbett, *Venus to the Hoop.*

（Adelaide）。然後是羅德島、加拿大，南下奧克蘭、科羅拉多泉、芝加哥，接著又回科羅拉多泉。奧蘭多、印第安納波利斯，再回奧蘭多，最後（謝天謝地）她們來到亞特蘭大奧運會。至此她們已連勝五十二場比賽。

叔伯阿姨、鄰居、老同學、遠親和她們此生見過的每一個人，都來到亞特蘭大索取多餘門票，耽誤她們幾分鐘的時間合照。**一張照片有什麼意義？**只要走出相對安靜的歐姆尼飯店（Omni Hotel），就像闖進一場熱鬧的派對。返回飯店必須接受嚴格的安全檢查。球員與教練必須先出示歐姆尼飯店的官方識別證，穿過一台金屬測試儀，然後掃描手掌確認身分，再輸入四位數密碼。做完這些才能回房。凡德維爾專注於保持專注，所以除了清晨跑步、練球和比賽，她幾乎足不出戶。她與耐吉公司簽了球鞋合約，但耐吉請她出席記者會時，她拒絕了。

不過神奇的是，她並不緊張。她說：「我的感覺就像是即將接受考試，而且我已經用這輩子最大的努力做好準備。我對考試內容瞭若指掌。」不知道球員緊不緊張，至少她們沒有表露出緊張。她們也對考試內容瞭若指掌。鍛鍊了一整年，她們的體能已有變化。第一場對古巴的比賽贏了十七分，對烏克蘭贏了三十三分，對薩伊贏了六十分（這場比賽多數的先發球員沒有上場），對澳洲贏了十七分。贏了四場，還有四場。

完成半數比賽的隔天，凡德維爾沒有叫球員練球，而是邀請她們來她的套房。她要她們帶任何紀念品、照片、節目單、想請隊友簽名的籃球過來。開始前，她把一捲錄影帶放進錄影機裡。她請NBA娛樂公司（NBA Entertainment）先把他們剛做好的影片拷貝一捲給她，內容是代表隊這一整年的訓練過程。螢幕上出現她們第一次團體練習，她們去西伯利亞、烏克蘭、澳洲跟中國的旅程，在大學城之間移動的深夜巴士，還有她們造訪學校跟逛街的畫面。她們哈哈大笑、嘲笑彼此，把過去一年重溫一遍。這是高招。奧運會緊湊喧鬧，凡德維爾把她們拉回到彼此身邊。接下來，她們花兩個小時坐下來閒聊，幫彼此帶來的紀念品簽名。

她們贏了韓國隊三十九分，贏了日本隊十五分。球員跟教練都知道，就算只練習一個月左右，她們應該也能打進奧運準決賽。接下來的兩場比賽，是她們努力和犧牲一整年的原因。

準決賽再次對上澳洲，這回她們以九十三比七十一大獲全勝。至此她們已連勝五十九場。

決賽登場，入場時巴西隊已在場上等待。當然是巴西隊。兩年前在澳洲慘敗之後，美國隊尚未與巴西隊交手過。美國對巴西的金牌爭奪戰，是一九九六年奧運會的最後一場比賽。喬治亞巨蛋的門票再次銷售一空，現場坐了三萬三千名觀眾。

上半場，美國隊的進球率是百分之七十二，並成功防守古巴隊著名的「魔術寶拉」

（Magic Paula），她只進了一球。中場休息時，美國隊領先十一分。下半場美國隊率先拿下八分，差距拉大為十九分。她們大開殺戒。雖然連勝了五十九場比賽，但是沒有一場比得上決賽。不看隊友傳球、抄截、飛撲搶球、三分球。凡德維爾安排了她一整年都沒用過的戰術：從美國隊籃框底下發邊線球，愛德華茲空中傳球，麥克連恩跳起來接住，然後投籃得分。無懈可擊。

她們在壓力達到顛峰時打了一場最精彩的比賽，這絕非巧合。這正是最需要默契的時候。腎上腺素飆升，提高專注力與活力。我們相信隊友，也知道她們相信我們，因此催產素大量分泌。我們有一種平靜和身心協調的感覺，因為我們知道自己做好萬全準備。跟這群人在一起，我們覺得自己所向披靡。充滿壓力的任務不再是威脅，而是挑戰。我們雖然興奮但心情輕鬆，保持警戒但心中無懼。

美國隊領先巴西隊的分數從十九分變成二十四分，再變成三十分。「她們看起來刀槍不入，」凡德維爾說，「運動員彼此間的身心狀態達到和諧一致，就是這個樣子。」

雖然有些人只上場幾分鐘，但是每位球員都有上場機會。她們贏得比賽，一百一十一比八十七，是奧運女籃有史以來最高的得分。

球員疊在一起。她們繞場跑了一圈又一圈，手中揮舞著美國國旗。艾奇做了一個側手翻。她們換上美國奧運代表隊的長袖運動服，一起站上最高的金牌頒獎台。九個月前，她們也曾站在這裡。由愛德華茲打頭陣，她們一一低頭領取金牌。

時隔二十三年，這群球員都已從籃球界退休。有幾個成為教練，包括艾奇。她在舊金山大學當教練時，突然明白一件她以前沒搞懂的事；即使是在那段奇妙的奧運備戰過程裡，她也沒想通過。

「我現在知道勝利來自球員，」她說，「而不是教練。教練可以說明願景，但最終上場的還是球員，是球隊。教練可以發表最棒的賽前精神訓話，可是你無法代替球員上場。這是我做為教練的頓悟時刻。球員才是關鍵。」

二〇一八年的某天晚上，艾奇邀請我去舊金山大學參加一場活動，她將在台上訪問金州勇士隊的教練史蒂夫．科爾（Steve Kerr）。活動結束後的宴會上，我認識了勇士隊的總裁瑞克．威爾茨（Rick Welts）。兩週前，勇士隊的球員和工作人員收到二〇一七—二〇一八的NBA冠軍戒指。我誤以為威爾茨手上那枚閃亮的巨戒就是冠軍戒指。其實那是他進入NBA名人堂的紀念戒指。幸好他預料到有些人（例如我）可能想看看冠軍戒指，所以他把冠軍戒指放在口袋裡。我貪婪地看著上面的七十四顆鑽石與七十四顆藍寶石，這代表勇士隊的七十四場勝利。戒指側面有字，字體很小，我差點沒有發現它們。寫的是：「只有彼此」（JUST US）。

那個球季，我像灣區所有體育愛好者一樣，密切關注勇士隊，但我不明白「只有彼此」的涵義。我知道他們賽前集合打氣時，喊完「一二三，只有彼此！」才會解散。他們的休息室裡有一張海報，上面寫著「一定只有彼此」(MUST BE JUST ABOUT US)。這句話意義重大，所以凱文・杜蘭特（Kevin Durant）才會把它刺青在腿上：右腿刺了「JUST」，左腿刺了「US」。

就是它。團隊真正的目標，所有努力的深層意義，永遠是為了彼此。團隊本身是「比他們自己更重要的存在」。

我記得我讀到過一九九七年田納西大學在打NCAA決賽前，佩特・蘇米特如何讓隊員團結起來。當時她們正在爭取三連霸。她沒有強調奪冠的歷史性意義。「田納西拿過很多次NCAA冠軍……可是你有機會贏得屬於你自己的冠軍。這是你的球隊……你的機會……你的球季。」

那麼，崇高的意義到底發揮什麼作用？為什麼要費工夫帶奧運代表隊去喬治亞巨蛋，讓她們明白作戰的意義？為什麼軍隊立誓的對象是上帝和國家？

因為意義是通往「只有彼此」的墊腳石。贏得金牌或保衛國家，目的是鼓勵他們相信共同的夢想。他們願意為了追求夢想而承受痛苦。在這個過程中，情感連繫逐漸加深。如果領導者建立起充滿信任、高效運作的文化，個體就能融合成團隊。他們會相信這些人，而且是只有這些人，才能達成這項非凡甚至不可能的任務。只有彼此。

追逐目標的決心，化為對彼此的忠誠。

• • •

在職場建立「只有彼此」文化，要比體育界或軍隊更具挑戰性。這一點史丹利感受深刻，因為他創業將近十年。

「很難，因為你沒辦法理解這種使命感，」他說。軍人可以接受保家衛國或世界和平這樣的崇高目的。但是，舉例來說，冰棒工廠的員工不吃這一套。他們知道做冰棒不會改變世界。他們的使命一直是也永遠會是賺錢。因此企業需要不同的文化，來達成相同的目的：一群有情感連繫和使命感的員工。

史丹利在他的公司借助實體空間增加互動。他不會嚴格地論功行賞。他相信給明星員工高薪會助長交易文化，而不是團隊文化。你把金錢變成工作表現的主要動機。他提供未來員工公平的薪資與福利，並且保證這是一個為彼此奉獻的團隊。

團隊情誼當然必須跟生產力相互平衡。

「為了保護公司，你必須做出艱難決定，」史丹利說，「但於此同時，還有另一項因素：那就是我們對瓊忠誠，她也對我們忠誠。這種忠誠不只跟她本週的打擊率有關。這種忠誠稍微深刻一些。這是個人與團體之間的不成文契約，它牽涉到更多情緒，沒有那麼簡單明瞭。」

「如果瓊說她真的已經很努力，怎麼辦？團隊中每個成員都在盯著看，因為他們想知道當他們的打擊率下滑時，你會怎麼對待他們。重點是找到平衡。」

他的公司偏向於留住信守承諾的員工，也就是努力工作、對團隊忠誠的人。「我們選擇成為這樣的團體，」他說，「我們相信長期而言，這是值得的。」

史丹利的領導模式是園丁模式：園丁種植和採收蔬果，但是他的主要工作是照顧植物。史丹利花最多心力照顧的，是公司的「團隊感」(team-ness)。其中一個作法，是把搖椅放在員工的必經之路上，他可以看見和聽見員工的情感連繫有多強。另一個作法是領導力度假營。他一年帶員工去維吉尼亞州的雪南多亞谷(Shenandoah Valley)週末度假四次，一次帶二十四人。我造訪的那一天，最近一次度假要用的戶外裝備就放在玄關旁的壁龕裡。過往的度假他們玩過泛舟和繩橋探險。這次他們分成小組學習陸地導航，最後照例花點時間討論領導力。

「這會強化他們對這個團隊的歸屬感，」他說，「這是強大的連結工具，能加深員工對團體和彼此的情感。」

史丹利在商界打滾將近十年，在軍隊服役三十四年，他無比確定個人情感連繫是每一支高效團隊的核心。他說如果再讓他回去阿富汗當指揮官，他會做的第一件事是：買兩箱啤酒，把總統、副總統、國防部長跟中情局局長一起帶去泛舟。

「不討論跟戰爭有關的事，」他說，「專心培養感情。」

那天下午，我在華盛頓特區開往紐約的火車上，謄寫史丹利的訪談內容。我的心思飄到一九八九年的巨人隊球員身上。距離我走進位於舊金山AT&T球場的那個帳篷派對，已過了將近十年，當時我看著這群球員和教練在贏得國聯冠軍賽的二十年之後，依然因為彼此的陪伴而陶醉欣喜。他們是一支「只有彼此」的球隊。他們接受彼此。他們為彼此而戰。總教練羅傑．克萊格（Roger Craig）展現教科書等級的園丁式領導，球隊的老大麥可．克魯科也一樣。正是二〇〇九年的重聚首，令我對於解開團隊默契的奧祕變得近乎執念。我知道，他們對彼此的愛，必定在他們成為冠軍球隊的過程中發揮了作用。但是如何發揮作用？當時我並不知道。

現在我知道了。我回到灣區，拿出筆記，回到三十年前，走進那個我這輩子見過默契最佳的球隊。

7 巨人甦醒與畢馬龍效應

Humm-Baby, Kruke, and the Pygmalion Effect

「鬱金香和玫瑰不是園丁種出來的。他能做的，只是創造適合花朵綻放的環境。」

——佚名

從來沒有一個棒球場和一支棒球隊，像一九八〇年代初期至中期的燭台球場和舊金山巨人隊那樣互相輝映。

球迷叫它「棒子」（The Stick），但球員喜歡叫它「老二」（The Dick）或「約翰・荷姆斯紀念館」（Joh C. Holmes Memorial），荷姆斯是一九七〇年代色情片男星[1]。聖路易紅雀隊總教練赫佐格（Whitey Herzog）說它是「掀起蓋子的白色馬桶」。這座球場位在舊金山南邊一個風很大的海岬上，緊鄰舊金山灣。這裡經常氣溫驟降、狂風四起，所以興建

1 譯註：「The Stick」是只取「candlestick」（燭台）後半部的暱稱。「stick」的「t」基於發音原則，放在「s」後面發音為「d」而非「t」，因此刻意去掉「s」後念為「dick」（老二）。荷姆斯是以陰莖巨大聞名的色情片男星。

時有半數座位底下都裝了輻射加熱器。但是開幕那天加熱器就壞了，而且從來沒修好過。夏天晚上最慘。濃霧籠罩整座球場，像一張又冷又濕的毯子。球迷根本不想來。有時候偌大的看台上，球迷只有小貓兩三隻，整座球場散發的淒涼氣息，堪比招牌半壞的廉價汽車旅館。

水泥建物的深處，是個自給自足的獨立世界。進入的方式有三種：穿過場邊休息區，穿過右外野牆上的一道門，或是穿過球員停車場。巨人隊的球員休息室沒有窗戶，地毯上布滿陳年痰漬，擺放著金屬置物櫃。天花板壓得很低，咖啡、汗水、痠痛藥膏、香菸、髒衣籃、楓糖漿跟啤酒……，將近三十年來的各種氣味積久不散。很像高中體育課的更衣室加上油煙味很重的小餐館。我以前都是近傍晚時過來報導夜間比賽，一路走進來會聽見重訓室裡槓鈴落地的聲音，大廳另一頭洗衣機跟烘衣機的嗡嗡聲，刷子刷掉鞋底乾泥的聲音，橡膠拖鞋在淋浴間裡啪搭啪搭，人聲話語交錯。如果通往場邊休息區的門沒關，還會傳來除草車的聲音。愈接近比賽時間，休息室裡就愈吵。西班牙語跟英語的笑鬧聲此起彼落，說著各種腔調跟行話。洗衣車旁邊的架子上有一台卡帶播放器，通常是放搖滾樂團林納・史金納（Lynyrd Skynyrd）或鄉村歌手強尼・凱許（Johnny Cash）的歌，除了星期天之外。星期天的音樂由總教練莫菲決定，只放法蘭克・辛納屈（Frank Sinatra）。

投手麥可．克魯科在一九八三年加入巨人隊，不過並非自願的，是費城人隊把他交易過來。在燭台球場舉辦的歡迎記者會上，巨人隊交給他一件球衣……還有一件連帽大衣。克魯科在這裡打過多場比賽，早就知道這裡的環境有多糟。但他沒料到的是，這支球隊如此消極分裂。有一天他從球場回到家之後，告訴妻子：「我們不能留在這裡。」但是當巨人隊提出要把他的兩年合約再多加三年時，他還是接受了。他的妻子懷了第二胎，延長合約等於有五年的收入保障，這在當時是幾乎聞所未聞的作法，尤其是一名從未打過明星賽、也沒拿過賽揚獎的投手。

克魯科加入巨人隊的第一年，巨人隊的戰績是倒數第二。進入一九八四年依然未見好轉，想新口號成了巨人隊的難題，最後想出的是：「加油，巨人隊，好好撐住！」(C'mon, Giants, Hang in There!) 結果這次他們是倒數第一，輸了九十六場比賽，驚險逃過敗場一百的恥辱。

但是隔年沒有逃過。

一九八五年，隨著敗場數逐漸增加，克魯科發現新來的總教練吉米．戴文波(Jimmy Davenport)狂吞胃藥、狂咬指甲，有次他跟總教練握完手之後，手指上竟然沾了血跡。慘不忍睹的球季還有兩週才結束，此時巨人隊開除了戴文波，兩年內的第三個總教練走馬上任。

一九八五年九月十八日，五十六歲的羅傑・克萊格從容走進球員休息室，他頭戴著牛仔帽，蹬著一雙尖頭靴，臉上掛著平易近人的笑容。他接手的這支棒球隊，是棒球史上最爛的球隊。克萊格對爛球隊的體會，恐怕無人能出其右。一九六二年他是大都會隊的投手，大都會隊輸了一百二十場比賽，創下現代大聯盟的敗場紀錄。那個球季克萊格敗投二十四場，隔年是二十二場。（這兩個球季他完投了二十七場比賽。）不過，他對優秀的球隊同樣知之甚詳。他是三支世界大賽冠軍球隊的投手（布魯克林道奇隊、洛杉磯道奇隊和聖路易紅雀隊），一支世界大賽冠軍球隊的投手教練（一九八四年的底特律老虎隊）。

他與巨人隊的球員及工作人員握手時，整個人神采奕奕，說起話來信心十足。克魯科無法判斷這傢伙到底是異常臭屁，還是異常天真。這支球隊打擊練習用的是少棒規格的棒球，因為比大聯盟規格便宜。隨著球季接近尾聲，運動貼布少到防護員偷偷跑去搜刮舊金山四九人隊留下的剩餘貼布，因為他們也在燭台球場比賽。野手跑去投手的置物櫃搶球棒，因為每人一個球季只分配到兩打球棒。這個球季的頭十四場比賽，他們輸了十場。接著六月連輸十場。九月至今的十四場比賽四勝十負。

克萊格似乎對這些一點都不擔心。「我會教他們贏球，」他告訴記者。

幾天前，巨人隊的新任總經理艾爾・羅森（Al Rosen）走馬上任。羅森是不苟言笑的退役海軍，他到任沒多久就開除了戴文波，雇用克萊格。六十二歲的羅森五官粗獷，銳利的眼神透露他對戰鬥習以為常。他念高中和大學的時候是拳擊手，二次大戰期間在太平洋地區服役。加入大聯盟之後，若對方球員膽敢用反猶太的髒話罵他，他不會吝惜出手；他的鼻樑斷過十一次。從一九四〇年代末到一九五〇年代中期，他在克里夫蘭印地安人隊效勞，曾獲選美國聯盟最有價值球員，並以三壘手的身分參加過四次明星賽。他三十二歲退休，接下來的十七年先後當過股票經紀人與賭場高階主管。一九七八年他返回職棒，擔任紐約洋基隊的總裁兼CEO。那年洋基隊贏得世界大賽，但羅森覺得洋基隊的老闆喬治．史坦布瑞納（George Steinbrenner）和總教練比利．馬汀（Billy Martin）實在冥頑不靈，所以第二年球季才過半就離職了。在加入巨人隊之前，他在休士頓太空人隊掌舵五年。

九月十八日，在陰冷的燭台球場休息室裡，羅森與克萊格把所有人集合起來。他們介紹新的隊規時特別強調其中一條：不准再抱怨球場很爛。放下負面心態。他們說，這座球場將成為棒球史上最大的主場優勢。來這裡打球的客場球員都很討厭這裡寒冷、風強、觀眾稀疏，他們恨不得立刻離開。接受這樣的環境會是巨人隊的優勢。

克魯科差點翻白眼。他加入大聯盟十年了，什麼話是唬爛一聽就知道。

球季最後一天，巨人隊輸掉第一百場比賽，正式成為隊史上最糟糕的球隊。

•
•
•

對羅森來說，一個球季就是一次軍事行動。打勝仗靠的是情報、吃苦耐勞和實事求是。他的首要之務，是停止為失敗提供藉口。他雇用一位新的主任防護員，把防護室的備品補滿，運動貼布想用多少盡量用。他訂購品質最好的球衣。他找來一位新的旅行秘書。他讓球員搭乘最舒適的飛機與巴士。球棒無限量供應。季後賽期間，他在燭台球場為球員家屬設置了一間家庭室。除了各種玩具和遊戲之外，還提供托兒服務，至少幫球員多解決一樣煩惱。他想傳遞的訊息是：我們是來贏球的，也願意為球員做任何事幫他們贏球。

第一年春訓，克萊格的工作就像把一棟頹圮的房子一寸寸重建起來。守備練習從基本功與反覆練習開始。球員重新學習跑壘及加強守備。克萊格喜歡短打、強迫取分和打帶跑。他特別愛用出其不意的戰術。克萊格告訴球員，我們不可能靠蠻力贏過太多對手，但是我們可以用計策跟激將法打敗他們。春季賽期間，克萊格經常把他想到的比賽情況與策略告訴球員。克魯科仔細聆聽，發現自己幾乎每天都學到新東西。「這會令資深球員感到佩服，」他說，「我愈了解他，就愈想要跟他並肩作戰。」

當克萊格認真看著你，用溫和的、拉長母音的北卡羅來納腔調說話時，不管他說什麼你都會相信。克魯科發現，總教練點名球員不是因為他們犯錯，而是因為他們把事情做對。他會讓坐在板凳末端的球員覺得自己是致勝關鍵。無論是上場代跑或避開雙殺，克萊格都會熱烈稱讚球員為比賽做出重大貢獻。這名板凳球員看著隊上的明星時，會覺得自己跟他們平起平坐。克萊格叫這些球員「加油寶寶」(Humm-babies)，他曾解釋加油寶寶不一定「擁有最強的實力」，但是會「付出百分之一百八十的努力」〔2〕。克萊格每天都帶著好心情來上班，一天都沒變過。

「好心情一個接一個感染所有球員，」克魯科說，「我們都相信總教練。春訓結束前，球隊的氣氛已逐漸改變。原本我們好像穿著厚重的大衣打球，突然間，我們終於能脫掉大衣。」

• • •

羅伯特・羅森塔爾（Robert Rosenthal）和許多心理學家開始做大鼠實驗。

一九六〇年代他在哈佛擔任心理學教授，研究期望如何影響表現。他告訴一群

2 Steve Kroner, "20th Anniversary: Brad Gulden/The Original Humm-Baby," *San Francisco Chronicle*, April 9, 2006, https://www.sfgate.com/sports/article/20TH-ANNIVERSARY-Brad-Gulden-The-orginal-The-2537623.php.

研究生，他的實驗室大鼠是經過特別培育的高智商品種，他請研究生測試這些大鼠走迷宮的能力是否優於其他大鼠。他們在大鼠的籠子上分別貼了「聰明」與「遲鈍」的標籤。聰明組大獲全勝。其實所有大鼠都是相同品種，隨機放進兩個籠子裡。但是幫聰明組大鼠做測驗的研究生給大鼠更高的評價，他們說聰明組比遲鈍組「放鬆、隨意、聲音好聽」。跟負責遲鈍組的研究生相比，負責聰明組大鼠的研究生更常觸摸大鼠，態度也比較溫柔。被賦予較高期待的大鼠確實表現得比「普通」大鼠更好。羅森塔爾推論，期望差異也有可能影響人類的表現[3]。這個推論催生了一項經典實驗。

羅森塔爾先為十八個小學班級的學童做智力測驗[4]。然後他告訴老師，班上的哪幾個學生學習潛力特別高。跟大鼠一樣，這些學生其實都是隨機挑選出來的。羅森塔爾追蹤這些班級好幾個月，發現老師更常觸摸這些「優異」學生，也更常對他們點頭和微笑。他們給這些學生更多贊同，花更多時間回答他們的問題。

八個月後，羅森塔爾為同一批學童再做一次智力測驗。「優異」學生的分數是控制組的三倍之多。羅森塔爾把這種效應命名為「畢馬龍效應」(Pygmalion effect)。

問題是：老師一定要以為學生很聰明，才能提高對他們的期望嗎？老師能否經由學習，主動用這種方式對待每一個學生？紐西蘭的教育學教授克莉絲汀·露比－戴維斯（Christine Rubie-Davies）所做的研究發現，答案是肯定的〔5〕。她找出能夠傳達高度期望的各種行為與策略，例如態度、信念、肢體接觸、語調和其他非語言提示。她舉辦訓練課程，教老師使用這些「高期望」行為，然後進行多項實驗來測試效果。其中一項實驗是把老師隨機分成兩組，一組上她的訓練課程，另一組上普通的專業發展課程。學年結束時，前者的學生學習進度比控制組超前三個月。

畢馬龍效應不只發生在教室裡，也發生在醫院、工廠、心理治療診所等職場裡。一九八〇年代，羅森塔爾在操場上驗證畢馬龍效應。他告訴體育老師某些學生（體育老師先前不認識的學生）具備只有優秀運動員才擁有的資質。當然，他們只是隨機挑選出來的。體育老師讓學生做了體能測驗：仰臥起坐（女生）、伏地挺身（男生）、跳遠以及搬物跑步。結果，被賦予高期望的孩子表現得比過去更好，低期望的孩子則是表現退步〔6〕。

3 Robert Rosenthal and Kermit L. Fode, "The Effect of Experimenter Bias on the Performance of the Albino Rat," *Behavioral Science* 8, no. 3 (1963): 183–89.

4 Robert Rosenthal and Lenore Jacobson, "Teachers' Expectancies: Determinants of Pupils' IQ Gains," *Psychological Reports* 19, no. 1 (1966): 115–18.

5 Christine M. Rubie-Davies et al., "A Teacher Expectation Intervention: Modelling the Practices of High Expectation Teachers," *Contemporary Educational Psychology* 40, no. 1 (2015): 72–85.

•
•
•

一九八五年的巨人隊沒有新人。一年後的現在隊上有七個新人，將近球隊的三分之一。最優秀的新人是個嗓門大、愛交朋友的男孩，叫威爾．克拉克。克拉克來自紐奧良，父親是撞球老千。他一九八四年參加過奧運，一九八五年第一輪選秀就被挑中，在小聯盟待了四十五天之後，一九八六年加入大聯盟。這些都無所謂。這位二十一歲的小將加入春訓，在等待第一次打擊練習時，擺出那個時代的巨人隊球迷後來都很熟悉的姿勢：單手撐在球棒上雙腳交疊，嘴裡嚼口香糖，臉上歪嘴一笑。他像個正在欣賞領地的男爵。他在擊球籠裡初試啼聲的那幾球，說明了他為何如此自信。他揮棒的姿勢華麗優美，順暢的揮擊把球一顆接一顆送到外野看台上。

克拉克簡直巴不得新的球季快點開始，他提早一週抵達春訓基地，跟投手和捕手一起報到。他一進休息室就立刻到處大聲宣揚春訓有多讚，棒球運動有多美好，他可以來這裡打球有多麼**興奮**。

「興奮的威爾！」克魯科說，他跟好友、資深捕手鮑勃．布蘭利（Bob Brenly）笑成一團。這成了克拉克的綽號。他一加入球隊就扮演小孩典型，後來很快又加上戰士與火花典型。

二十三歲的二壘手羅比・湯普森（Robby Thompson）也是小孩，不過是成熟版本。湯普森沒有克拉克的明星球員威力。他手臂比較短，擊球範圍小了一些。他的打擊不算出色，個性沉默寡言。但是他渴望求勝，而且專注力強，這兩個特質源自他與未婚妻布蘭達（Brenda）四年前做的一個決定，當時兩人都還是十九歲的大學生。布蘭達的姊姊突然死於產後併發症，他們決定收養剛出生的寶寶克里斯汀娜（Kristeena）。他們把寶寶帶回自己居住的校外一房公寓。一年後，湯普森在選秀會被巨人隊挑中。六個月之後，他跟布蘭達結婚。當湯普森的小聯盟隊友出去喝啤酒、吃披薩時，他幸福地跟布蘭達與克里斯汀娜共度夜晚，一起吃奶油花生果醬三明治裹腹，因為他的月薪只有六百五十美元。球季結束後，他們搬進佛羅里達州的岳母家，湯普森還得兼差當建築工人跟泊車小弟才能維持家計〔7〕。

湯普森在小聯盟的時候，從沒打過2A級以上的比賽。春訓結束，他成為巨人

6 Robert Rosenthal and Elisha Y. Babad, "Pygmalion in the Gymnasium," *Educational Leadership* 43, no. 1 (1985): 36–39, http://www.ascd.org/ASCD/pdf/journals/ed_lead/el_198509_rosenthal.pdf.

7 小聯盟與冬季聯盟的薪水僅略高於基本工資。那個年代即使在選秀會早早被選中，也不像現在有高額簽約金。一九八六年湯普森在大聯盟第一年的薪水是六萬美元。那年他依然在球季結束後當建築工人跟泊車小弟。一九八七年他的薪水躍升為十四萬美元，他才不再兼差。

隊的先發二壘手兼第一棒打者。他的第一個球季表現傑出，在國家聯盟的年度最佳新人獎得到第二高票，打敗幾個未來的超級巨星：貝瑞・邦茲、貝里・拉金（Barry Larkin）還有威爾・克拉克。湯普森的打擊率是〇・二七一，超越他在小聯盟的打擊率。他打出十八支犧牲打，居全隊之冠。他完成九十七次雙殺。

在克萊格與羅森的領導之下，表現超乎預期的球員不只有他。克魯科生涯第一次進入明星隊。他在季中的戰績是十一勝五敗，後來又贏了二十場，是生涯最多勝場的一季。他在賽揚獎的投票中位居第三，甚至在國聯最有價值球員獎也獲得票數。

一九八六年巨人隊贏了八十三場比賽，比前一年多了二十一場。觀眾變多了。勝利的氣勢延續到一九八七年的頭兩個月，然後，球隊的表現開始下滑。隊上出現一個超級破壞者。

年輕的克里斯・布朗（Chris Brown）是三壘手，一九八五年巨人隊輸了一百場比賽，但布朗還是進入了明星隊。他實力有餘但努力不足，似乎每隔一天就會因為生病或其他藉口請假。隊友都叫他錫樵夫。他曾經因為睡覺姿勢不佳造成「眼皮扭傷」而請假。還有一次是「牙根瘀血」。手受傷，腳踝受傷，膝蓋受傷。儘管實力堅強，他卻寧願坐在板凳上。他是典型裝病偷懶的人。球員經常抱怨他，打擊練習時抱怨他，搭專機時抱怨他，在飯店的酒吧裡抱怨他。有次在休息室裡，克魯科故意在眾人面前指出他的錯誤，希望他能上進一點，順便讓大家停止抱怨。但布朗坐在置物櫃旁一語不發。「我從來沒遇過像他那樣拖垮一整支球隊的球員，」克魯科說。

羅森知道像布朗這樣愛裝病的球員有多危險，尤其是在一支正在把自己重塑為常勝軍的球隊。他擔心球隊還沒堅強到足以抵擋布朗的負面影響。問題是，他暫時沒有合適的三壘手人選，邁特．威廉斯還沒準備好。他密切觀察情況。

• • •

高效團隊經常被比喻成運轉順暢的機器。但這個比喻並不準確。果真如此，我們就能用操作手冊跟 YouTube 影片，教大家如何打造和維護一支高效團隊。但我們做不到。這是因為團隊是複合系統（complex systems），而機器是複雜系統（complicated systems）[8]。想理解團隊默契，就必須理解兩者的差異。

以汽車引擎為例，複雜系統有標準零件，零件彼此以精準的、預設的方式互相配合。若火星塞壞了，引擎的動力會減弱。換上新的火星塞，就能恢復動力。這樣的因果關係既可預測，也可複製。

8 Stanley McChrystal, *Team of Teams* (New York: Portfolio / Penguin, 2015).

團隊比較像生態系或國家經濟。相互依存的因素太多，只要一個因素變了，就可能引發一連串改變，影響整個系統。這就是著名的蝴蝶效應。一九七〇年代早期，麻省理工的理論氣象學家愛德華．羅倫茲（Edward Lorenz）提出蝴蝶效應。他用實驗室裡一九六〇年代的電腦，跑一個天氣模型的數據，那個年代的電腦運算可能得花好幾天。隔天羅倫茲發現，運算結果跟前一天相差甚鉅。

這是怎麼回事？他只做了個非常微小的改動，實在難以想像會造成天差地遠的結果：跑第二天的數據之前，他把前一天的某個數值小數點後四位四捨五入。但是他發現，這確實就是運算結果大轉彎的原因——一個微小的改動。

這個發現顛覆了我們對因果關係的認識。我們原本以為，源頭的一個小小改變，會使結果有小小的不同。但是在複合系統裡，一個小小的改變可能造成小小的不同，也可能掀起劇烈的變化〔9〕。難以預測。也就是說，里約熱內盧的一隻蝴蝶振翅，經過氣流的強化，兩週後說不定會在德州引發一場颶風，但也可能沒有絲毫影響。

團隊也一樣。假設球隊裡出現一個干擾因素，例如連續輸球、受傷、離婚、球員交易、個人低潮。影響的程度，將取決於每個球員對這個干擾因素的想法、情緒、期望、個人怪癖與不安等等。變因多到數都數不完。每個球員的個別反應也是一種迷你干擾，於是又製造出一連串新的迷你干擾，以此類推。然後，再把這些干擾的數量乘上比賽場數，例如一百六十二場比賽。照理說，每支球隊應該時時刻刻都是一團混亂。但事實不然。

這是因為團隊跟天氣、環境及大多數複合系統之間，有個關鍵差異。團隊是由人類組成的。人類不同於氣候模式與浮游生物，我們不但有能力察覺前方有潛在的災難，也有辦法調整方向。我們還有能力創造能讓自己察覺危險並做出調整的環境。

這樣的環境會消除干擾。通常我們稱之為調適能力（resilience）。

• • •

七月三日巨人隊抵達芝加哥，他們將與小熊隊進行系列賽。這時他們落後第一名五場勝差。羅森坐在瑞格利球場（Wrigley Field）的看台上，觀察正在練習打擊的巨人隊球員。一顆尋常的滾地球突然彈起，打在布朗的額頭上。布朗立刻倒地，宛如遭到槍擊。打擊練習暫停，兩位防護員迅速把布朗扶到場邊，布朗的雙腳拖在身後，無法自己行走。隊友三兩成群，有的站在球場上，有的站在擊球籠後方，大家都邊看邊搖頭。

布朗躲進休息室之後，羅森感受到自己有股熊熊怒火。很快就有一名工作人員跑

9 Edward N. Lorenz, "Deterministic Nonperiodic Flow," *Journal of the Atmospheric Sciences* 20, no. 2: 130–41.

來告訴他，布朗自請退出先發名單。現在是球隊亟需挽救排名下滑的關鍵時刻，他請病假？忍無可忍。他必須調整方向。羅森怒氣沖沖走下看台，走進休息室。布朗躺在防護室的診療台上。

「小伙子，脫掉你的球衣，你沒資格再穿這身球衣。」

短短幾小時內，羅森就與教士隊總經理芬尼（Chub Feeney）談好交易，用布朗和三位投手換來明星賽投手戴維．卓威基（Dave Dravecky）、後援投手克雷格．勒弗茨（Craig Lefferts）與工具人球員凱文．米契爾（Kevin Mitchell）〔10〕。

羅森知道這是一場有利的交易，因為卓威基是有戰力的先發投手，勒弗茨是實力堅強的後援投手。他對米契爾沒什麼期待，但還是同意接受他，用自己的問題兒童換來教士隊的問題兒童。在羅森眼中，米契爾是鑲金牙、戴粗金項鍊的街頭惡霸，出了名的愛打架和愛違規。

但克萊格與克魯科眼中的米契爾，是另一個模樣。

米契爾的暱稱是米契，他跟一般的美國棒球員不一樣。他從小在一個叫東南區的地方長大，這裡是聖地牙哥的社會住宅區，非裔美人跟墨西哥人的幫派經常劍拔弩張。你若不欺負別人，就等著被人欺負，所以你很快就知道該效忠哪個幫派。米契進入青春期後，和他最好的朋友都跟著一個叫碼頭幫（Pierules）的幫派混，他們經常翹課，也經常跟敵對幫派鬥毆。米契很喜歡打架。打架是兄弟情義的一種展現，甚至是愛的展現。他的兄弟不問理由就是會挺他，他也一樣。米契的身體就是這份感情的證據：右大腿有一條點三八子彈留下的白色疤痕，背上有霰彈槍的岩鹽彈留下的大片傷疤。

右手腕的傷痕是他身上最舊的傷痕，永遠提醒他不要錯付信任。這是被鍋裡的熱油燙傷留下的，他把鍋子擲向正在痛毆母親的父親。當時他才九歲。米契經常覺得街上比家裡還安全。祖父母家是他的避風港，他們住在十條街之外。他會在他們家的車道上玩小皮球，也會跟他最愛的奶奶一起上教堂，星期天吃完晚餐後幫忙收拾餐桌。熱油事件發生沒多久，米契帶著一袋衣物住進祖父母家，再也沒離開過。

米契很適合美式足球，這種運動反映了他的街頭生活：敵對的人馬不時互施暴力。他改打棒球有兩個原因：第一、奶奶愛看棒球，第二、他是揮棒專家。他的前臂跟火腿一樣粗，任何球只要落入好球帶，都會被他強力轟出。他打少棒的時候，有些

10 克里斯·布朗兩年內就被踢出大聯盟。底特律老虎隊一九八九年五月將他釋出。他在小聯盟短暫遊蕩了一陣子，後來加入建築業，主要工作是操作起重機。二〇〇一年九一一事件後，接下來三年他受雇於哈利伯頓公司（Halliburton），駕駛油罐車往返伊拉克與科威特。二〇〇六年他死於燒傷，得年四十五歲。他位於德州舒格蘭（Sugar Land）的房子即將被銀行查封，卻離奇發生火災。他身後留下早已感情失和的妻子與九歲的女兒。回首過往，克魯科相信，布朗在棒球界的問題源自深刻恐懼失敗。

球員的父親會給他二十美元請他表演全壘打。他高中念了四年，換了四間學校，可是都沒有畢業。高中時他幾乎沒打過棒球。他總是在秋天開學時加入美式足球隊，球季還沒結束就被當掉或停學，所以沒資格在春天加入棒球隊。

有次大都會隊的球探來到聖地牙哥州立大學，看到他在週四晚上的冬季聯盟賽打球。他提供一紙兩萬五千美元的合約，米契當場就在球探的汽車引擎蓋上簽了。他在小聯盟度過起起伏伏、時而混亂的五年之後，才終於在大都會隊挺進一九八六年世界大賽時，晉級大聯盟。大都會隊明星球員蓋瑞・卡特（Gary Carter）給他取了「世界」這個綽號，因為他可以打六個守備位置。大都會隊在第七場比賽擊敗紅襪隊的那個晚上，米契在休息室裡感受到這輩子從未有過的喜悅和愛。他和隊友像親兄弟一樣擁抱彼此。他以為他們永遠不會分開。

但是，兩個月後他被交易給教士隊，然後是巨人隊。七個月內被交易兩次。他覺得自己像人行道上的一袋垃圾，他不想再打棒球。卓威基好言相勸他才終於上飛機，去芝加哥跟巨人隊會合。卓威基是少數有辦法說服他的人。

卓威基跟米契看起來不太可能成為朋友。卓威基是待人和善、輕聲細語的福音派基督徒，而且還是右翼組織約翰伯奇協會（John Birch Society）的成員。在教士隊的時候，米契的溫暖和脆弱讓卓威基決定保護他。米契對他敞開心胸，告訴他自己有多想念大都會隊的隊友（他甚至在教士隊的球衣裡面，穿著大都會隊的球衣）；教士隊總教練賴瑞・波瓦（Larry Bowa）老是批評他，讓他覺得自己很沒用；他很愛瘋迷棒球的祖母，她還住在原本那個社區的房子裡，曾在那裡做飯給米契跟卓威基吃。卓威基叫米契「布吉熊」（Boogie Bear）。米契叫卓威基「零嘴」（Snacks），因為卓威基的置物櫃裡裝滿糖果跟薯片。

米契走進瑞格利球場的客場休息室時[11]，滿腦子都是退出職棒的計畫。他看著同被交易過來的教士隊隊友跟以前同隊過的巨人隊球員熱情擁抱。米契誰也不認識。他一點也不想待在這裡。米契忙著尋找自己的置物櫃時，克萊格把他叫進辦公室。我就知道，他想。總教練剛剛失去明星賽三壘手，換來一個被交易兩次、名聲又不好的廢物。他迫不及待想給我下馬威。

克萊格站起來，伸出大手用力握住米契的手。

「真高興你能過來，」他說，「我知道你很有實力，所以我們才把你換過來。上場去好好打球，玩得開心點。享受球隊提供的一切。我們都是好人啦。」

米契走出辦公室，發現克魯科正在等他。「終於見到你本人了，不用再把你的馬

11 編註：瑞格利球場是芝加哥小熊隊的主場。

克杯放在本壘板上練球，」克魯科笑著說。米契脫下衣服，換上衣架上掛著的巨人隊球衣。背上沒有他的名字。他望向卓威基跟勒弗茨，他們的球衣上都有名字了。看吧，我無足輕重，他心想。

回到舊金山之後，有一天克魯科和其他資深球員把記者通通趕出休息室。「袋鼠法庭！」有人喊道。

球員把凳子拉過來，面對坐在前面的一排法官，克魯科是其中之一。捕手布蘭利保管違規紀錄本，裡面有球員舉發的違規事件，球員、教練、工作人員和防護員都可能被舉發。那個年代，大部分球隊都有袋鼠法庭。有些球隊的法官會戴上拖把頭充當假髮，像搞笑的律師。最棒的袋鼠法庭既爆笑又無情。這是修理抱怨者的好機會，他們總是受到最誇張的指控、支付最鉅額的罰款。球隊的訊息很清楚：停止抱怨，不然就繼續接受嘲弄跟罰錢。

捕手布蘭利打開筆記本，開始念出控訴。袋鼠法庭不能沒有諧星，布蘭利和克魯科正好是棒球界最風趣的兩個人。克利斯．史拜耳（Chris Speier）每次想罵「幹」卻用「可惡」取代，就要被罰十五美元。其他人挨罰的原因包括在淋浴間裡小便，比賽前跟對手的球員稱兄道弟，給太少小費，來球場的途中爆胎，漏接盜壘暗號。每次開庭都至少會有一個人因為「用餐露鳥」被罰錢，這是比賽後全隊吃自助餐時全裸跑來吃飯的正式罪名〔12〕。

甚至連上一次開庭沒有被罰款，也可以成為罰款的理由。新人內野手邁特・威廉斯（後來擔任華盛頓國民隊總教練）記憶力直逼《雨人》（*Rain Man*），會背很多電影金句。每當法官宣判某人有罪，他就會偷偷走到那人身後，背出一段完整的電影台詞，例如《疤面煞星》（*Scarface*）：「沒錯，你這個敗類……」

米契站在休息室後面邊看邊傻笑，雖然那些內部人士才知道的笑話他幾乎都聽不懂。突然間，他聽到自己的名字。他才剛來不到一個星期，怎麼可能被舉發？

布蘭利念出控訴：

球衣上沒有名字。

加入巨人隊的第一場比賽就擊出兩支全壘打。

有一顆防彈金牙。

12 我最喜歡的袋鼠法庭故事是一九六〇年代晚期，法蘭克・羅賓森（Frank Robinson）與巴爾的摩金鶯隊的一次開庭。他們有個球僮叫傑・瑪宗（Jay Mazzone），他的雙手在兩歲時因意外而嚴重燒傷，必須截肢。他用金屬勾取代雙手工作。根據美聯社的報導，瑪宗跟羅賓森成了好朋友，但有些球員每次碰到瑪宗還是不太自在。「是羅賓森打破了尷尬，」瑪宗告訴美聯社記者，「有次他主持袋鼠法庭，請大家投票決定要不要給某個人罰款。贊成的人拇指朝上，反對拇指朝下。投完票之後他說：『傑，你沒投票，必須被罰款。』大家都笑了。在那之後，大家都對我一視同仁。甚至有人用厚紙板幫我做了一隻伸出拇指的大手，讓我以後能參與投票。」

隨便穿一套衣服就令十四種動物瀕臨絕種。

每念出一項指控，米契就笑得愈大聲，笑到最後捶胸頓足。「我們狂虧他，」克魯科回憶道，「他開心得不得了。」

隨著球季進展，米契愈來愈開心，但是他不敢跟隊友太過親近。他認為棒球隊是商業團體，沒有兄弟情誼。

兩個月後，克魯科證明他想錯了。

九月中，教士隊來到舊金山。米契將初次對戰老隊友。第一場比賽前練習打擊時，教士隊先發投手艾德．惠特森（Ed Whitson）開玩笑地叫米契小心點，他搞不好會往他的肋骨投一顆快速球。米契笑了。他把惠特森當朋友。

但（巨人隊那天的先發投手）克魯科聽見了這句話，他很生氣。大家都知道惠特森愛投觸身球。

第一局下半，巨人隊的第一棒擊出全壘打。接著換米契打擊。惠特森沒有猶豫，第一球就投在米契的背上。米契沒有多做反應。他扔下球棒、脫掉手套，慢慢跑向一壘。

第二局開始，克魯科站上投手丘。他的老毛病背痛漸漸發作。人在場邊休息區的克萊格看得出克魯科很痛苦，他做手勢要換後援投手。但克魯科不肯離開。教士隊的打者走向本壘板時，克魯科把三壘手叫過來。

「這一球是為你投的，米契，」他說。

克魯科舉球後仰、準備投球。彷彿在玩遊樂場的投球遊戲一般，這記球直接命中打者〔13〕。

克魯科轉向米契，米契朝他微微點頭。

然後，克魯科蹣跚走回場邊休息區。

米契不可能公開感謝克魯科為他報仇。刻意投觸身球的罰款金額很高。但克魯科支持他，這一點他永難忘懷。他牆上依然掛著一張照片，是克魯科那天下午一臉痛苦離開投手丘的模樣。

某天，米契正在看克萊格剛剛公布的每日先發名單。「船長（克萊格）為什麼不先問我的狀況，就把我放在先發名單？」他問克魯科。

這個問題很奇怪。總教練通常不會直接問球員那天能否上場打球。要是球員受傷或生病，防護員會通知總教練。沒有接到這樣的通知，就表示球員可以上場。克魯科

13 挨這記球的打者是克里斯・布朗。他不像米契那樣轉身用背擋球，而是主動迎向這顆球。從他手上彈開的棒球力道強勁，落地後飛向界外區。布朗痛得蹲下，抱著自己的手。教士隊的訓練員衝出來看他的傷，布朗氣呼呼地離開，把頭盔用力扔在一壘邊線上。這一球導致他的手骨折。

大可以把原因告訴米契，但是他把這件事交給克萊格。好的總教練在球隊裡需要好的夥伴助攻。過了一個漫長的球季，球員對彼此的了解是總教練永遠做不到的。（「我們常開玩笑說，坐在馬桶上大便時，誰坐在隔壁一看腳就知道，」克魯科說。）他知道米契不是真的在問他。米契需要的答案，只有克萊格才能提供。

隔天公布先發名單之前，克萊格走到米契的置物櫃旁，問他今天的狀態怎麼樣。往後的每一場比賽，他都會先來問他。「我昨晚熬夜了，」米契會說。或是「我的腿真的很痛，船長。」

每一次克萊格的回答都是：「米契，我們需要你。」

克萊格知道，米契一定會上場認真打球。他曾經在打擊練習時，因為接滾地球導致手指脫臼，他立刻把手指用力壓回去，然後繼續接滾地球。克萊格知道，米契需要的是知道總教練很關心他。以總教練的工作量來說，關心他只是一分鐘的事情。

曾有球員抱怨克萊格溺愛米契。如果所謂的溺愛能使他表現得更好，這就不叫溺愛。這叫做聰明的管理。「我給米契特別待遇，」幾年前我拜訪克萊格時他告訴我。他住在波雷哥泉（Borrego Springs），在聖地牙哥東邊。「他對我們來說很重要，而且他很可愛。我真心喜歡他。如果沒有好好對待他，他一定會縮回殼裡。」克萊格是在照顧他的花園。數字就是證據。米契跟著教士隊與總教練波瓦時，球季上半打了六十二場比賽，打擊率〇．二四五，七支全壘打，打點二十六分。球季下半跟著巨人隊與總教練克萊格，打了六十九場比賽，打擊率〇．三〇六，十五支全壘打，打點四十四分。後來還會更好。

•
•
•

有天我畫了一個金字塔來整理我對領導力的想法。我在底層寫了「信任」，往上一層是「適應力」。領導者必須適應球員，而不是球員適應領導者。但這並不完全正確。你不應為了適應而適應。適應要有明確目標。克萊格配合米契對先發名單的特殊要求，是因為他看出藏在背後的情感需求。這跟配合球員要求在置物櫃上換一台大電視完全不同。

所以我把「適應力」畫掉，在第二層寫下一個沒那麼朗朗上口的標題：「理解並運用兩個基本概念：人性的恆常與人類的無常。」

也就是說，雖然人類有相同需求與好惡[14]，但我們表達這些需求與好惡的方式無窮無盡。領導者察覺並適應每個人的特殊需求，就能激發出更多技巧跟才能，提升表現。已故女籃教練佩特．蘇米特曾在某個球季，被天賦異稟的大一球員西梅卡．藍道（Semeka Rnadall）搞得很困惑。「西梅卡的態度像鬆脫的線頭，可能會在季後賽搞散整支球隊，」蘇米特在回憶錄《高聲歡呼》（*Raise the Roof*）中，追憶一九九七至一九九八年的冠軍賽球季。「整支球隊好像都會模仿西梅卡的情緒……她垂頭喪氣時，全隊都被她往下拖。」蘇米特打電話給西梅卡的高中教練，尋求建議。「佩特，」他告訴她，「你得抱抱那孩子。」蘇米特把西梅卡找來。「你必須相信我，」她說。西梅卡沒有說話。蘇米特說，「不如這樣吧，我不要求你相信我，我來相信你。你還需要什麼嗎？」

西梅卡抬頭看她。「抱抱。」蘇米特說抱就抱。

北卡羅來納大學的安森·杜朗斯（Anson Dorrance），是史上最會贏球的大學足球教練，他告訴我曾有球員在他桌上留了一張紙條。這個球員跟他相處不來。紙條上寫著，「在知道你有多在乎之前，沒人在乎你有多厲害。」杜朗斯自己也承認，他有時很傲慢、容易傷人。教練不是個容易自然流露情感的工作。「她想告訴我的是，『我不聽你的話，是因為你不在乎我。』這個訊息很重要，因為她說的是實話，必須有人告訴我這件事才行。」

運動員和教練不斷提到「愛」，跟軍人一樣。名人堂籃球教練菲爾·傑克森（Phil Jackson）說，愛是冠軍隊伍的必備要素。凡德維爾也說過這句話，這位名人堂教練可不是以慈愛聞名。

「我們為了追求高效表現所做的每一件事，應該不只是為了熟悉戰術，」她說，「也跟你的情緒感受、你如何消化這件事大有關係。想想最強大的動機，其中一個就是愛。若你真的愛對方，你一定會為他們付出更多。」她說關於如何當個好教練，她在幫她妹妹指導青少女球隊時感觸最深。「我永遠不會忘記每個隊員都是某個人的姊妹、女兒，你必須把她們當成自己的姊妹跟女兒來教導。」

二〇一五年十一月，道奇隊雇用戴維・羅伯茨擔任總教練。他向自己崇拜的教練尋求領導建議，包括西雅圖海鷹隊的彼得・凱羅（Pete Carroll）、金州勇士隊的史蒂夫・科爾，以及舊金山湖人隊與紐約尼克隊的前教練派特・萊利（Pat Riley）。羅伯茨抄了很多筆記，最後歸納如下：「關於教練，球員想知道的三件事情是：他是否在乎我？我能否相信他？他能不能讓我變強？」

羅伯茨說，「如果這三個問題都打勾，你會從球員身上得到很多。我想對我來說，這個基礎就從冬天的電話問候開始。」他跟大約二十五位球員通過電話，春訓前還跟五、六位直接碰面。他飛去德州拜訪隊上的重量級明星投手克萊頓・柯蕭、他的妻子與剛出生的女兒。他跟二十一歲的第一輪選秀新人游擊手科瑞・席格深談，還打電話

14 馬斯洛（Abraham Maslow）的金字塔型「需求層次」以圖形簡練呈現人性與人類動機的複雜程度。這個理論最早見於他一九四三年的論文〈人類動機理論〉（A Theory of Human Motivation），發表於《心理學評論》期刊（*Psychological Review*）。

給席格的父母。羅伯茨自己也有孩子，他認為，席格的父母會想知道有人好好照顧他們的寶貝兒子。整個球季的打擊練習他都沒有缺席，在場上跟每個人閒聊。「寶寶最近怎麼樣？」「你父親的手術還好嗎？」如果有問題需要解決，他可以安靜低調地當場處理，不用把球員拖進辦公室。認識球員與建立信任都非常花時間。但史丹利在《美軍四星上將教你打造黃金團隊》書中寫道，「培養信任與使命感都很沒效率……（但是）為團隊注入高度適應力與效能的，就是這些沒效率的事。」

二〇一六年七月，柯蕭因為背傷被移入傷兵名單。有些球員認為，羅伯茨應該會召開全隊會議，說明這個嚴重的損失。柯蕭是他們的戰士。但羅伯茨只是繼續在場上陪球員練習，相信他們會自己提升表現，彌補柯蕭無法上場的缺憾。「我想他們覺得更有力量，就好像『沒錯，最好的球員無法上場，但那又如何？』在那之後，我們表現優異，」羅伯茨說。接下來的十一場比賽，他們贏了八場。（他們挺進國聯冠軍賽，但輸給那一年的世界大賽冠軍小熊隊。）

這是羅伯茨加入道奇隊的第四個球季，他的目標仍是每天跟所有球員打招呼。「有人說千禧世代的球員很難了解，根本沒辦法指導，」羅伯茨說，「我完全不同意。他們只是想要獲得關愛。」

球員休息室、更衣室和職場，其實都跟原始的合作型部落、歐洲的孤兒院、特沃斯基與康納曼的夥伴情誼〔15〕沒有太多不同。它們表現出我們對彼此的基本需求，以及我們對彼此的影響。美國銀行客服經理想知道，要如何提高電訪人員的生產力，他請教了桑迪・潘特蘭教授（Sandy Pentland）〔16〕，他是麻省理工連接科學與人類動態實驗室（Connection Science and Huamn Dynamics labs）的主任。潘特蘭有點像是社群分析界的比爾・詹姆斯。《富比士》雜誌曾選出全球最有影響力的七位數據科學家，潘特蘭是其中之一。他的專長是研究人際互動。

他和研究團隊為客服中心的員工掛上感應「識別證」，這些識別證會收集大量數位數據，包括他們的動作、對話、肢體語言和語調等等。然後他們分析數據，找出與高效或低效表現有關的特定行為模式。他們發現，有一個預測因子，在客服團隊的成功裡扮演最重要的角色，那就是**離開座位**跟其他同事聊天。數據顯示，與工作無關的非正式互動，對生產力的影響不亞於其他因素（像是個別智商、個性、技術與討論內容）加起來的影響。跟笑聲一樣，人類閒聊有點像黑猩猩互相理毛抓蝨。非人類靈長

15 編註：這裡指二〇〇二年諾貝爾經濟學獎得主丹尼爾・康納曼（Daniel Kahneman）與他的研究伙伴阿莫斯・特沃斯基（Amos Tversky），後者由於在一九九六年過世，無緣諾貝爾獎。兩人的情誼參見《橡皮擦計畫》一書，繁體中文版由早安財經翻譯出版。

16 Alex "Sandy" Pentland, "The New Science of Building Great Teams," *Harvard Business Review*, April 2012.

目幫彼此抓蝨的時間，遠遠超出實際衛生需求。牠們表面上看似抓蝨，其實正在不知不覺間建立信任、減輕壓力。美國銀行的這群同事，也在閒聊間達到這兩種效果，另外還能獲得資訊與建議。

潘特蘭為客服經理的問題，提供一個意想不到的解決方法。潘特蘭說，與其讓大家各自休息，不如讓同一個客服團隊的人一起休息。對經理來說，整個團隊的人一起離開工作崗位，看似很沒效率，甚至很瘋狂。但生產力確實提升了。員工處理客服電話的速度更快，因此每天能接更多電話。經理改動了美國銀行十個客服中心的休息時間，年生產力增加了一千五百萬美元。潘特蘭把這個方法用在新創企業、醫院和其他產業的職場，都得到類似的結果。

• • •

告別兩年前的敗場破百窘境，一九八七年巨人隊贏了九十場例行賽，睽違十六年再登分區第一。此時克魯科的狀況愈來愈糟。他的手臂漸漸不堪負荷。但克萊格依然對他充滿信心，安排他在國聯冠軍賽的第四場比賽對戰紅雀隊。這是克魯科第一次在季後賽投球，而且是一場重要的比賽：巨人隊暫以二比一落後。他完投一整場比賽，巨人隊四比二獲勝。巨人隊把紅雀隊逼到第七場比賽，可惜沒有勝出。羅森被選為國聯年度最佳總裁。

卓威基成為巨人隊的王牌投手，一九八八年開幕賽就完封對手。但是投了七場先發之後，他的肩膀肌腱損傷、接受手術，剩餘的球季只能休息。克魯科也因為肩膀問題，休息了大半個球季。先發投手先後受傷，最後他們以分區第四名結束球季。

冬季卓威基回到俄亥俄州，他去克里夫蘭診所檢查投球手臂上的一個腫塊。他發現腫塊約有一年，但大家都叫他不用擔心。可能是疤痕組織。結果是已侵入三角肌的惡性腫瘤，三角肌是投球使用的主要肌肉。為了切除腫瘤，醫生必須切除一半的三角肌。他們也必須冷凍從肩膀延伸到手肘的肱骨，殺死侵襲此處的癌細胞。

肌肉遭破壞，支撐肌肉的骨骼也被削弱，醫生告訴卓威基他不能再當職業投手。「我最大的希望，」醫生說，「是你可以跟兒子在後院玩接球遊戲。」

癌症的消息重創隊上每一個人。卓威基一直是明星球員，而且在球隊深受愛戴。他跟米契、勒弗茨一起來到巨人隊後，克魯科偷偷觀察他的工作方式，對他的佩服與日俱增。克魯科看見米契有多挺他——當羅森宣布球員（短期）禁止吃垃圾食品時，隔天早上米契帶著一盒甜甜圈出現，好讓「零嘴」有點心可以吃。以卓威基為首的福音派隊友愈來愈多，已占全隊三分之一左右。他們不喝酒、不罵髒話、不宴飲做樂，這些都是另外三分之二的隊友最喜歡的休閒活動。但卓威基不會批評他們。他是夥伴，是每個人的朋友，而且在場上全力以赴。在克魯科眼中，他是最棒的隊友。

我們記者裡有很多人叫巨人隊的福音派球員「上帝小隊」（God Squad），這個綽號曾用來稱呼一九七〇年代末和一九八〇年代初的一群巨人隊球員。當時有位舊金山的專欄作家以挖苦的口吻寫道，信上帝似乎對這支球隊沒有幫助，也許他們該改信撒旦。而上帝小隊的一位球員表示，這名記者的言論不令人意外。「灣區是美國崇拜魔鬼、激進團體和同性戀的重鎮，」他說，「這是個邪惡的地方。」

卓威基的上帝小隊作風較溫和。埃特利・哈梅克（Atlee Hammaker）喜歡在週日早上故意經過頑固的麥克・拉寇斯的置物櫃。拉寇斯是巨人隊的警察典型，他總是毫不猶豫指責偷懶或暖身遲到的人。他不介意別人認為他是渾蛋。

「巴菲，二十分鐘後祈禱室見。」哈梅克對他提出邀請。

「你講了兩年，我都沒去，」拉寇斯每次都會生氣，「你怎麼還他媽的繼續約我？」哈梅克笑得很開心。

卓威基與教友在祈禱室裡做禮拜時，克魯科跟他自己的小夥伴會在隔壁的廚房玩穴居人機智問答。「穴居人」是唐・羅賓森（Don Robinson）的綽號，他也是諧星典型。這位投手身材高大、個性搞笑、吃苦耐勞，來自西維吉尼亞州的小鎮。二十九歲的他身上縫合過的次數，比一整桶棒球還多。克魯科曾說，「他就算肱骨斷了三處，還是

能再穩穩投個三局。」〔17〕

《舊金山紀事報》每個星期天都有冷知識問答題。穴居人會大聲念出題目，他念得坑坑巴巴，把大家逗得樂不可支。祈禱室裡的基督徒經常聽見隔壁歡聲雷動。有一次，一位平常週日做禮拜的球員決定，跳槽參加穴居人機智問答。隔週又多了兩個叛逃者，「從天堂墮入地獄，」克魯科說。很快地，祈禱室裡只剩下小貓兩三隻。卓威基私下找了克魯科。

「克魯科，你們不能再搶人。我的教友都跑光了！」

「才不要，」克魯科說，「這是我們做過最好玩的事。」

「我知道！」卓威基說，「連我都想跳槽了！」

最後克魯科同意，等週日禮拜結束再舉行穴居人機智問答。

一九八九年二月，球員到春訓基地報到時，卓威基的四十三號球衣仍掛在他的置物櫃裡，儘管他沒有來，他仍是巨人隊的一員。有天早上，卓威基走進休息室。隊友將他團團圍住，說他看起來氣色很好，說很高興能再見到他。大家紛紛上前跟他握手，小心翼翼地擁抱他。卓威基脫掉上衣，露出手臂。全場鴉雀無聲。他的上

17 Matt Johanson, *Game of My Life: San Francisco Giants* (Champaign, IL: Sports Publishing, 2007).

臂缺了一半，好像被人用破酒瓶挖掉了一塊肉。植皮跟縫合過的地方，留下皺縮變色的皮膚。

「兄弟，」米契終於開口，「你好像被大白鯊咬了一口！」

卓威基哈哈大笑。克魯科注意到他帶了行李袋。卓威基把手套和其他裝備放進置物櫃，然後開始換上練習球衣。

「你搞什麼鬼？」克魯科問。

「我要鍛鍊體能，」卓威基說，「我還想投球，我的進度有點落後。」

克魯科和其他人順著他的意思。如果卓威基需要相信自己能回來投球，他們也願意相信。他們每天都在防護室和健身房看著卓威基一臉痛苦、滿頭大汗，咬牙鍛鍊自己殘餘的三角肌。他也必須鍛鍊平常少用的肌肉，來補強三角肌的不足。他學著用這些新肌肉來輔助新的投球動作。

於此同時，羅森找來曾在巨人隊當過投手的鮑勃．內帕（Bob Knepper），加強投手陣容。多數人都同意內帕是個好人，但是他對聖經的詮釋冥頑不靈而且直言不諱，跟許多隊友的主流價值觀產生衝突。例如，他相信上帝認為女性應順從男性，因此女性不該擔任領導者。為此，全國婦女組織休士頓分會還提名他為「年度尼安德塔人獎」得主（Neanderthal of the Year）。他的到來預示了羅倫茲的蝴蝶效應，一個微小干擾有可能引發災難。

當然，很快就有傳聞說，有些基督徒批評隊友的行為不符道德。喧鬧組的球員聽了很不高興，他們反過來抱怨基督徒不重視輸球，認為輸球都是「上帝的旨意」。但其實基督徒隊友是否真的說過這種話，根本沒人知道。後來克萊格與羅森請基督徒在接近比賽的日子不要做週日禮拜，因為可能會降低球員上場後的動力與幹勁，這個要求對雙方的衝突毫無幫助。卓威基和隊友改了做禮拜的時間，但這樣的指控令人心生不滿。

兩組人馬的隔閡漸漸分裂球隊。「球隊面對任何問題時都不能分成兩派，」克魯科說，「我們必須團結一致，否則打不了球。」

單靠一位教練或總教練，沒辦法修復球員之間的裂痕。這問題得靠球員自己解決（此例靠的是兩名球員）。卓威基仍在復健手臂，克魯科也沒有為了解決這個問題召開球隊會議。他們選擇私底下找人閒聊，或是開開玩笑。他們是隊上的聖賢兼警察典型，也帶點諧星跟夥伴典型的特質。

「如果我們是虔誠的基督徒，」卓威基用各種方式告訴教友，「就不能用言語反駁他們。只能用行為舉止來反駁。」

克魯科則是找到機會就幫上帝小隊說話。「聽我說，這些人會為你而戰。他們是隊友。我們只需要知道這一點就夠了。」

兩位老將扛起領導者的角色，看似什麼也沒做，就已悄無聲息消除隊友之間的裂縫。例行的賽後祕密會議會討論今天場上發生的事，以往通常只有十來個衣衫半褪的球員參加，後來漸漸地整支球隊都加入，被暱稱為「圈內會議」(the Circle)。克魯科和幾位資深球員主導討論，內容包括失誤、錯失的機會、策略跟努力的方向。誰在偷懶或拖累球隊？他們尋求彼此的意見跟回饋。為什麼我讓對手得分？我是否洩露了球路？他們分析隔天的打者與先發投手。誰以前遇過這個人？你知道哪些資訊？祕密會議後來變成全員出席。新人學會哪些事該做，哪些事不該做。怎麼傳遞暗號，怎麼穿球衣，失敗後如何重振精神，遇到挑釁和捉弄如何處之泰然。為了交換前輩的教導，他們去冰箱拿啤酒來孝敬前輩。

去外地比賽時，隊友會一起吃晚餐，甚至一起在飯店酒吧喝一杯。「他們喝茶，但我喝了十九杯啤酒，」拉寇斯說。

• • •

上個球季克魯科就知道，他的投手生涯快要走到盡頭了。他下了球場就戴上棒球帽，因為他沒辦法梳頭。春訓時，他能投完整的三局。春訓結束後，他被列入傷兵名單。少了他跟卓威基，巨人隊回舊金山時只剩九名投手，而不是平常的十一名。季前預測的國聯西區第一又是道奇隊，教士隊跟紅人隊也有機會一較高下。巨人隊的預測成績是西區第四。

克魯科五月回到先發名單，但這時他只投得出破綻百出的卡特球跟軟弱的曲球。「我不敢投快速球，不然會很像在跟主審玩拋接，」他說。比賽之間，他不碰棒球。他的手臂能投球的次數有限，他不想浪費在牛棚的練習上。在止痛藥跟自我欺騙的協助下，他以四勝二負的戰績挺進六月。

六月四日，與勇士隊的比賽進入第五局。他朝達若・艾凡斯（Darrell Evans）投出快速球時，聽見撕裂的聲音。他倒在投手丘上，痛苦和悲傷的淚水湧出。他抱著廢掉的手臂離開球場，走進休息室。羅森正在等他。這個總是面無表情的總經理，此刻同樣熱淚盈眶。

「對不起，艾爾，」他說，「我不行了。」

那天晚上，球隊的巴士把克魯科送到機場的主航廈。他要飛回舊金山接受治療。其他球員將搭乘專機飛往辛辛那提。克魯科下車後走了二十步，然後回頭望向巴士。「每個人都貼在窗戶上。我走進航廈時哭到不行，」他說。

手術後，他的手臂垂吊著。他不願意回球隊。他知道球員都很迷信，靠近受傷的隊友會影響表現，彷彿會沾染到隊友的霉運。隊友天天打電話給他，問他何時歸隊，告訴他球隊少了他就不一樣了。但克魯科依然不肯回去。六月巨人隊勝利不斷。十二場比賽贏了十場，其中有七場是連勝，從第三名躍升第一名。「我不想拖累他們。我擔心我會破壞團隊默契，」他說，「是卓威基救了我。」

• • •

六月份，卓威基開始在打擊練習與模擬比賽中投球。他在加州斯托克頓（Stockton）的小聯盟球場投球時，看台座無虛席，還登上全國新聞。他陸續投了幾場小聯盟比賽，愈來愈有手術前的架式。他的故事吸引愈來愈多關注，克魯科也跟其他人一樣深受感動。他重返球隊。他不想錯過棒球史上最偉大的一場回歸。

手術後十個月，在三萬四千名歡欣鼓舞、感動落淚的球迷面前，八月十日卓威基站上燭台球場的投手丘。媒體區和攝影席裡擠滿來自全球的記者。這是對戰紅人隊的比賽，卓威基完封八局，下場時巨人隊以三比一領先，觀眾為他起立鼓掌。最後巨人隊獲勝，分數是四比三。

五天後卓威基在蒙特婁再次上場。他投了五局未失一分，僅有三支安打，巨人隊三比〇領先。六局下半，第一名打者打出全壘打，第二名打者是觸身球。

打者提姆・雷恩斯（Tim Raines）站上打擊區，卓威基舉球後仰、投出快速球。球還沒離手，他的手臂就斷了。那聲音像樹枝斷裂，令人毛骨悚然，那天在場上的人一定不會忘記。卓威基倒在地上，他以為自己的手臂跟球一起飛向擋球網。他緊緊抓著手臂，確定它仍在原位。隊友奔向投手丘。克萊格帶著防護員衝出場邊休息區。

「斷了，」卓威基痛到面容扭曲。他的肱骨斷成兩截。

他躺在擔架上離場時告訴克萊格，「不要輸。我想贏這場比賽。」巨人隊贏了，三比二。

卓威基的奇蹟回歸結局很慘烈，巨人隊可能會因此受到動搖，但這件事反而使他們更加堅強。他們帶著勝券在握的態度打球，這需要每個球員齊心付出才能做到。克萊格完全相信他們會贏，所以大家也這麼相信，就連板凳球員也不例外，這種情況並不常見。球隊裡最愛抱怨的人通常都是板凳球員，這很容易理解。板凳球員有時穿上球衣枯等九局比賽，除了一堆瓜子殼什麼也沒留下。但巨人隊的板凳球員安於扮演替補角色，他們自稱「殺手B隊」，因為春訓時他們被指派為「B」隊。他們每天做內野守備練習時，會玩一個叫做「端飲料」（Service）的小遊戲。殺手B隊的里頓（Greg Litton）、尼克森（Donell Nixon）、瑞爾斯（Ernie Riles）、貝斯（Bill Bathe）、史拜耳、拉賈（Mike Laga）和歐伯克菲爾（Ken Oberkfell）會在三壘旁前後排成一列接滾地球。教練溫德爾・

金姆（Wendell Kim）負責朝他們的方向用力擊球。失誤最多的人必須在賽後跑腿，幫每個人拿他們指定的飲料。「那一季我端了大量飲料，」里頓說。

九月四日，他們來到辛辛那提。殺手B隊寫下巨人隊的傳奇。第七局，分數八比〇，巨人隊落後。克萊格幾乎換下所有先發球手，讓B隊上場。他們打出一個月份量的安打。「羅傑在場邊休息區興奮地又叫又跳，說著『絕對會這樣，他一定會擊出二壘打……』之類的話，」克魯科說。他跟隊友一起站在場邊休息區的欄杆上，為不停跑壘的B隊吶喊歡呼。比賽結束：九比八，巨人隊勝。「難以置信，」克魯科說，「那場比賽後，我們覺得自己所向無敵。」

於此同時，米契爾與克拉克也創下球季最佳戰績。克拉克的打擊率是〇．三三三（球季最後一天才輸給教士隊的東尼．關恩），整體攻擊指數〇．九五三，二十三支全壘打，打點一百一十一分。國家聯盟只有米契爾的戰績贏過克拉克。他有六個打擊項目是聯盟第一：四十七支全壘打，打點一百二十五分，長打率〇．六三五（每次打擊貢獻的上壘數），整體攻擊指數一．〇二三，壘打數三百四十五，三十二次故意保送。那個球季他們倆都是戰士典型，也都是國聯呼聲最高的最有價值球員。他們為彼此打氣。

「最有價值球員應該是米契爾，」克拉克告訴記者，「這三個月米契爾帶領我們贏球。少了他，我不可能表現得這麼好。」

米契爾不置可否。「反正我這輩子什麼獎也沒得過，得不得都無所謂，」他說，「得獎很棒。但威爾跟我一樣有資格拿這個獎。」最後是米契爾得了獎。

巨人隊輕鬆成為分區第一，接著以五場比賽打敗小熊隊，贏得國聯冠軍。球員衝到場上慶祝，仍吊著手臂的卓威基跑向投手丘時，被人從後面撞了一下。他當場就知道手臂又斷了[18]。醫生幫他接好斷骨、准許他出院之後，他又回到球隊。他的隊友即將締造歷史，他無論如何都不想錯過。

這是巨人隊睽違二十七年首次重返世界大賽。對手是強大的奧克蘭運動家隊，一開戰就連贏兩場，累積的比分是十比一。第三場比賽開始前不久，在一個燭台球場異常溫暖而平靜的傍晚，一場規模六．九級的地震晃動了燈柱，也撼動了整座球場。我在三樓人滿為患的媒體區。我們坐在座位上搖晃了十五秒，但是地震發生的當下，這種感覺很像永恆。地震停止時，這個又醜又老的球場、這座約翰．荷姆斯紀念館屹立不搖，球迷發出興奮的歡呼，不斷高喊：「打球！打球！」

18 球季結束一個月後，卓威基癌症復發，正式宣布退休。當時他三十五歲。忍受了兩年的慢性疼痛與感染之後，一九九一年六月十八日，他動了手臂與肩膀的截肢手術。現在他是基督教的激勵講師兼作家，也是巨人隊的社區大使。

但遠方冒出滾滾濃煙，舊金山的海港區失火了。今年世界大賽的標誌海灣大橋部分坍塌。奧克蘭高速公路的上層車道斷裂掉落至下層，壓到幾名汽車駕駛。這場地震有六十五人罹難，三千人受傷，造成一百億美元的損壞。世界大賽延期。巨人隊的球員與教練拜訪受災戶的收容所，聆聽每個人的遭遇。「這麼多人遭受苦難，」克魯科說，「在這一片混亂之中，我們還得打球。」

十天後，世界大賽在燭台球場復賽。最後運動家隊以第三場比賽十三比七、第四場比賽九比六的連勝姿態，贏得世界大賽冠軍。巨人隊令人既興奮又心碎的球季終於結束。周遭的悲劇幾乎使他們的損失顯得微不足道。不過，世界大賽前的那段歲月：逆轉勝、袋鼠法庭、穴居人機智問答、卓威基回歸、共進晚餐、圈內會議、殺手B隊，幾百萬次的交談、歡笑和小故事，都將讓這個球季成為每個人這輩子永難忘懷的超棒球季。

• • •

有一天我約了克魯科吃午餐，地點就在巨人隊球場對面。他六十四歲了。但是在中年男子的外表底下仍藏著小男孩的心，所以眼周的皺紋、白髮跟鬍子也顯得年輕不羈。他身材高瘦，像仍在發育的青少年。他把枴杖靠在桌邊，身高一百九十五公分的他傾身坐下，雙手放在裝了支架的腿上。二〇〇六年他確診罹患包涵體肌炎（inclusion body myositis），這是一種肌肉退化症，他的雙腿已漸漸萎縮，手也開始無力。他現在爬樓梯和應付人群都有危險，不適合出遠門，所以不常去客場播報比賽。

「我相信那支球隊真正的意義、真正改變我們的，是我們毫不隱藏地愛著彼此，」他說，「那樣的情感，也感染了看我們打球的人。那支球隊令大家再次覺得，穿上橘色跟黑色的球衣很酷。我每次回想那段日子，都有一種美好而溫暖的感覺。那麼多人同心協力。他們把過去在其他球隊打冠軍賽的經驗，帶到這支球隊來。教士隊的甘迺迪（Terry Kennedy），紅雀隊的歐伯克菲爾，大都會隊的米契爾，每位球員都不吝惜分享自己學到的東西。」

二〇一〇年，巨人隊終於拿到第一座世界大賽冠軍，當時，克魯科就在播報室裡。二〇一二與二〇一四年，他也沒有錯過。據說這幾年的球員默契也很好。我問克魯科，他有沒有看到團隊默契的共同元素？

「有一個，」他說，「你一定要寫進書裡。打棒球可以有各式各樣的目的。為了錢，為了觀眾，為了泡妞，為了滿足父母的期待。但只有一個方法能打造真正的團隊默契，那就是百分之百為隊友打球。我們相互尊重，也對彼此充滿期待。隊友表現得好，你打從心底感到喜悅。不是假裝高興，不是帶著妒忌的高興，也不是嘴巴講說很高興。

是真心實意的高興。如果你表現得不好，他們會請你負起責任，並且真誠地幫你找出表現不佳的原因，帶你走出消沉。每天都像是全新的開始。那個球季結束後，我回到家人身邊，但心中非常渴望回球隊跟大家在一起。」

他提到克萊格與羅森，以及他們如何改變球隊的文化，激發出每位球員最大的潛力與使命感。我問他，如果沒有克萊格與羅森，那群球員有沒有可能晉級世界大賽。

克魯科面露微笑。「我們連想都不會想。」

8 雙管齊下 Synthesis

「腦海中的情境有數不盡的細節，內容則是隨著個人獨一無二的經歷和生理機制不斷演進。我們如何把這些東西輸入電腦？」

——愛德華．威爾森，生物學家，

摘自著作《知識大融通》（*Consilience: The Unity of Knowledge*）〔1〕

金州勇士隊以前的練習球場跟總部，位在加州奧克蘭市中心一座會議中心停車場的頂樓。從主球場甲骨文體育館（Oracle Arena）出發，沿著八八〇州際公路北上僅需九分鐘就能抵達〔2〕。搭乘停車場的電梯上樓後，門一打開就是設備完善的大廳，牆上掛著勇士隊的大幅照片：盛大遊行、激動的球迷、驚呆的隊友熱情擁抱彼此。開朗的櫃

1 譯註：《知識大融通》繁體中文版在二〇〇一年由天下文化出版。

2 二〇一九年秋天，勇士隊的主場球場和總部搬到位於舊金山的大通中心（Chase Center）。

台人員拿我的駕照對了一下訪客名單，然後指引我穿過大廳右轉。

牆邊擠著一大群記者與攝影師。緊閉的雙開門裡面傳來球鞋摩擦地板的聲音，籃球在硬木地板「砰砰砰」的運球聲響，以及投球未進後落地的悶響。專跑籃球線的記者（球場常客）交換著尋常意見的同時，也暗示自己握有內幕消息，而在體育記者此消彼漲的地位爭奪戰裡，握有內幕消息會使你暫居高位。其他記者只能算是外人，我們沒資格開口，只能偶爾向雙開門瞥個幾眼。

這天是二〇一九年二月初的一個星期三早上。我一九九〇年代晚期開始寫體育新聞時，寫過勇士隊的報導，但在那之後就再也沒寫過。當時勇士隊已連續輸了十二個球季。但我造訪勇士隊總部的這一天，勇士隊過去四年已贏過三次NBA總冠軍。戰績起飛，剛好是在勇士隊換新老闆、新管理團隊和新總教練之後。新任總教練是四十九歲的史蒂夫．科爾。

科爾在特納電視網（TNT）的體育台當了兩屆各四年的NBA比賽分析主播，勇士隊把他從播報室裡請出來。他們之所以找他當總教練，是因為他身經百戰：十五年職籃生涯拿過五次總冠軍，退休後當過三年NBA球隊總經理。二〇一四年勇士隊找他當總教練之前，他沒有當籃球教練的經驗。不過，他在筆記本和電腦裡，記錄了許多指導籃球隊的想法和理論，它們來自他自身的觀察、大量的閱讀，以及他和優秀教練之間的交談。這些教練帶出無私、負責、表現傑出的球隊，尤其是NBA教練菲爾·傑克森與葛雷格·波波維奇（Gregg Popovich），以及NFL教練彼得·凱羅。

科爾接手勇士隊時，這支球隊上個球季在西區聯盟排名第六，季後賽第一輪就遭淘汰。球季開始前幾個月，他與勇士隊的分析師山米·戈爾凡（Sammy Gelfand）攜手規劃提振這支平凡球隊的方法。他們跟一些同事花了大量時間分析數據，想找出之前沒發現的進步機會。科爾知道，他想要聖安東尼奧馬刺隊那種大量傳球的風格，但是他沒有具體證據能支持頻繁傳球有助於致勝。戈爾凡仔細調查後，回報了令人大感驚訝的數據。

上個球季，勇士隊每場比賽平均僅傳球兩百四十七次，在NBA各球隊墊底。戈爾凡還發現，球員持球時如果傳球超過三次，就「幾乎所向無敵」。在這樣的比賽中，他們的平均持球得分是全聯盟之冠。科爾請戈爾凡算出這支球隊每場比賽的最佳傳球次數。他算出這個「魔法數字」是三百次。

科爾立刻察覺到，戈爾凡提供了為球隊建立新文化的基本原則。他想建立一個數據分析與團隊默契相輔相成的球隊文化。每場比賽傳球三百次，正是一支高效籃球隊應該具備的雙重本質：知識與資訊時代的戰略，搭配相互依賴的群體歸屬感。首先，戈爾凡計算出的傳球三百次意味著得分更高。其次，頻繁傳球不但可使球員團結一心達成共同目標，不停跟隊友分享持球機會也將鞏固「團隊優先」的思維。

科爾為球員解釋了數據分析的意義之後，向他們提出傳球三百次的挑戰。頭兩個星期失誤連連，但他們漸漸找到一種新節奏，能快速而巧妙地用各種方式傳球，猶如眾志合一。不像即興所為，而是精準安排好的舞步。球季結束時，他們每場球賽平均傳球三百一十五・九次，比去年多了將近七十次。他們的進攻效率在NBA排第二，防守效率排第一，總冠軍寶座近在咫尺。若真能奪冠，這將是勇士隊成軍以來的第一座總冠軍。

媒體與球迷狂讚勇士隊的團隊默契，麻省理工斯隆體育分析研討會說，他們是體育界「最優秀的數據分析學團體」。科爾成為走在時代尖端的領袖典範，他結合數據分析與團隊默契完成雄心壯志：成為傳奇。他率領的勇士隊，在二〇一五至二〇一六球季拿下七十三場勝利（僅輸九場比賽），可惜最終輸給克里夫蘭騎士隊。勇士隊找來新的中鋒凱文・杜蘭特加入先發陣容，他是同時代頂尖的籃球員。他們在二〇一六至二〇一七與二〇一七至二〇一八球季，連贏兩座總冠軍。他們不只是表現傑出，更締造了勇士王朝。科爾接手的頭四年，總勝場數超越NBA史上的任何一支球隊。

二〇一八年秋天，是科爾擔任總教練的第五個球季，勇士隊帶著總冠軍的連勝氣勢，準備達成三連冠紀錄。

但這支最聰明、最緊密、實力最強的NBA球隊突然垮了，他們的優勢因為一段關係破裂，而不復存在。

• • •

雙開門終於打開，球場的白光灑進走廊，記者湧入球場。球員身穿寬鬆T恤和短褲，兩、三人一群，分別在八座籃框下練習投籃。總教練人在球場另一頭的籃框後面，他坐在一顆綠色的充氣健身球上。科爾身材瘦削健壯，散發一種男孩氣息，但臉上時而露出一絲痛苦。他在二〇一五跟二〇一六年各動過一次背部手術，第二次手術是為了修復第一次手術的失敗。由於手術很痛苦，那兩年他錯過四十三場例行賽、十一場季後賽。他現在依然有嚴重的偏頭痛，但他不會提這件事。他似乎已經走出唯我獨尊的職業籃球員光環，樸實隨和得像個鄉下教師。他的推特自介只有寥寥數語：「自豪的父親、丈夫兼教練。」這個有五十萬人追蹤的推特帳號發政治評論文比較多，反而很少看到勇士隊的消息。他對川普總統的批評很猛烈，並公開支持各種自由主義理念，例如LGBTQ權益、黑命關天運動（Black Lives Matter）、#MeToo運動與槍枝管制。他念大學的時候，父親馬爾康・科爾（Malcolm Kerr）遭到恐怖分子暗殺身亡，當時他是貝魯特美國大學的校長。

球員紛紛離開練習球場，工作人員帶我去找科爾進行提前約好的訪談。勇士隊的超級巨星史蒂芬．柯瑞（Stephen Curry）坐在距離我們幾公尺外的板凳上，盯著幾個仍在投籃的二線球員。他必須在幾小時後到甲骨文體育館報到，參加本季的第五十三場比賽。但是他沒有回家休息，而是留下來看隊友打球。

我問科爾，團隊默契是否重要。

「當然重要，」他說，「我當了十五年籃球員、五年教練，我確實感受到它的存在。每支球隊都有一種類似心跳的東西，它是有生命的。球季開跑後，一路上碰到的事有好有壞。只要球員的組合對了，就算碰到壞事，你也能把球隊推回好的方向。」

「你可以打造一個讓人舒適自在又快樂的環境，讓球員想主動走進來攜手合作。在這樣的情況下，他們會更願意為彼此犧牲，為彼此奮戰。當球員在籃球場上為彼此奮戰，那種強大是剛入訓練營彼此不熟識時無法達到的境界。

「也許聽起來有點老掉牙，但對我來說籃球球季是有生命的，就像生物一樣。看看勇士隊就知道。這一季剛開始時，卓雷蒙跟凱文鬧不和。所以我們接下來連輸四場比賽也不奇怪。我們的靈魂受傷了，團隊精神受傷了。」

• • •

那是十一月初的一場比賽，對手是同組的洛杉磯快艇隊。兩隊同分，第四節只剩最後幾秒，勇士隊的強力前鋒卓雷蒙・格林（Draymond Green）搶到籃板球。凱文・杜蘭特（Kevin Durant）示意格林傳球，他有機會投出致勝球。但格林沒有傳球，他在場上運球卻又沒有把球控制好，白白耗盡進攻秒數。

杜蘭特勃然大怒。在賽後檢討會上，杜蘭特怒罵格林自私自利，只想自己贏球。格林大發雷霆，憤慨指責杜蘭特夏天簽了本球季結束後恢復自由身的合約。對格林來說，責任感跟忠誠至關重要。杜蘭特的行李已經打包好放在門口了，有什麼忠誠可言？杜蘭特有什麼資格說他自私？他不斷說杜蘭特是個賤人。隊友跟教練幫忙勸架。以默契著稱的勇士隊發生這種內鬨，令人震驚。電視攝影機捕捉到整個過程。

勇士隊在延長賽落敗，兩人的爭吵延續到更衣室。格林的言詞愈來愈尖酸刻薄，涉及人身攻擊。他告訴杜蘭特，勇士隊之前沒有他也贏了總冠軍，就算他走了也能再拿一座。面對格林狂暴又粗魯的態度，杜蘭特幾乎怒不可抑。格林是優秀的籃球員——他具備巧妙的戰術、源源不絕的動力，激勵疲憊隊友的能力——但是他有時也非常莽撞和不顧後果。他會在球場上發脾氣，還會踢或用膝蓋頂對手的鼠蹊部。二〇一六年NBA總決賽的第四場比賽，勇士隊對戰克里夫蘭騎士隊，格林作勢朝詹皇的胯下揮擊，因此被判犯規，第五場禁賽。勇士隊輸了第五場比賽與接下來的兩場，原本三比一的優勢被對手逆轉勝。

杜蘭特的個性跟格林正好相反。他溫和內斂，參加過十次全明星賽，技巧純熟、效率高超。身高兩百零八公分的他在場上優雅滑行，跳投時，籃球從修長的手指間飛出，猶似蝴蝶般輕柔。他跟格林一樣好勝，只是極少展露出來。那天輸給快艇隊、回到更衣室之後，杜蘭特已對這一切感到厭倦。他為每一節、每一場比賽努力奮戰，卻只是換來格林對裁判一再咆哮，或是和對方的球員發生衝突。杜蘭特難以相信格林居然運球耗盡進攻時間，也難以接受他會讓自己變得如此失控、惡毒。這次格林真的太過分了。

科爾感受到「球隊的整體默契岌岌可危。〔3〕」格林的攻擊觸犯了團隊歸屬感的神聖性。科爾祭出前所未見的處罰：無薪禁賽一場，格林的薪資損失超過十二萬美元。

「球隊的能量一下子洩光，」科爾說，「因為這個家庭受到傷害。」這反映在球員的表現上，一點一點展現出來，像戲劇裡的場景一樣。

「球員不像以前一樣願意飛撲到地上搶球，也不再卯足全力打球，」科爾說，「因為那種對彼此有責任的感覺不見了。團結的球隊執行戰術的能力比較高。他們較有可能設計出巧妙的掩護。掩護得愈巧妙，隊友愈有機會進球，對吧？這聽起來似乎是小事，但各種小事加起來就是大事了。這種情況我在籃球界看多了。有默契的球隊打籃球的水準是另一種境界。」

杜蘭特與格林吵完架四天後，在達拉斯的新月庭飯店（Hotel Crescent Court）碰面，一起喝西班牙紅酒。格林再次強調，他覺得杜蘭特對球隊不夠忠誠。他認為球員對彼此忠誠是造就勇士隊的原因，每個球員都必須知道這一點，否則就沒有用。杜蘭特向格林保證，自己對勇士隊絕無二心，也承認他以前表達得不夠清楚。

接下來換杜蘭特提出意見。格林在球場上和球場下都經常暴怒，不知節制。他不可以再用「對籃球有熱情」當成行為惡劣的藉口。杜蘭特說，他期待格林在這方面能做得更好〔4〕。

記者仔細分析杜蘭特與格林之間的每一次小互動。在看到他們聊著天一起走進球場、開賽後檢討會時一起歡笑、恢復兩人特有的反手拍兩次擊掌之後，記者宣布他們

3 Tim Kawakami, "Kawakami: Where Do the Warriors Go from Here? Sketching out the Next (Final?) Chapters of This Novel," *The Athletic*, November 20, 2018, https://theathletic.com/664495/2018/11/20/kawakami-so-where-do-the-warriors-go-from-here-sketching-out-the-next-and-final- chapters-of-this-mystery-novel/.

4 Marcus Thompson, "Thompson: The Draymond Green/Kevin Durant Reconciliation Took Time and, More Importantly, Maturity and Thoughtfulness," *The Athletic*, January 21, 2019, https://theathletic.com/777906/2019/01/21/thompson-the-draymond-green-kevin-durant-reconciliation-took-time-and-more-importantly-maturity-and- thoughtfulness/.

已和好。但這支曾經整個球季只輸九場比賽的球隊，十一月就輸了七場，十二月又輸了五場。幸好科爾與同事這些年來建立的絕佳調適能力，使這支球隊團結依舊，雖然不是百分之百。一月份他們連贏十一場比賽。勇士隊再度站上西區聯盟第一名寶座，似乎已恢復往日水準。

但是季後賽第一輪對上快艇隊的其中一場比賽，他們第三節就落後三十一分，這是NBA史上最大季後賽得分差。他們在下半場共計丟失八十五分。杜蘭特的失誤（九次，個人球季新高）居然多過投球次數（八次）。勇士隊看起來茫然無措。柯瑞試著說明是哪裡出了問題：「不夠積極，肯定是。不夠團結，肯定也是。」

杜蘭特與格林之間裂縫的後續影響，似乎是明顯的原因。團隊是複合系統，威脅成功的干擾無數，而且有大有小。二〇一五年拿下第一座總冠軍以來，每一年科爾與球員都成功克服這些威脅，包括最難以察覺的威脅：成功本身。這支球隊是否氣數已盡？

• • •

籃球隊締造王朝的情況很難得，原因很多。

首先，贏球很累。勇士隊連續五年打進NBA總決賽的代價，是多打了一百零六場比賽。這相當於一整季八十二場例行賽之外，再加二十四場比賽。頭三年的動力除了來自贏球的新鮮感，也包括打球打得好的純粹樂趣。科爾說，頭三年美好如夢。可是到了第四年跟第五年，長時間的比賽和練習，無可避免地對球員的身體造成影響。持續的倦怠感考驗著球員的耐心，他們對彼此的容忍度愈來愈低。隊友原本只是有點煩人的行為，現在時不時會令人爆怒。

不過，贏球的心理代價比身體更高，也更難察覺。

成功使人改變。

我以前常覺得奇怪，為什麼冠軍隊伍隔年回來時，球員基本上跟前一年差不多，表現卻變差了。我發現這是因為他們不再是相同的球員。忽然間，有很多人找他們出席公開活動和代言產品。他們覺得自己深受喜愛、很特別、很有權勢。他們對自己跟身旁的人有了不一樣的期待。他們彼此互動的方式變了，進而改變球隊的氣氛。

「諷刺的是，成功是失敗的開始。成功摧毀了成功所仰賴的團隊默契，」達契爾・克特納說。他是柏克萊的教授，《權力的悖論》（*The Power Paradox: How We Gain and Lose Influence*）[5]的作者。我驅車前往柏克萊深入了解這個主題。

5 譯註：《權力的悖論》簡體中文版在二〇一六年由中信出版社出版。

在一個溫暖的夏季早晨，我來到克特納擺滿書籍的研究室，他的腳踏車安全帽和背包隨意放在地上。他穿著工作短褲跟T恤，短金髮加上黝黑的膚色，實在不像五十幾歲的學者。克特納是研究人類情緒科學原理的專家。他在史丹佛大學取得博士，然後前往加州大學舊金山分校，在面部表情分類先驅保羅・艾克曼（Paul Ekman）的實驗室做博士後研究。克特納也是皮克斯動畫《腦筋急轉彎》（*Inside/Out*）的科學顧問，這是一部描述人類情感的電影。他曾與達賴喇嘛見過兩次面。「他是團隊合作的終極高手，」他說。

克特納花了二十年，研究為什麼團隊裡的某些人會成為領導者。他發現他們都很擅長判讀別人的情緒。他們仔細聆聽。他們充滿熱情。他們每天都透過行動讓大家知道，團隊成員的身心健康是他們最關心的事。

此外，克特納還注意到另一個模式：極為成功的領導者——無論是商界、電影界、政治界或體育界——經常會失去最初使他們成為領導者的那些特質。他的研究發現，當我們因為權勢而膨脹時，模仿的能力會減弱，因此判讀他人感受和意圖的能力會變差，同理心與同情心也會變少。我們覺得自己出類拔萃，是特別的。（「怎麼是普通轎車？加長禮車在哪兒？」）我們不再適用規則與社會規範〔6〕。克特納與研究生團隊以此為主題，做了一個有點瘋狂的研究，結果頗具啟發性〔7〕。他們選了學校附近一條車流繁忙的街，讓一名學生站在標示明顯的斑馬線旁。加州法律規定汽車駕駛必須讓行人先行。另一些學生在斑馬線附近記錄哪些車子停下，哪些沒停。他們把車子依照價格分類，從最便宜排到最昂貴。結果最昂貴汽車的駕駛有超過百分之五十沒有停車。最便宜汽車的駕駛呢？每一輛都有停下。

權力與特殊待遇，最能預測哪些人較有可能率性而為。

「這就是權力悖論：我功成名就之後，變得更加自私，」克特納談到運動員，「所以我去異地比賽時會跟更多女人上床，我想要條件更好的合約，跟隊友講話也更不客氣。『感受到權勢』這件事本身，會削弱團隊精神。」

球員休息室裡的氣氛改變了。「只有彼此」分裂成碎片。信任與團結遭到侵蝕，所以球員變得焦慮，表現水準低落。「壓力令人疲憊，」克特納說，「你會變得小心翼翼、身心緊繃、有窒息感。壓力有害健康。因此飽受壓力時身體比較不健壯。與壓力

6 Dacher Keltner, Deborah H. Gruenfeld, and Cameron Anderson, "Power, Approach, and Inhibition," *Psychological Review* 110, no. 2 (2003): 265–84; Michael W. Kraus et al., "Social Class, Solipsism, and Contextualism: How the Rich Are Different from the Poor," *Psychological Review* 119, no. 3 (2012): 546–72.

7 Paul K. Piff et al., "Higher Social Class Predicts Increased Unethical Behavior," *PNAS* 109, no. 11 (2012): 4086–91, https://doi.org/10.1073/pnas.1118373109.

的生理機制恰好相反的，是正面情緒的生理機制。」

有些人對權力的定義是改變他人狀態的能力。哲學家漢娜・鄂蘭（Hanna Arendt）認為權力是「鼓動他人加入集體行動」的能力。我想了想有哪些教練與球員的組合具備這樣的能力：新英格蘭愛國者隊的比爾・貝利奇克（Bill Belichick）與湯姆・布萊迪（Tom Brady），巨人隊的布魯斯・波奇與巴斯特・波西，勇士隊的科爾與柯瑞。像柯瑞這樣保護球隊不受成功毒害的運動員，少之又少。他是少見的既是巨星也是超級感染者的球員，他樸實、快樂、極度好勝的個性，鼓舞身旁的每一個人。

我跟科爾一起對照我列出的人格典型，他認為柯瑞集七種典型於一身：開心打球的孩子，跟二線球員打交道的夥伴，令對手生畏的戰士，激勵隊友的火花，並且視需要變身成警察、聖賢、甚至諧星。跟每一位超級感染者一樣，他是無私的化身。杜蘭特加入勇士隊時，大家都以為這兩位最有價值球員會搶著當老大。沒想到柯瑞完全敞開心胸。儘管他自己有空檔，還是會把球傳給這位新隊友。到後來杜蘭特終於受不了，請柯瑞別太照顧他。不要改變自己的打球風格，杜蘭特說，做自己就好。柯瑞親切、無私的行為，平息了潛在的敵對關係。

「當然有感染力的不只是行為，」克特納說，「還有伴隨著你模仿的行為而來的感受，這也是感染的一部分。」

球員的名聲與權勢，隨著每一座總冠軍獎盃水漲船高，當他們在場上相對輕鬆地擊敗對手時，科爾努力不讓他們感到無聊和自滿。二〇一八年的一個夜裡，他們正在跟運氣不佳的鳳凰城太陽隊比賽，科爾在第一節比賽叫了暫停。近一個月來，這群球員打球心不在焉、草草了事。科爾把黑色簽字筆跟白板遞給老將安德烈·伊古達拉（Andre Iguodala）之後就轉頭走掉，雙手插在口袋裡，低頭不語。伊古達拉蹲在隊友前面，畫出接下來的戰術。接下來整場比賽都由球員輪流當教練，他們在場邊討論時大聲說出各種戰術。勇士隊贏了，一百二十九比八十三。

「我的聲音他們聽膩了，」科爾後來提出解釋，「我自己也聽膩了。這幾年大家都很累。我的話他們聽不進去，所以我們覺得那天晚上不如出個奇招，試試不同作法。這是他們的球隊。他們必須自己負責。」

• • •

科爾在當球員的時候，似乎早就察覺到數據分析有其限制。沒當過球員的領導者，或許沒辦法那麼快就體會到這件事。

西奧·艾普斯坦二十八歲時，成為大聯盟史上最年輕的球隊總經理，在那之前，他從未打過職棒，也沒當過職棒教練。二〇〇二年，這位常春藤名校畢業生走進波士頓紅襪隊，因為他深諳如何利用數據打造一支低成本、高效能的球隊。他熱衷於數據分析，所以他立刻招募數據分析學大師比爾．詹姆斯。兩年後，紅襪隊贏得自一九一八年以來的第一座世界大賽冠軍；三年之後，拿下第二座。二〇一一年，艾普斯坦跳槽到芝加哥小熊隊。二〇一六年，小熊隊終於在睽違一百零八年之後，贏得世界大賽冠軍，終止棒球史上最漫長的冠軍荒。

隔年五月一個陽光普照的星期一下午，艾普斯坦受邀在他的母校耶魯大學的畢業典禮演講。

「剛進入棒球界時，」他說，「我以為球員是資產、是試算表上的統計數據，我可以用這些數據預測他們未來的表現，精準算出他們將對球隊造成多少影響。我把球隊當成投資組合，不同的球員資產互相搭配，球員拿錢創造出符合預期的效益，確保球團投資成功。這是我唯一關心的事。」

「這種狹隘的作法確實奏效了一段時間，但後來碰到阻礙。我漸漸成熟，我的團隊經營哲學也漸漸成熟。小熊隊在克里夫蘭（小熊隊的世界大賽對手）向世人證明，球員的品格很重要。心跳很重要。恐懼與渴望很重要。球員對彼此的影響很重要。他們營造的氣氛很重要。他們與彼此建立情感的意願很重要。消除小團體與刻板印象很重要。你是誰、你如何與他人共處，這些都很重要。〔8〕」

這種思維的改變，並非質疑數據分析的實用性。數據分析不可或缺。數據揭露出單靠觀察無法察覺的個人與團隊表現。數據能告訴我們長期趨勢，減少因為人為偏見造成的錯誤解讀和扭曲。球隊雇用數學高手是正確作法，他們能夠發掘對手與自家球隊的弱點。

但是**過度**依賴數據分析的企業與組織，反而有可能因此阻礙了他們想要的進步。過度使用統計數據，跟完全不使用統計數據一樣糟糕。

「人類是環境優化高手。我們檢視自己擁有的東西，無論是一頭牛、一棟房子還是一份投資組合，然後問自己怎麼藉由管理而得到更好的回報，」澳洲環保人士大衛・索爾特（David Salt）與布萊恩・沃克（Brian Walker）在兩人合著的《彈性思維》（*Resilience Thinking*）〔9〕書中寫道。

「我們一貫的作法是：把我們要管理的事物拆解成元件，理解每個元件的作用，以及輸入什麼才能將產出最大化……（但是）為了特定目標去優化人類與自然環境複合系統的元素，反而會削弱系統本身的調適能力。（其）結果就是整個系統面對衝擊

8 Theo Epstein, "Class Day Remarks" (speech, Yale University, New Haven, CT, May 21, 2017), https://news.yale.edu/sites/default/files/d6_files/imce/Yale%20Class%20Day.pdf.

9 譯註：《彈性思維》簡體中文版在二〇一〇年由高等教育出版社出版。

與干擾時，更無招架之力。〔10〕」

精神科醫師湯瑪斯．路易斯說，人類無法簡化分析。

看看現在的棒球投球趨勢。數據顯示，投手第三次遇到相同的打擊陣容時，會被擊出更多安打。可能的原因是打者已習慣投手的速度和尾勁，因此更可能擊中他的球。於是誕生了兩種策略。一種是在打擊陣容輪替第三次之前，換掉先發投手（通常是在第六局），換上後援投手。另一種策略是使用「開局投手」，也就是讓後援投手在第一局（有時也包括第二局）先面對頂尖打者，然後才讓真正的先發投手上場，增加他的投球局數。

這種作法確實可讓球隊保住了一些分數，進而多贏一、兩場比賽。但長期而言，這可能會削弱球隊。先發投手的存在是有意義的。他們是**想要**帶著球隊向前衝的人，這樣的球員很少見。他們天生好勝。如果投手經常在第六局被拉下球場，他們可能會漸漸相信投六局就是自己的極限。這很像那種被溺愛到產生「習得無助感」（learned helplessness）的小孩。少了咬牙撐過逆境的經驗，投手的戰鬥心態會慢慢消失；而這種心態原本不只鼓舞他自己，也鼓舞了隊友。以主場比賽來說，先發投手像指揮官一樣率領球隊走入戰場，為比賽開局。如果讓開局投手先上場，先發投手只能坐在板凳上，看著別人率領他的軍隊。他連投完一整場比賽的機會也沒有，自然更沒機會投出無安打或完全比賽。他被剝奪了充分發揮實力與考驗膽量的興奮感。他最出類拔萃、最英勇的特質片片散落。像邦迦納在二〇一四年世界大賽第七場比賽那樣精彩的表現，日後我們還有機會看到嗎？他大步走出位於中外野的牛棚，在休息短短兩天之後，以巨人隊後援投手的身分投了五局。一球比一球猛烈，直到最後一名打者出局為止，顛覆了各種演算法。

數據分析是工具。就像扳手或槌子一樣，數據分析有特定功能，那就是協助擬定策略，但它無法執行策略。人類才能執行策略。這正是數據分析狂熱分子的盲點。他們擬定看起來很厲害、很有創意的作戰計畫，卻忽略了人性的一面：**執行計畫的是誰？**如果他們聰明的腦袋無法建立一支積極、忠誠、合作的團隊，他們將親手扼殺自己費盡千辛萬苦想要達到的成功。誠如生物學家愛德華．威爾森所言，他們沉溺在海量資訊裡，卻沒有一丁點智慧。

• • •

雖然落後快艇隊三十一分，但勇士隊撐過了那一輪比賽。接下來迎戰休士頓火箭

10 Brain Walker and David Salt, *Resilience Thinking* (Washington, DC: Island Press, 2006).

隊。最後他們前往波特蘭，跟拓荒者隊在西區聯盟決賽中一較高下。勝利並不容易：杜蘭特小腿拉傷，無限期停賽。

團隊運動有一種風氣：當隊友受傷、低潮或是在關鍵時刻犯錯，其他隊友會把他「舉起來」。也就是他們會表現得更好，彌補隊友表現的不足，減輕隊友讓大家失望的挫敗感。杜蘭特無法上場後，格林的表現更上一層樓。三月份準備比賽時，他減重十公斤，非常值得。格林耐力十足，加快比賽步調，為疲憊的隊友打氣，拚命搶球，狂抓籃板。但是他的改變並非只是身體上的。他的行為也跟平常不一樣。他幾乎不再對裁判吼叫，也不再踢或打對手的胯下。有一場在波特蘭的比賽，他獨得二十分、十三顆籃板球、十二次助攻，也就是所謂的「大三元」(triple-double)。他這一年沒在例行賽拿過大三元，在季後賽這則是第三次。同樣令人印象深刻的是，他只犯規三次，失誤兩次，技術犯規零次。格林顯然在新的紀律中找到自信，那天晚上，他同意接受ESPN體育台在他身上掛麥克風。那場比賽他妙傳了一球給年輕的隊友喬丹・貝爾(Jordan Bell)，結果貝爾的快攻灌籃卻失手了。幾分鐘後，格林看起來好像在責罵貝爾。幸好有ESPN的麥克風，我們知道他說的是：「沒關係，你搞砸了一球。我們都搞砸過。沒有人從不犯錯。」

格林極少（或是從未）表現得這麼好。「他打得很有紀律、很自制。他沒有讓自己受到裁判、投籃不進、失誤這些事情的干擾，」科爾在賽後說，「他專注在下一個戰術上。」隊友克雷．湯普森（Klay Thompson）說他在場上的表現「很扯」。柯瑞驚訝不已，「他好像有八隻眼睛，洞觀一切。」

格林在改頭換面的同時，又做了一件了不起的事，但除了勇士隊的忠實球迷之外，應該沒什麼人發現。這件事赤裸而忠實地反映出這支冠軍球隊深藏的力量：球員情誼的變革力。

格林在他職籃生涯中表現最出色的那一晚，當眾反省了自己表現最差勁的比賽。他在電視攝影機與全國媒體面前，坦然說出球季之初他攻擊杜蘭特不但有錯，而且他很後悔。

「我發現我花在吼叫的力氣，比花在打球上還多，」他坦言不諱，「我知道看這樣的人打球很噁心，連我自己都覺得這樣打球很噁心。」他重看了自己對裁判不爽發怒的影片。「我看了覺得：『哇，好丟臉。』」

他說影響他認真反省的人是他的未婚妻、母親，甚至包括年幼的兒子。但這場自省之旅的起點，是他在達拉斯與杜蘭特共飲西班牙紅酒的那天。

格林說：「有趣的是，今年我跟凱文吵架時，大家只是笑笑，『反正卓雷蒙就是那樣，他很情緒化。』凱文告訴我：『你並不情緒化，我看過你忍住脾氣，一個字都沒對裁判說。所以我不會讓你用這個藉口開脫。』我牢記這句話。」

在菁英團隊運動的世界裡，就算格林跟杜蘭特繼續生氣到球季結束，也不算什麼，他們都覺得自己有理由生氣。這是明星運動員的特權。生氣的NBA球星可以要求並選擇他想被交易到哪支球隊，這是現在的趨勢。但是杜蘭特與格林選擇把話說開。這表示跟受傷的感覺相比，他們更關心彼此跟球隊。只有在信任的關係裡，杜蘭特才可能說出實話，格林才可能想要成為更好的隊友。這就是默契的真締：使彼此變得更好。

格林在季後賽持續發威，幫助勇士隊痛宰拓荒者隊，第五次挺進NBA總冠軍賽。但是他們落後了，多倫多暴龍隊以三勝一負領先。杜蘭特已經三十一天沒有上場。勇士隊再輸一場比賽，就要將總冠軍拱手讓人。他諮詢了多位醫生，也自己測試過狀態，最後決定加入第五場比賽。

他看起來神清氣爽、精神抖擻，十二分鐘內得到十一分，三分球百發百中。接著，在一次看似普通的交叉運球過人後，他突然抱著右小腿慢慢倒地。他的阿基里斯腱斷了。勇士隊以一百零六比一百零五分險勝，暫時沒被踢出冠軍賽。但是打第六場比賽時，克雷．湯普森的前十字韌帶斷了。兩天內兩位得分球員接連受傷倒下。「很慘，」柯爾說。最後是暴龍隊抱著著總冠軍獎盃回多倫多。

勇士隊的失敗提醒我們，默契跟數據分析一樣有其限制。默契激發實力，但是它無法創造實力。在這場關鍵的系列賽中，杜蘭特只上場十二分鐘，湯普森在第六場比賽受傷離場。勇士隊沒有足夠的實力贏得比賽。

比賽結束，幾天後杜蘭特與布魯克林籃網隊簽約，他有兩個最好的朋友也即將加入籃網隊——凱里・厄文（Kyrie Irving）與德安德魯・喬丹（DeAndre Jordan）。不久後，安德烈・伊古達拉被交易出去，尚恩・李文斯頓（Shaun Livingston）被釋出。三名曾對冠軍賽發揮關鍵作用的球員接連離開球隊。

勇士隊大廳裡那些熱鬧歡騰的照片，記錄的不過是幾個月前發生的事，現在卻突然有種懷舊的味道。長期在曼聯擔任教練的亞歷克斯・佛格森相信，一支成功的球隊只有四年壽命。也就是說，就算成功與其他問題沒有分裂一支球隊，時間也會這麼做。因為團隊默契主要是一種生理現象，無法持久。人隨著時間改變，我們對他人的影響也會隨著時間改變。我們失去能量，或是帶著不一樣的能量出現。我們的身體開始不聽話，表現不如過去。我們的思緒變得陰暗。隊友或同事對自己扮演的角色感到厭倦，漸行漸遠。

我跟科爾一起坐在奧克蘭的練習球場的這一天，杜蘭特、伊古達拉和李文斯頓再過幾個月就會離開勇士隊。科爾當然知道，下一季的勇士隊實力將大不如前。球員大多不到二十五歲，這對他來說是全新體驗。他必須配合球員的實力與經驗調整比賽戰略，創造出新的團隊默契。新球隊將以柯瑞、格林和湯普森為中心，科爾認為他們分別是超級感染者、火花／警察典型和諧星典型〔11〕。他們都很擅長在隊友之間穿針引線，再把線一天一天收緊。新的默契跟過去不一樣。隨著時間，這些球員會慢慢熟悉彼此、關心彼此，更衣室會充滿荷爾蒙與神經肽混合出的新氣象，新的聲音、臉孔與行為組合將提振士氣或打擊士氣，使人精力充沛或意志消沉。或許格林會取代伊古達拉，變成聖賢典型。或許還沒穿上勇士隊球衣的新球員之中，會有人接替李文斯頓成為夥伴典型，或是接替杜蘭特成為戰士典型。如果這張人際關係網夠強韌，這群球員將滿足球隊的需要。

「籃球是萬用比喻，」科爾說，「五個人做的事情都有點不一樣。如果五個人都做一樣的事，就沒辦法運作順暢。我們球隊表現得那麼好，是因為每個人剛好互補，像拼圖一樣。不同的能力、不同的程度、不同的技巧，放在一起相輔相成。」

「我認為這就是團隊運動的美妙之處。球員為彼此奮戰所產生的能量，比為自己奮戰更有成就感。」

科爾要去開每天的例行記者會，我起身告辭，二線球員還在球場上閒晃，用誇張的方式投籃。我看向場邊板凳，柯瑞還在，他在跟隊友互相吐槽打屁。隊友吐槽他的時候，他開心地邊笑邊跺腳，沒有要離開的意思。

11 湯普森看起來不太像諧星典型，科爾對他的形容是：「面對媒體話不多，但是他有一種微妙的幽默感。大家都愛克雷。有他在就有歡笑。」

結語　團隊默契是什麼？
Conclusion What I Know Now

我展開這個寫作計畫是將近十年前的事，當時我提出三個問題：團隊默契是否存在？如果存在，它是什麼？以及它如何影響表現？當然，這三個問題我已在書中回答過，但在此我要重探這三個問題，整理出精煉的簡明版本。

團隊默契是否存在？

有些人用量化的方式解釋團隊默契。你應該還記得凱特・貝茲魯科瓦與契斯特・斯貝爾教授，他們觀察不同族群之間的「斷層線」，試圖解開團隊默契密碼。不同族群之間（例如資深球員／新人、美國籍／外國籍）重疊較多的球隊，表現會超越重疊極少或沒有重疊的球隊。根據他們的演算法，大聯盟球隊的良好默契，價值相當於在一百六十二場比賽中取得四勝。二〇一四年球季開始前，《ＥＳＰＮ雜誌》請兩位教授預測本季世界大賽冠軍。他們的答案是坦帕灣勝聖路易斯，雙方會打六場比賽。結果是舊金山勝堪薩斯市，打了七場比賽。儘管是有理有據的假設加上精準計算，但所謂的「可靠結果」從一開始就注定不會可靠。他們的研究只考慮到社會因素，使用的數據大多來自媒體報導。現在我們知道默契是生理、心理與社會因素交互作用的結果，必須使用來自真實人物的即時數據。這幾乎不可能做到。

除此之外，加州大學柏克萊分校的研究者，則想用球員肢體接觸的頻率，來預測NBA球隊的戰績（例如擊掌、擁抱、握拳輕觸等等）。情感連繫已證實可提升團體表現，而肢體接觸是情感連繫的指標。二〇〇七至二〇〇八年的NBA球季開始之初，研究者將肢體接觸分類編號，每支球隊選一場比賽統計肢體接觸的次數。他們預測接觸頻率高的球隊戰績會比較好。球季結束時，數據顯示在排除傷病和其他變因的情況下，接觸頻率高的球隊在分區賽勝出的機率，是頻率低的球隊的二．三倍[1]。如同斷層線研究，他們的數據同樣有侷限：研究者只能透過電視螢幕觀察肢體接觸，而且只觀察一場比賽。他們也觀察不到更衣室裡、球隊飛機和練習球場上的互動。

為了盡量克服上述限制，另一位柏克萊的研究者採取不同策略。二〇一七年職棒球季期間，胡莉亞．賈札里（Hooria Jazaieri）在聖荷西市立體育場的場邊休息室屋頂邊角上，架設兩台小小的GoPro運動攝影機，錄下其中幾場比賽的情況。這座體育場是巨人隊1A球隊的主場球場。她把第三台攝影機架設在客場球隊的場邊休息區，鏡頭對著主場休息區。如此一來，她就能從頭到尾觀察比賽期間每位球員的情況。若她無法親自到場看比賽，就用MiLB.TV錄下比賽，這是小聯盟的串流服務。她招募了跟她一樣的菁英研究生，來為球員間成千上萬次的互動分類編號，這項任務工程浩大。

賈札里試圖量化默契對表現的影響，使用運動攝影機錄下即時畫面，只是研究方法的一部分。她還寄電郵給大聯盟二〇一七年媒體指南裡，列出的兩千位體育記者和播報員，請他們提供心目中默契最佳和默契最糟的球員。有不少人回信說，沒有團隊默契這回事，她的研究只是浪費時間。提供答案的有四十七人，總共提供一百零一位大聯盟球員的名字，其中只有六十七人進了開幕賽名單。賈札里利用這六十七位球員開幕賽當天的電視畫面，將他們在場上與場邊休息區的行為分類編號。無論是來自運動攝影機或是電視轉播的畫面，為一名球員在一場比賽中的所有行為分類編號，需要花費三個小時。每位球員的分類編號，都必須由三個人各自進行一次，將誤差降至最低。因此六十七位球員總共被檢視過兩百零一次（六十七乘三），相當於六百零三個小時（兩百零一乘三）的工作時間。不只如此，她還訪談了那個球季的小聯盟選手，並進行問卷調查。

1 Michael W. Kraus, Cassy Huang, and Dacher Keltner, "Tactile Communication, Cooperation, and Performance: An Ethological Study of the NBA," *Emotion* 10, no. 5 (2010): 745–49.

「這就是為什麼沒人願意做這件事，」我跟賈札里在聖荷西球場碰面時，她開玩笑地說。

有了這些數據，然後呢？賈札里現在是西北大學凱洛管理學院的博士後研究員，她認為她收集的數據還不夠多，無法做出有意義的結論。她暫時擱置這項研究計畫。她說：「如果沒有另一支球隊或另一個球季的數據，就沒有比較基準。」

儘管力量微薄，我試著估量團隊默契對表現的影響。我的幫手是聰明、年輕的哈佛畢業生，他熱愛數據分析，也曾短暫在大聯盟球隊工作過。我們一起從多重角度解析這個問題。我們檢視了有多少球員在職棒生涯中，曾在默契良好的球隊打過球（排除傷病和年齡因素），再試著算出他們贏了幾場比賽。我們追蹤連勝與連敗紀錄，看看默契是否會延長連勝場次，縮短連敗場次，進而增加整體勝場紀錄。我們檢視了勝負紀錄超越賽前預測的球隊，在排除其他變因之後，看看剩下來的因素能否將他們的成功歸因於默契。可是，我們沒有找到肯定的答案。

許多個月之後，我們承認，想用賽伯計量學估算表現的方式來估算默契，是徒勞無功的嘗試。我們無法用同一套方法估算表現跟默契，就像速度跟愛不能用相同的方式估算。不要再說默契無法量化，所以並不存在。能否量化跟它真實與否一點關係也沒有。在天文學家有能力測量光波、計算光速之前，難道光就不存在嗎？當然不是。

或許有一天，我們會找到測量默契的方法。但測量方法不會證實默契存在，只是讓默契變得可以測量。

既然如此，我們不如好好想一想，我們怎麼知道團隊默契**真的存在**。

首先，團隊默契符合既定的事實。人類是開放迴路的動物，彼此相互依存。我們需要外來的填補才得以完整。我們影響彼此的呼吸、荷爾蒙、心跳、新陳代謝、能量、情緒、睡眠、生產力——這是全方位的影響。我們的社會大腦非常發達，可判讀最微小的聲調變化和最稍縱即逝的臉部肌肉動作。我們會調整自己的聲音跟臉部肌肉去回應對方，引起焦慮或平靜、懷疑或信任、厭惡或快樂。與我們有關的一切，幾乎都具備感染力，例如鏡像模仿朋友深鎖的眉頭，或是因為同事的熱情與火花而精神振奮。除了單獨監禁的人之外，生活的方方面面都深受他人影響。

第二，我們知道默契真的存在，是因為我們都親身體驗過。跟家人和最親近的朋友相處時，在公司裡，在教堂、寺廟和清真寺裡。成年後最能感受到默契的情境，應該是在坐滿觀眾的球場看現場比賽。我們與球隊和其他球迷之間的情感連繫「使我們在集體的狂喜之中超脫自我，」生物學家愛德華．威爾森說〔2〕。這種情感連繫的產生，是因為

2 *E. O. Wilson: Of Ants and Men*, directed by Shelley Schulze (PBS / Shining Red Productions, Inc., 2015), DVD.

我們渴望群體，渴望比自我更宏大的東西。我們真實感受到自己是球隊的一分子，所以我們穿上跟球員一樣的球衣，背後繡的甚至不是我們自己的名字，而是**他們的**名字。

第三個原因來自教練跟球員的見證，他們親眼看見、親身感受過團隊默契。如果某個產業有眾多專家都對**產業內**的同一個主題做出相同的結論，或許我們應該相信他們的說法。如同十九世紀的生物學家赫胥黎所言，「科學所做的，只不過是把常識研究到極致。」

團隊默契是什麼？

為了定義團隊默契，我必須先釐清團隊默契的作用。

一開始，我以為默契會讓團隊成員加倍努力，但後來我漸漸發現這不全然正確。有時候，壓力跟恐懼才會使人加倍努力。我記得看過一位明星球員陷入打擊低谷，為了恢復打擊水準，他每場比賽前都在擊球籠裡練習揮擊數百次。他的打擊能力不升反降。等到比賽開始時，他已筋疲力竭。當他在擊球籠和球場上付出極大的努力時，體力早已耗盡，內心也被懷疑和焦慮占據。

因此，努力本身並不是默契的作用。

或許默契的作用，是把致勝的要素**全部**集中在一起，包括努力。但真的是**全部**的要素嗎？數據分析跟實力也是致勝要素，但它們都跟默契無關。

默契的作用必須更精確的描述，就像刀子、椅子或後援投手。我回頭去翻我收集的資料裡有哪些描述：

「默契是每個人善盡職責，以工作為榮，並且監督彼此負責。」——前棒球員兼華盛頓國民隊總教練，邁特・威廉斯

「雖然有點老掉牙，但我聽過最貼切的描述，基本上就是球員之間的信任與情感。」——名人堂總教練，東尼・拉・魯薩

「（默契是）一種可以為了團隊福祉犧牲個人對榮耀的渴望……球員不一定要喜歡彼此才能把球打好，但他們必須尊重彼此，把球隊的利益放在私利之上。」——加州大學洛杉磯分校籃球教練，約翰・伍登對「團隊精神」的描述

有很多人找不到合適的方式描述默契，他們只說：「當它出現時，你就知道了。」

或許默契的作用，是加深信任和無私。但這有點像在說刀子的功能是鋒利。鋒利

是刀子的特性，切東西才是它的作用，而且是唯一的作用。信任跟無私是默契的特性。默契唯一的作用、存在的意義是什麼？

答案突然變得清晰。

團隊默契的作用是提升表現。僅此而已。

無論球員相處得多好，發明了多少祕密握手的方式跟自己人才知道的笑話，如果表現沒有提升，這支團隊就是沒有默契的團隊。在體育界，默契跟團結這兩個詞經常混用。在商業界，它被稱為凝聚力。兩種情況都是誤用。團結描述的是團隊成員的友誼，凝聚描述的是一種存在狀態。團結跟凝聚都是靜態的，默契是動態的。說得更清楚一些：**工作成果沒有進步，就表示團隊默契並不存在**。

確認了默契的作用之後，接下來，我可以找出它的定義。

經過幾十次的修改，我確立的默契定義是：

團隊默契是藉由生理、社會與情緒三種力量的相互作用，提升表現。

請特別注意，團隊默契不會製造**高效**表現，而是**提升**表現。高效表現需要一定程度的實力。默契不會製造實力，但它可以激發團隊**原本就有**的實力，讓每一個成員發揮最佳實力，進而提升表現。

隨著我們更加了解大腦運作，這個定義一定會慢慢演化。像光一樣，將來我們或許會發現，情緒也是某種看不見的能量波。或是跟螞蟻一樣，情緒透過費洛蒙互相傳遞，而這些費洛蒙含有經過數千年錘鍊的複雜社會訊息。或許有一天，我們會發現「看見」和量化這些互動的方法。幾年前，作家羅傑・洛森布拉特（Roger Rosenblatt）在《紐約時報》的文章中指出，對人類生活產生最深刻影響的東西，幾乎都是看不見的：「磁場、電流、重力都是肉眼看不見的作用，還有內在的思想主宰、偏好、熱愛、心理狀態、品味、心情、道德觀，當然也包括靈魂（如果你相信有靈魂的話）。肉眼看不見的世界掌管肉眼可見的世界，宛如一個隱形政府。〔3〕」

團隊默契如何影響表現？

若單靠技術就能決定表現，事情會簡單許多。我們可以設計合適的測驗，雇用分數最高的人。如果這種方法真的行得通，只有可能是體育界。所有運動員的表現都被量化和記錄下來。你完全可以光看球員的比賽數據跟體檢報告，來決定誰能加入球隊。事實上，很多球隊早已採取這種作法，尤其是挑選奧運和世界盃代表隊的時候，只是結果不盡相同。

3 Roger Rosenblatt, "Seen and Unseen," *New York Times Book Review*, August 27, 2017.

二〇一四年，俄國的奧運曲棍球教練把全國得分最多的球員全部找來，他們是他能找到最厲害的球員。跌破眾人眼鏡的是，他們輸給實力較差但是比較團結的芬蘭隊。美國二〇〇四年的奧運「夢幻籃球隊」有詹皇、安東尼（Carmelo Anthony）、鄧肯（Tim Duncan）、韋德（Dwyane Wade）和艾佛森（Allen Iverson），但他們開幕賽就以十九分之差，輸給波多黎各隊。「被小蝦米打敗，」新聞標題寫道。後來夢幻籃球隊又輸了兩場，對手分別是立陶宛跟阿根廷，最後獲得銅牌。

「真的只能搖頭，」韋德後來告訴記者，「隊上的每一個人都是優秀球員，但是放在同一支球隊裡就是不行。就好像食材搭配錯誤……我們打得很卡，因為大家都想力求表現。」

二〇一四年，哥倫比亞大學做了一項研究叫「實力過強效應」[4]。研究者發現，實力對表現的貢獻是有限度的，尤其是相互依賴程度高的運動，例如棒球跟足球。過了某個程度，實力帶來的優勢反而會下滑，最後造成負面影響。強勢的隊員會搶奪地位，就像雞舍裡的雞一樣。研究雞隻的科學家發現，雞舍裡如果有太多高產能的母雞，牠們會嚴重爭搶食物跟空間，反而導致產能下降。華爾街也觀察到類似的現象。二〇一一年哈佛大學的一項研究發現，把太多頂尖股票分析師安排在同一間辦公室裡，反而阻礙合作，削弱整體表現[5]。

實力堅強的團隊顯然是常勝軍。一九九二年至今的每一支奧運夢幻籃球隊都贏得金牌，除了二〇〇四年。不過，一九八〇年美國奧運曲棍球教練厄伯・布魯克斯（Herb Brooks）挑選「冰上奇蹟隊」的過程值得探究。他沒有直接把明星球員組成一隊，而是選了彼此熟識的球員。部分來自他在明尼蘇達大學指導的校隊，部分來自波士頓大學校隊。他想用彼此信任、相熟的球員組成前鋒。他對球員非常嚴厲。他相信，球員討厭他的程度勝過討厭彼此能讓球員的感情更加緊密，並培養出造就偉大球隊的某種默契。

說到研究情感連繫與信任對表現的影響，軍隊絕對是箇中翹楚。相關研究也支持軍方數百年來堅信的觀點：彼此間有信任、有感情的團隊，會表現得比較好。「少了信任，」史丹利・麥克克里斯托將軍說，「海豹部隊就只是一群體格健壯的普通士兵。」

我們知道在一個充滿信任與包容的團體文化裡，不被看好的球員也能發光發熱，例如二〇一〇年巨人隊的哈夫跟布瑞爾。愛德華茲雖然不是不被看好的球員，但是一九九六年她加入奧運女籃代表隊，打出籃球生涯最精彩的表現。她與教練凡德維爾完

4 Roderick I. Swaab et al., "The Too-Much-Talent Effect: Team Interdependence Determines When More Talent Is Too Much or Not Enough," *Psychological Science* 25, no. 8 (2014): 1581–691.

5 Boris Groysberg, Jeffrey T. Polzer, and Hillary Anger Elfenbein, "Too Many Cooks Spoil the Broth: How High-Status Individuals Decrease Group Effectiveness," *Organization Science* 22, no. 3 (2011): 722–37.

全接納和信任彼此之後，這位籃球老將立刻成為這支史上最強女子籃球隊的心臟。愛德華茲與隊友在對抗巴西的金牌爭奪戰之中，表現得近乎完美。在個別球員身上，這種狀態叫做「人球合一」(flow state，即心流狀態)〔6〕。自信、專注、毫無畏懼，達到一種身心完全放鬆的感覺。當整支球隊都處於這種「人球合一」的狀態時，就相當符合團隊默契的描述。

在這樣的球隊裡，球員把壓力當成挑戰，而不是威脅。我現在知道，他們的大腦會分泌使血管擴張的荷爾蒙，讓更多血液流入大腦跟肌肉，為戰鬥做好準備。他們充滿冒險的勇氣，把自己的表現推到更高的境界。而且他們知道就算自己失敗了，隊友也不會遺棄他們。

當我們身邊的人相信我們，我們也會不由自主地相信自己。我們的身體會執行大腦所相信的事。如果我們相信強尼．岡姆斯這樣的超級感染者能提升全隊表現，我們的表現就真的會進步，二〇一三年的紅襪隊就親身經歷過。

我們知道，老師對學生的期望會影響學生的實際表現。外科醫生的心情會影響工作品質。我們知道，與同事閒聊對生產力的影響，大於其他因素(包括個別智商、個性、技術與討論內容)的總和，美國銀行客服中心就是一例。

我現在知道，團隊跟個人一樣是複合的生命。團隊成員不會用精確的、固定的方式跟彼此互動。會破壞這支團隊的默契與表現的行為，對另一個團隊不一定有影響。正因如此，有些球隊看似劍拔弩張，卻依然能贏得冠軍賽。隊員之間沒有個人情誼的社交默契，卻有絕佳的任務默契。他們完全信任彼此會在場上盡力發揮。

所有球隊都需要任務默契才能贏得勝利。但幾乎所有冠軍球隊也同時具備社交默契，也就是情感連繫、信任與關懷。棒球員帶著社交默契走進打擊區，籃球員帶著社會默契站上罰球線。他們知道自己並不孤單，隊友就在身旁。如皮維所說，隊友激發出更深刻、更強大的力量，這是單靠自己激發不出來的。

展現人性的方式無窮無盡、無法預測，動態的團隊默契也一樣。團隊本身就是一個超級生物。美式足球與籃球，足球與曲棍球，這些球隊的默契展現不會跟棒球隊一樣，因為每一種體育活動的本質和人數不盡相同。職場也是。文化規範和性別特定的生物化學作用，會使男性團隊和女性團隊用不同方式展現默契，不過兩者之間的差異並不顯著。

七種人格典型在不一樣的良好默契團隊裡，各自發揮不同的影響力，因為它們會隨著團隊的特定需求慢慢成形。因此，你不可能雇用一個人來「當」某一種典型。每

6 Paul J. McCarthy, "Positive Emotion in Sport Performance: Current Status and Future Directions," *International Review of Sport and Exercise Psychology* 4, no. 1 (2011): 50–69.

支團隊都有獨特的成員結構，可以說，這七種典型是在成員的互動過程中，慢慢誕生出來的。換句話說，你不可能把這些典型放入群體，刻意營造團隊默契。這些典型的誕生既是團隊默契的證明，也能提高團隊默契、強化信任並且注入能量。

在適當的時刻聚集夠多的適當成員，加上適當的領導者，當然也需要緣分。獨一無二的荷爾蒙、人格特質、情緒和經驗組合，使他們的整體表現更上一層樓。隨著成員來去，這個組合會因為心情變化與外來干擾，而不斷改變。「今年你們好到可以不用開口就知道對方要說什麼，明年卻都散了，」新創科技公司Anaplan的創辦人道格·史密斯（Doug Smith）說，「他們會表現出不同的樣子，跳脫原本的角色。只要改動一個元素，就可能會有許多事情隨之改變。」當然，這影響可好可壞。也可能改動一個元素，一切突然豁然開朗，就像岡姆斯（蘇·伯德或克魯科）推開球隊的大門走進來，一支新的球隊於焉誕生。

日復一日，我們在球場和職場上，依賴同事觸動我們的情緒、提振我們的精神、給我們奮戰的理由。我現在知道在團隊默契絕佳的隊伍裡，意義和使命感會慢慢變得比拿金牌或甚至締造歷史更重要。隊友才是你奮戰的意義和使命。你因為屬於一個真正有感情的、專注的、有動力的團體而感到欣喜振奮。你會有一種圓滿的感覺：這一刻跟這群人一起為這個目標努力的你，很完美。

謝詞
Acknowledgments

我將這本書獻給麥可．克魯科，是因為每當我在找資料的過程中感到迷惘時，腦海中都會浮現他的身影。他具體呈現了我想透過這本書傳達的訊息。我們初次相見於一九八五年的燭台球場休息室，兩人幾乎一見如故。我真的非常、非常幸運。

要感謝的人很多。我想藉由謝詞感謝作品、或想法曾經影響過我寫作過程的人，如果名單裡漏了你，請接受我的道歉並跟我聯絡（joan@joanryanink.com），我將在平裝版的謝詞中補上。

深深感謝與我合作多年的經紀人貝西．勒納（Betsy Lerner），她對這本書（和我）都不離不棄、充滿信心，她充滿智慧的建議與撫慰人心的話語，曾多次把我從放棄邊緣拉回來。感謝葛蘭．史華茲（Glenn Schwarz）協助構思並指導這本書的創作方向。謝謝肯．康納（Ken Conner）與羅伯特．羅森塔爾經常幫忙看稿，提醒我哪些線索有用。

此外也要感謝幾位早期讀者：傑夫．艾波曼（Jeff Appelman）、洛伊．艾森哈特（Roy

Eisenhartdt）、蘇珊・恩格堡（Susanne Engelberg）、珍妮・麥當勞（Jennie MacDonald）、艾莉絲・梅格斯（Elise Magers）、雷・拉圖（Ray Ratto）、道格・史密斯、蘿娜・史蒂文斯—史密斯（Lorna Stevens-Smith）。

感謝親友團，尤其是我兒子萊恩（Ryam）和繼女安蒂（Andi）與蘭妮（Lainie）。你們總是支持著我。你知道我有多愛你們。

感謝編輯菲爾・馬林諾（Phil Marino），以及利特爾布朗出版社（Little, Brown and Company）的艾拉・布達（Ira Boudah）、莎賓・娜卡拉罕（Sabrina Callahan）、艾莉莎・珀森斯（Alyssa Persons）、克雷格・楊恩（Craig Young）與貝西・烏里格（Betsy Uhrig）。

感謝舊金山巨人隊在我需要時間的時候耐心等候，特別是史黛西斯・洛特（Staci Slaughter）。

特別感謝我的天才朋友布蘭登・貝爾特（Brandon Belt）想出書名「無形資產」。

一如往常，我要感謝丈夫貝里（Barry）。因為少了你，我將一事無成。也因為每天早上跟你一起喝咖啡、晚上跟你一起喝調酒，對我來說就是最棒的一天。我們已經聊了三十五年（還不夠），至今仍有源源不絕的話題可聊。

深深感激許許多多為我照亮方向、分享經驗與專業、解釋複雜的研究，以及幫助我了解各種理論的人：

傑瑞米・艾菲特、山迪・艾德森、麥克・艾爾卓特（Mike Aldrete）、克雷格・安德森（Craig Anderson）、梅蘭妮・艾仁森（Melanie Arenson）、珍妮佛・艾奇、賴瑞・拜耳（Larry Baer）、安德魯・巴格利（Andrew Bggarly）、達斯提・貝克、哈利・巴克佛斯特（Harry Barker-Fost）、狄倫・巴爾（Dylan Barr）、艾琳・貝可（Erin Becker）、麥肯娜・貝可（McKenna Becker）、羅伯・貝可（Rob Becker）、布蘭登・貝爾特、柯琳・班德斯基（Corrine Bendersky）、馬文・伯納德（Marvin Bernard）、凱翠娜・貝茲魯科瓦、凱文・畢卡（Kevin Bickart）、巴德・布萊克（Bud Black）、布魯斯・波奇、露西・波頓、梅歐拉・波頓（MaeOla Bolton）、貝瑞・邦茲、史考特・布萊維、鮑勃・布蘭利、艾利斯・伯克斯、布瑞特・巴特勒（Brett Butler）安德魯・巴特斯、麥特・凱恩、卡羅・凱蘭、凱絲琳・卡斯托、米克錢・德勒（Mick Chantler）、威爾・克拉克、奈德・科萊蒂、史坦・康蒂、羅傑・克萊格、布蘭登・克勞福（Brandon Crawford）、強尼・戴蒙（Johnny Damon）、休・德拉亨提（Hugh Delahenty）、安森・杜朗斯、凱莉・棠恩斯（Kelly Downs）、戴維・卓威基、沙溫・唐斯頓、鮑比・艾凡斯（Bobby Evans）、蓋兒・伊凡納瑞（Gail Evenari）、馬克・埃斯、勒蘭・福斯特（Leland Faust）、蓋瑞・艾倫・范恩、羅利・芬格斯（Rollie Fingers）、凱文・弗蘭森（Keven Frandsen）、蘿拉・費雪（Laura Fraser）、米奇・弗里曼（Micky Freeman）、邁可・加雷高（Mike Gallego）、馬克・嘉德納（Mark Gardner）、菲爾・加納（Phil Garner）、史考特・加瑞茲（Scott Garrelts）、康納・吉拉斯比（Conor Gillaspie）、耶沙亞・谷德法伯（Yeshaya Goldfarb）、強尼・岡姆斯、佩卓・戈梅茲（Pedro Gomez）、漢克・葛林沃德（Hank Greenwald）、史都華・豪瑟（Stewart Hauser）、傑歐夫・黑德（Geoff Head）、基斯・赫南德茲、瑞奇・希爾（Rich Hill）、麥特・霍維、奧伯瑞・哈夫、克林特・赫爾德（Clint Hurdle）、布魯斯・詹金斯（Bruce Jenkins）、吉兒・坎托拉（Jill Kantola）、盧克・坎托拉（Luke Kantola）、史蒂夫・坎托拉（Steve Kantola）、傑夫・肯特、史蒂夫・科爾、潘・柯爾文、安・基利安（Ann Killion）、史提夫・克萊（Steve Kline）、喬治・康托斯（George Kontos）、馬可・克勞斯（Mark Kraus）、提姆・寇克吉昂（Tim Kurkjian）、麥克・拉寇斯、諾瑪・拉羅薩（Norma LaRosa）、東尼・拉・魯薩、克雷格・勒弗茨、傑夫・雷納德（Jeff Leonard）、馬克・勒坦卓（Mark Letendre）、布雷特・勒文（Bret Levine）、湯瑪斯・路易斯、吉姆・李蘭、葛雷格・里頓、哈維爾・洛佩茲、鮑伯・路里（Bob Lurie）、喬・梅登、查理・曼紐爾（Charlie Manuel）、寇特・曼威林（Kirt Manwaring）、珍・邁卡度（Jan McAdoo）、布蘭登・麥卡錫、史丹利・麥克克里斯托將軍、鮑伯・梅爾文（Bob Melvin）、喬丹・米勒（Jordan Miller）、凱文・米契爾、班吉・莫林納（Bengie Molina）、傑夫・穆拉德（Jeff Moorad）、邁克・莫斯、布蘭登・莫斯、邁可・莫菲、菲爾・奈文（Phil Nevin）、肯・歐伯克菲爾、

傑瑞特・帕克（Jarrett Parker）、約翰・帕斯里（John Parsley）、亞歷克斯・帕夫洛維克（Alex Pavlovic）、傑克・皮維、杭特・潘斯、戴夫・佩隆（Dave Perron）、皮埃羅・普洛卡契尼（Piero Procaccini）、戴維・羅伯茨、唐・羅賓森、吉米・羅林斯（Jimmy Rollins）、艾爾・羅森、寇迪・洛斯（Cody Ross）、賈斯汀・魯吉安諾（Justin Ruggiano）、布萊恩・沙賓（Brian Sabean）、亨利・舒爾曼（Henry Schulman）、麥可・索沙（Mike Scioscia）、科瑞・席格、第二城即興劇團、麥克・沙比羅（Michael Shapiro）、約翰・希亞（John Shea）、傑瑞米・雪利（Jeremy Shelley）、克利斯・史拜耳、契斯特・斯貝爾、大衛・史都華（Dave Stewart）、馬克・索頓（Mark Sutton）、鮑伯・圖克斯貝里（Mark Tewksbury）、賈斯汀・透納、塔拉・凡德維爾、萊恩・沃格松、傑森・沃斯、邁特・威廉斯、藍迪・溫恩、喬許・伍利、朗恩・沃特斯（Ron Wotus），以及保羅・札克。

參考書目
Bibliography

Baggarly, Andrew. *A Band of Misfits: Tales of the 2010 San Francisco Giants*. Chicago: Triumph, 2011.

Banks, Amy, and Leigh Ann Hirschman. *Wired to Connect: The Surprising Link Between Brain Science and Strong, Healthy Relationships*. New York: Penguin Random House, 2015.

Barondes, Samuel. *Making Sense of People: Decoding the Mysteries of Personality*. Upper Saddle River, New Jersey: FT Press, 2012.

Beilock, Sian. *Choke: What the Secrets of the Brain Reveal About Getting It Right When You Have To*. New York: Free Press, 2010.

Bennis, Warren, and Patricia Ward Biederman. *Organizing Genius: The Secrets of Creative Collaboration*. New York: Perseus, 2007.

Berri, David J., and Martin B. Schmidt. *Stumbling on Wins: Two Economists Expose the Pitfalls on the Road to Victory in Professional Sports*. Upper Saddle River, New Jersey: FT Press, 2010.

Berri, David J., et al. *The Wages of Wins: Taking Measure of the Many Myths in Modern Sport*. Stanford, California: Stanford University Press, 2007.

Bochy, Bruce, et al. *One Common Goal: The Of cial Inside Story of the Incredible World Champion San Francisco Giants*. Santa Rosa, California: Skybox Press, 2013.

Bolton, Ruthie. *The Ride of a Lifetime: The Making of Mighty Ruthie*. Sacramento, California: Pathworks Publishing, 2012.

Bolton, Ruthie, and Terri Morgan. *From Pain to Power: Surviving & Thriving After an Abusive Marriage*. Sacramento, California: Blanket Marketing Group, 2017.

Brizendine, Louann. *The Male Brain*. New York: Penguin Random House, 2010.

Bronson, Po, and Ashley Merryman. *Top Dog: The Science of Winning and Losing*. New York: Twelve, 2013.

Carroll, Pete, et al. *Win Forever: Live, Work, and Play Like a Champion*. New York: Portfolio / Penguin, 2011.

Catmull, Ed, and Amy Wallace. *Creativity, Inc.: Overcoming the Unseen Forces That Stand in the Way of True Inspiration*. New York: Random House, 2014.

Collins, Jim. *Good to Great: Why Some Companies Make the Leap...and Others Don't*. New York: Harper Business, 2001.

Corbett, Sara. *Venus to the Hoop: A Gold-Medal Year in Women's Basketball*. New York: Anchor Books, 1998.

Cozolino, Louis. *The Neuroscience of Human Relationships: Attachment and the Developing Social Brain*. 2nd ed. New York: W.W. Norton & Company, 2014.

Crothers, Tim. *The Man Watching: Anson Dorrance and the University of North Carolina Women's Soccer Dynasty*. New York: St. Martin's Press, 2010.

Dweck, Carol S. *Mindset: The New Psychology of Success*. New York: Random House, 2008.

Eibl-Eibesfeldt, Irenäus. *Human Ethology*. Piscataway, New Jersey: Transaction Publishers, 1989.

Fainaru-Wada, Mark, and Lance Williams. *Game of Shadows: Barry Bonds, BALCO, and the Steroids Scandal That Rocked Professional Sports*. New York: Penguin, 2007.

Fine, Gary Alan. *With the Boys: Little League Baseball and Preadolescent Culture*. Chicago: University of Chicago Press, 1987.

Frank, Robert H. *Passions Within Reason: The Strategic Role of the Emotions*. New York: W.W. Norton & Company, 1988.

Gewertz, Bruce L., and Dave C. Logan. *The Best Medicine: A Physician's Guide to Effective Leadership*. New York: Springer, 2015.

Goleman, Daniel. *Social Intelligence: The New Science of Human Relationships*. New York: Bantam Books, 2006.

Gordon, John, and Mike Smith. *You Win in the Locker Room First: The 7 C's to Build a Winning Team in Business, Sports, and Life*. Hoboken, New Jersey: John Wiley & Sons, 2015.

Haft, Chris. *If These Walls Could Talk: San Francisco Giants: Stories from the San Francisco Giants Dugout, Locker Room, and Press Box*. Chicago: Triumph, 2017.

Halberstam, David. *The Teammates: A Portrait of a Friendship*. New York: Hyperion, 2003.

Huff, Aubrey, and Stephen Cassar. *Baseball Junkie: The Rise, Fall, and Redemption of a World Series Champion*. DreamGrinder Press, 2017.

Iacoboni, Marco. *Mirroring People: The Science of Empathy and How We Connect with Others*. New York: Picador, 2009.

Jackson, Phil, and Hugh Delahanty. *Eleven Rings: The Soul of Success*. New York: Penguin, 2014.

——. *Sacred Hoops: Spiritual Lessons of a Hardwood Warrior*. New York: Hyperion, 2006.

James, Bill. *The New Bill James Historical Baseball Abstract*. New York: Free Press, 2003.

Junger, Sebastian. *Tribe: On Homecoming and Belonging*. London: HarperCollins, 2016.

——. *War*. New York: Twelve, 2011.

Kaplan, David. *The Plan: Epstein, Maddon, and the Audacious Blueprint for a Cubs Dynasty*. Chicago: Triumph, 2017.

Keltner, Dacher. *Born to Be Good: The Science of a Meaningful Life*. New York: W.W. Norton & Company, 2009.

Kerr, James. *Legacy: What the All Blacks Can Teach Us About the Business of Life*. London: Hachette, 2015.

Lehrer, Jonah. *Proust Was a Neuroscientist*. New York: Houghton Mifflin Harcourt, 2007.

Lencioni, Patrick. *The Five Dysfunctions of a Team: A Leadership Fable*. San Francisco: Jossey-Bass, 2002.

Leonard, Kelly, and Tom Yorton. *Yes, And: How Improvisation Reverses "No, But" Thinking and Improves Creativity and Collaboration*. New York: HarperCollins, 2015.

Lewis, Michael. *Moneyball: The Art of Winning an Unfair Game*. New York: W.W. Norton & Company, 2003.

——. *The Undoing Project: A Friendship That Changed Our Minds*. New York: W.W. Norton & Company, 2017.

Lewis, Thomas, et al. *A General Theory of Love*. New York: Random House, 2001.

Lindbergh, Ben, and Sam Miller. *The Only Rule Is It Has to Work: Our Wild Experiment Building a New Kind of Baseball Team*. New York: Henry Holt and Company, 2016.

Logan, Dave, et al. *Tribal Leadership: Leveraging Natural Groups to Build a Thriving Organization*. New York: HarperCollins, 2011.

Mavraedis, Chris. *Falling in Love with Baseball: A Collection of E-mails and Memories*. Edited by Bob Sockolov. San Francisco: Chronicle Books, 2017.

McChrystal, Stanley, et al. *Leaders: Myth and Reality*. New York: Portfolio / Penguin, 2018.

——. *Team of Teams: New Rules of Engagement for a Complex World*. New York: Portfolio / Penguin, 2015.

McDougall, Christopher. *Born to Run: A Hidden Tribe, Superathletes, and the Greatest Race the World Has Never Seen*. New York: Vintage Books, 2011.

Murphy, Brian. *Worth the Wait*. Santa Rosa, California: Skybox Press, 2011.

Neyer, Rob. *Rob Neyer's Big Book of Baseball Blunders: A Complete Guide to the Worst Decisions and Stupidest Moments in Baseball History*. New

York: Simon & Schuster, 2006.

Peta, Joe. *Trading Bases: How a Wall Street Trader Made a Fortune Betting on Baseball.* New York: Penguin Random House, 2013.

Ross, David, and Don Yaeger. *Teammate: My Journey in Baseball and a World Series for the Ages.* New York: Hachette, 2017.

Sherman, Erik. *Kings of Queens: Life Beyond Baseball with the '86 Mets.* New York: Penguin Random House, 2016.

Summitt, Pat, and Sally Jenkins. *Raise the Roof: The Inspiring Inside Story of the Tennessee Lady Vols' Undefeated 1997–98 Season.* New York: Bantam Doubleday Dell, 1998.

Svrluga, Barry. *The Grind: Inside Baseball's Endless Season.* New York: Penguin Random House, 2015.

Tannen, Deborah. *You Just Don't Understand: Women and Men in Conversation.* New York: HarperCollins, 2007.

Turbow, Jason. *Dynastic, Bombastic, Fantastic: Reggie, Rollie, Catfish, and Charlie Finley's Swingin' A's.* New York: Houghton Mifflin Harcourt, 2017.

VanDerveer, Tara, and Joan Ryan. *Shooting from the Outside: How a Coach and Her Olympic Team Transformed Women's Basketball.* New York: Avon, 1998.

Verducci, Tom. *The Cubs Way: The Zen of Building the Best Team in Baseball.* New York: Penguin Random House, 2017.

Walker, Sam. *The Captain Class: The Hidden Force That Creates the World's Greatest Teams.* New York: Penguin Random House, 2017.

Wertheim, L. Jon, and Sam Sommers. *This Is Your Brain on Sports: The Science of Underdogs, the Value of Rivalry, and What We Can Learn from the T-Shirt Cannon.* New York: Penguin Random House, 2016.

Wilson, Edward O. *Consilience: The Unity of Knowledge.* New York: Random House, 1999.

——. *The Social Conquest of Earth.* New York: Liveright Publishing Corporation, 2013.

Wooden, John, and Jack Tobin. *They Call Me Coach.* New York: McGraw-Hill, 2004.

Zak, Paul J. *The Moral Molecule: How Trust Works.* New York: Penguin Random House, 2013.

——. *Trust Factor: The Science of Creating High-Performance Companies.* New York: American Management Association, 2017.

INSIDE 23

無形資產 將人人變成神隊友的團隊默契科學

Intangibles Unlocking the Science and Soul of Team Chemistry

作　　者　瓊・萊恩（Joan Ryan）
譯　　者　駱香潔
責任編輯　林慧雯
封面設計　萬勝安

編輯出版　行路／遠足文化事業股份有限公司
總 編 輯　林慧雯
社　　長　郭重興
發行人兼出版總監　曾大福
發　　行　遠足文化事業股份有限公司
23141新北市新店區民權路108之4號8樓
代表號：（02）2218-1417　客服專線：0800-221-029　傳真：（02）8667-1065
郵政劃撥帳號：19504465　戶名：遠足文化事業股份有限公司
歡迎團體訂購，另有優惠，請洽業務部（02）2218-1417分機1124、1135
法律顧問　華洋法律事務所　蘇文生律師
特別聲明　本書中的言論內容不代表本公司／出版集團的立場及意見，由作者自行承擔文責。

印　　製　韋懋實業有限公司
初版一刷　2021年4月

定　　價　430元

國家圖書館預行編目資料

無形資產：將人人變成神隊友的團隊默契科學
瓊・萊恩（Joan Ryan）著；駱香潔譯
一初版一新北市：行路，遠足文化事業股份有限公司，2021.04
面；公分
譯自：Intangibles: Unlocking the Science and Soul of Team Chemistry
ISBN 978-986-98913-9-4（平裝）
1.運動心理　2.團隊精神
528.9014　　110000964